JN417413

시민사회와 시민저널리즘

CIVIC JOURNALISM

한국외국어대학교 출판부

머리말

미디어의 주체는 시민이다. 그런데 시민은 없고 미디어만 존재하는 세상은 아닌지 의심이 들 때가 많다. 우리가 텔레비전을 위해 많은 시간을 할애하고 있지만 사실은 우리가 텔레비전을 위해 소비한 시간만큼 텔레비전이 우리를 소비하고 있는 것은 아닌지 생각해볼 필요가 있다. 뉴스며 오락이며 그들만의 이야기를 쏟아내는 신문과 방송을 보면 미디어가 시민을 위해 존재하는 것이 아니라 시민이 미디어를 위해 존재하는 것이 아닌가하는 의구심을 갖게 된다.

우리는 텔레비전을 가까이하고 있지만 정작 텔레비전은 나 자신을 텔레비전으로부터 분리시켜 사회의 커뮤니케이션 과정에서 소외시킴으로써 참여적 주체로서의 삶을 상실한 채 주변인의 삶을 살도록 순치시켜온 측면이 있다. 미디어가 올바르게 기능하지 못할 때 건강한 사회가 될 수 없고 개인 역시 건강할 수 없다. 그리고 그 책임으로부터 나 자신도 자유로울 수 없다.

일찍부터 시민 사회를 정착시켜온 유럽과 미국 등 세계 각국은 다양한 형태의 시민 미디어(civic media) 혹은 시민 저널리즘(civic journalism)을 통해 시민의 목소리를 반영해왔다. 시민 역시 전통적인 의미의 매스 미디어는 물론 블로그(blog)나 IPTV와 같은 뉴미디어를 통해 스스로 목소리를 내기 시작하면서 커뮤니케이션의 한 축을 담당하는 주체로 부상하고 있다. 기존 신문이나 TV를 위협하는 일부 블로그 혹은 브이로그(vlog)의 폭발적인 인기는 미디어나 뉴스가 연예인 혹은 기자, PD와 같은 전문가들만의 전유물이 아니라 너와 나의 소유라는 것을 보여주고 있다. 그러나 블로그와 같은 개인형 미디어가 새로운 의미의 시민 미디어로서 잠재력을 갖고 있기는 하지만 정보의 신뢰성 문제나 저작권 혹은 프라이버시 침해와 같은 측면에서 양면성을 보여주고 있다. 매스 미디어도 그렇고 블로그도 그렇고 우리 사회가 필요로 하는 시민 미디어로 정립시켜 나가기 위해서는 많은 사람들이 이를 이용하는 방법을 배워야 하며 식견을 가진 사람들에 의해 현명하고 사려 깊게 사용돼야한다. 무엇 보다도 블로그와 같은 미디어가 진정한 의미에서 시민을 위한 시민의 미디어로 기능하기 위해서는 개인의 권리와 의무가 균형을 이루는 자율이 중요하다.

인간은 결코 혼자서는 살아갈 수 없으며 사회를 이루고 더불어 살아가야 하는 사회적 존재다. 사회가 올바르게 작동하지 못할 때 그 속에서 살아가는 개인은 불행해질 수밖에 없으며 미디어 역시 예외일 수 없다. 블로그와 같은 공간에서의 나의 자유가 타인의 자유를 침해하거나 타인의 존엄성을 훼손해서는 곤란하다. 인간이 인간답게 살기 위한 건강한 사회의 건설을 위해서는 온라인 공간에서도 시민들 스스로가 그 책임과 의무를 다하는 성숙된 시민의식이 필요하다. 미디어가 발전하고 기술이 발전하더라도 이를 뒷받침할 수 있는 시민 문화가 없다면 사회의 발전은 있을 수 없다. 결국 미디어는 사람의 문제다.

본 교재는 시민 저널리즘과 시민 미디어에 대한 개관을 통해 기존 매스 미디어의 문제점과 블로그와 같은 개인형 미디어의 시민 미디어로서의 가능성에 대한 모색을 통해 미디어와 저널리즘에 대한 이해의 폭을 넓히도록 했다. 이 책은 특히 온라인 강좌 수강생들을 배려해 되도록이면 알기 쉽게 풀어쓰기 위해 노력했다.

이 책은 모두 13장으로 구성돼 있다. 1장은 시민 저널리즘과 시민 미디어에 대한 학습에 앞서 저널리즘에 대한 기초적인 이해를 돕고자 저널리즘의 의미와 유형, 뉴스의 개념과 뉴스 가치 등에 대해 기술했다. 2장은 미국 언론의 위기 등 시민 저널리즘이 태동하게 된 배경과 발전 과정에 대해 짚어보았다. 3장은 시민 저널리즘의 다양한 성격과 명칭, 시민 저널리즘의 목표 등 시민 저널리즘을 이해하는 데 필요한 기본적인 내용에 대해 서술했다. 4장은 시민 저널리즘의 이론적 토대가 되고 있는 공중(public)과 언론(press)의 관계에 대한 월터 리프만(Walter Lippman)과 존 듀이(John Dewey) 간의 논쟁과 독일의 철학자 위르겐 하버마스(Urgen Habermas)가 얘기한 공론장(public sphere)에 대해 설명했다. 5장은 시민 저널리즘의 실천 방법과 시민 저널리즘 프로젝트 수행 과정 및 실천 모델에 대해 얘기했다. 6장은 미국의 <위치타 이글(Wichita Eagle)> 등 신문사 주도의 초기 시민 저널리즘 프로젝트와 방송과 인터넷을 활용한 시민 저널리즘 프로젝트 등 시민 저널리즘의 구체적인 실천 사례를 살펴보았다. 7장은 객관주의 보도 원칙을 훼손하고 있다는 시민 저널리즘에 대한 비판과 시민 저널리즘의 효과를 검증하기 위한 학문적인 평가 작업 등 시민 저널리즘을 둘러싼 논쟁에 대해 언급했다. 8장은 시민 저널리즘의 한국적 수용의 필요성과 한계성, 한국형 시민 저널리즘 모델의 정립 가능성에 관한 내용을 다루었다. 9장은 국내 인터넷 신문이 도입하고 있는 시민기자 제도와 온라인 공론장으로서의 인터넷 신문의 역할 등 온라인 시민 저널리즘의 의미와 가능성에 대해 살펴보았다. 10장부터 13장까지는 기존 매스 미디어의 문제점과 시민 미디어에 대한 사회적 요구를 정당화하고 있는 이론적 배경, 세계 각국 시민 미디어의 유형과 사례, 한국 시민 미디어의 현황, 온라인 시민 미디어로서의 블로그의 가능성 등에 대해 알기 쉽게 정리했다.

끝으로 이 책이 나오기까지 많은 배려를 해주신 최영 학장님과 콘텐츠 기획 설계팀의 이지현, 신동원, 김종민, 이지영 선생님, 그리고 한국외국어대학교 출판부 여러분께 깊은 감사를 드린다.

2006년 8월
김 병 철

차 례

제10장 시민 사회와 시민 미디어

제11장 세계의 시민 미디어

제12장 한국의 시민 미디어

제1장 저널리즘의 이해*

1. 저널리즘이란 무엇인가?

1) 저널리즘의 의미와 유형

우리가 통상적으로 사용하고 있는 저널리즘(journalism)이라는 말은 '매일의(daily)'라는 뜻의 라틴어 듀르나(diurna)에서 유래된 것으로 원래 신문이나 잡지와 같은 정기적인 출판물을 통해 정보와 의견을 대중에게 전달하는 활동을 의미하는 말로 사용됐다. 그러나 오늘날 저널리즘은 인쇄 매체뿐만 아니라 텔레비전이나 라디오, 인터넷과 같은 비인쇄물에 의한 것 그리고 뉴스뿐만 아니라 오락이나 지식을 제공하는 것 등 제반 커뮤니케이션 활동을 포괄하는 넓은 의미로 확대돼 사용되고 있다. 그렇지만 좁은 의미의 저널리즘은 미디어를 통한 뉴스의 전달 즉 뉴스를 취재하고 작성하고 보도하는 활동을 뜻한다고 하겠다.

저널리즘은 이론적 전통 혹은 사회적 변화에 따라 객관 보도 저널리즘(objective reporting journalism), 해설 보도 저널리즘(interpretation reporting journalism), 심층 보도 저널리즘(depth reporting journalism), 탐사 보도 저널

---

* 제1장의 내용은 한울에서 출간된 〈미디어와 커뮤니케이션의 이해〉(한국외국어대학교 언론정보학부 엮음) 제1장 '저널리즘의 이해'중 일부분을 발췌 게재한 것입니다.

리즘(investigative reporting journalism), 시민 저널리즘(civic journalism) 혹은 공공 저널리즘(public journalism) 등 다양한 유형의 저널리즘이 제시되었으며 그에 따라 저널리즘에 대한 시각에도 많은 변화가 있었다.

(1) 객관 보도 저널리즘(objective reporting journalism)

정파 저널리즘(partisan journalism)에 대한 반성으로 미국에서 처음 객관 보도 저널리즘이 등장했을 때 객관성이란 발생한 사실만을 상세하게 기술해서 보도하는 것을 의미했다(MacDougall(1968), p.127). 즉 객관 보도 저널리즘은 사실과 의견의 분리를 전제로 한다. 그러나 기자가 특정 사건이나 이슈에 관해 사실만을 보도한다 하더라도 사실의 선택에 있어 기자의 판단이나 의견이 개입될 수밖에 없기 때문에 현실적으로 객관적 뉴스 보도란 불가능하다는 비판이 제기되기도 했다. 또 지나치게 객관 보도를 강조하다보면 진실을 규명하기 위한 심층적인 보도보다는 취재원에 의존한 사실 전달 위주의 피상적인 보도에 그침으로써 오히려 권력에 대한 감시 기능이 약해질 수 있다는 비판을 받기도 했다. 이처럼 객관적인 뉴스 개념은 그 실천성과 관련해 비판이 없지 않으나 객관성은 전통적으로 언론인들이 가장 신봉하는 윤리적 원칙 가운데 하나다(조용철 외(2000), p.22).

(2) 해설 보도 저널리즘(interpretation reporting journalism)

해설 보도 저널리즘은 단순히 겉으로 드러난 사건의 모습보다는 사건의 뒤에 숨어 있는 배경 등 왜(why)에 해당하는 설명을 제시함으로써 그 사건이 이 갖는 의미를 밝히는 것을 말한다. 해설 보도 저널리즘은 그러나 객관성을 포기하는 것이 아니며 사건의 정황에 대한 정확하고 객관적인 평가를 토대로 수용자의 이해를 돕기 위한 취지에서 비롯됐다. 따라서 해설 보도 저널리즘은 특정 사안 혹은 쟁점에 대해 언론사 혹은 필자의 가치 평가적인 견해나 주장을 통해 독자들의 판단에 도움을 주고자하는 사설이나 칼럼과는 조금 다르다.

(3) 심층 보도 저널리즘(depth reporting journalism)

1960년대에 등장한 심층 보도 저널리즘은 해설 보도 저널리즘과 비슷하지만 보도 방법에 있어서 약간의 차이점이 있다. 첫째로 심층 보도는 사건의 역사성을 조명하거나 사건을 현재의 동향과 관련시켜 보다 넓은 맥락에서 뉴스를 다룬다. 둘째로 심층 보도는 주어진 사건에 대한 현재의 상황과 그에 대한 대중들의 관심이나 이슈들을 서로 연관시켜 심층적으로 보도한다(서정우 편저(2002), p.203). 심층 보도 저널리즘에서 특히 중요한 것은 왜에 대한 분석으로 독자가 그 문제에 대해서 더 이상 궁금증이 없도록 상세한 보도가 필요하다. 그리고 분석된 내용은 개인의 견해나 의견보다는 검증 가능한 사실에 입각한 풀이에 중점을 둬야 한다. 이러한 심층 보도는 몇 차례에 걸쳐 시리즈로 제시되는 경우가 많다.

(4) 탐사 보도 저널리즘(investigative reporting journalism)

1970년대부터 본격화된 탐사 보도 저널리즘은 앞서 얘기한 심층 보도 저널리즘과는 조금 다르다. 탐사 보도 저널리즘은 보다 적극적이고 능동적인 취재를 통해 취재원들로부터 확보한 심층 정보를 토대로 기자 나름대로의 판단을 내려 정부나 사회의 부정부패, 비리 등을 폭로하고 고발하는 것을 특징으로 한다. 즉 탐사 보도 저널리즘은 언론의 정보원으로부터의 독립과 정부에 대한 감시견(watch dog)으로서의 역할을 강조하며 정부와 언론의 관계를 대립 관계로 상정하고 있다. 대표적인 예로 1970년대 초 미국 <워싱턴 포스트>(Washington Post)의 밥 우드워드(Bob Woodward) 기자와 칼 번스타인(Carl Bernstein) 기자가 워터게이트(Watergate) 빌딩 안의 민주당 본부에 도청 장치를 설치하려던 사건을 끝까지 파헤쳐 보도함으로써 닉슨 대통령의 하야를 이끌어냈던 워터게이트 사건 보도를 들 수 있다. 탐사 보도 저널리즘은 이처럼 언론이 제4부로서의 기능을 수행하며 권력을 견제할 수 있는 감시자로서의 기능을 강화했다는 긍정적 측면도 있지만 다른 한편으로는 사회적 비리나 정치적 스캔들에 지나치게 집착하는 폭로 위주의 뉴스를 통해 언론의 상업주의를 부추겼다는 비판을 받기도 했다.

(5) 시민 저널리즘(civic journalism)

1980년대에 등장한 시민 저널리즘(civic journalism) 혹은 공공 저널리즘(public journalism)은 일반 시민이 관심을 갖고 있는 시민 중심, 이슈 중심의 보도를 통해 언론과 시민간의 괴리를 극복하고 공공의 문제에 대한 일반인들의 참여와 토론을 활성화시켜 민주주의와 공공 생활을 활성화시키는데 주안점을 두고 있다. 실천적 차원에서 시민 저널리즘은 기존 언론이 공공 생활과 관련된 문제들을 보도할 때 일회적이고 대안 없는 비판 내지 문제 제기 수준의 보도에 그치고 있다고 비판하면서 사건 중심의 이벤트식 보도보다는 자세한 배경 정보를 제공하면서 다양한 해결책을 모색하는 이슈 중심적 보도를 해야 한다고 주장한다. 시민 저널리즘은 특히 언론 보도에 일반 시민의 목소리를 적극 반영하고 시민 생활과 밀접한 의제를 발굴해 이를 토의하기 위한 공론장(public sphere)을 제공하는 등 시민 중심의 보도 방식을 지향해야 한다고 강조한다. 시민 저널리즘은 그러나 기존 언론이 고수해왔던 객관주의 보도 원칙을 훼손하고 있다는 비판을 받기도 했다. 즉 시민 저널리즘이 강조하고 있는 언론의 참여주의적 접근 방식이 사회 문제 혹은 공공의 문제에 대해 일정 거리를 유지해야 하는 저널리즘의 전통적 가치인 객관성에서 탈피해 자칫 주관적 보도를 함으로써 언론 본연의 기능인 공적 감시견으로서의 역할을 약화시키는 결과를 초래할 수도 있다는 지적을 받기도 했다.

✪ 정리하기

- 저널리즘(journalism)이라는 말은 원래 신문이나 잡지와 같은 정기적인 출판물을 통해 정보와 의견을 대중에게 전달하는 활동을 의미하는 말로 사용됐다. 그러나 오늘날 저널리즘은 인쇄 매체뿐만 아니라 텔레비전이나 라디오, 인터넷과 같은 비인쇄물에 의한 것 그리고 뉴스뿐만 아니라 오락이나 지식을 제공하는 것 등 제반 커뮤니케이션 활동을 포괄하는 넓은 의미로 확대돼 사용되고 있다. 좁은 의미의 저널리즘은 미디어를 통한 뉴스의 전달 즉 뉴스를 취재하고 작성하고 보도하는 활동을 뜻한다고 할 수 있다.
- 저널리즘은 이론적 전통 혹은 사회적 변화에 따라 객관 보도 저널리즘

(objec-tive reporting journalism), 해설 보도 저널리즘(inter- pretation reporting journalism), 심층 보도 저널리즘(depth reporting journalism), 탐사 보도 저널리즘(investigative reporting journalism), 시민 저널리즘(civic journalism) 혹은 공공 저널리즘(public journalism) 등 다양한 유형의 저널리즘이 제시되었으며 그에 따라 저널리즘에 대한 시각에도 많은 변화가 있었다.

- 1980년대에 등장한 시민 저널리즘(civic journalism) 혹은 공공 저널리즘(public journalism)은 일반 시민이 관심을 갖고 있는 시민 중심, 이슈 중심의 보도를 통해 언론과 시민간의 괴리를 극복하고 공공의 문제에 대한 일반인들의 참여와 토론을 활성화시켜 민주주의와 공공 생활을 활성화시키는데 주안점을 두고 있다.

2. 뉴스란 무엇인가?

1) 뉴스의 개념과 뉴스 가치

뉴스(news)라는 말은 통상적으로 소식 또는 새로운 것이라는 의미를 갖고 있는데 웹스터 사전은 뉴스에 대해 '새로운 사건이나 정보의 보도(a report of a recent event; new information)' 혹은 '신문, 잡지 또는 방송에 보도된 것(what is reported in a newspaper, news periodical, or news broadcast)'이라고 정의하고 있다(Webster's Third New International Dictionary, 2003). 여기서 보도된(reported)이라는 말에 주목할 필요가 있는데 이는 새로운 정보나 사건이라고 해서 모두 뉴스가 되는 것은 아니고 그것이 미디어를 통해 보도됐을 때에만 뉴스가 된다는 것을 의미한다. 즉 뉴스는 사건과 미디어가 결합돼 발생하는 것으로 미디어는 뉴스의 배포 역할을 수행함과 동시에 뉴스의 신뢰성과 권위를 보장하게 된다(McQuail(2000); 양승찬 외 공역(2002), p.407).

이처럼 뉴스란 사건 자체가 아니라 사건의 보도 다시 말해 사건에 대한 기술 혹은 설명이라고 할 수 있는데 그렇다면 특정 사건 혹은 쟁점이 뉴스가 되기 위해서는 어떠한 조건들이 필요할까.

뉴스는 기자의 취재로부터 시작되지만 기자가 취재를 했다고 해서 반드시 뉴스가 되는 것은 아니다. 경우에 따라서는 1면 톱뉴스가 되기도 하지만 어떤 것은 휴지통으로 들어가기도 하는데 이는 뉴스 가치(news value)가 다르기 때문이다. 이처럼 뉴스가 성립되기 위해 필요한 조건을 뉴스 가치라고 하는데 그렇다면 이러한 가치는 무엇이 결정하는 것일까. 뉴스 가치에 대한 기준은 미디어에 따라 혹은 개인이나 국가에 따라 또는 시대에 따라 다를 수 있기 때문에 뉴스 선택의 실례를 예측하거나 설명할 수 있는 명확한 기준을 제시한다는 것은 쉽지 않다. 학자들 간에도 의견이 분분해 뉴스 가치와 관련한 많은 이론이 제기됐는데 일반적으로 뉴스 가치를 좌우하는 요소로는 시의성(timeliness), 영향성(consequence), 저명성(prominence), 근접성(proximity), 흥미성(interest) 등을 들 수 있다.

(1) 시의성(timeliness)

뉴스에 있어 시간적 요소는 뉴스의 가치를 결정하는데 있어 매우 중요한 요소 가운데 하나다. 일반적으로 어떤 사건이나 문제가 뉴스가 되려면 시간적으로 최근에 일어난 것이라야 한다. 아무리 큰 사건이라고 하더라도 시의성이 없으면 뉴스가 되지 않는 경우가 종종 있다. 물론 과거의 사건이나 정보라고 하더라도 그것이 현재 시점에서 의미가 있으면 시의성이 있다고 말할 수 있으며 중요한 뉴스로 취급되기도 한다.

(2) 영향성(consequence)

영향성이란 특정 사건이나 정보 혹은 인물이 사회 구성원들의 일상생활에 미치는 영향의 정도를 의미하는 것으로 사회적 영향력이 크다고 판단되는 사건일수록 뉴스 가치가 높다고 할 수 있다. 가령 전염병이나 태풍과 같이 사람들에게 미치는 영향의 범위나 규모가 크다거나 그 영향이 즉각적이어서 파급 효과가 크다고 판단되는 것들은 중요 뉴스로 취급되기 마련이다. 뉴스는 기본적으로 어느 정도 영향성을 갖고 있지만 사안에 따라 어떤 것은 다른 것에 비해 더 큰 영향성을 갖고 있다.

(3) 저명성(prominence)

유명 배우나 정치인 등 지명도가 높은 인물은 뉴스거리가 되는 일이 많다. 한 줄짜리 단신으로 처리할 성격의 것도 사회적으로 잘 알려진 인물이 관련돼 있을 경우 종종 기사의 크기가 커지거나 시시콜콜한 내용까지 자세히 보도되는 것은 유명 인사의 저명성 때문이다. 저명성은 사람에게만 적용되는 것이 아니라 사물이나 장소에도 적용된다. 똑같은 화재라 하더라도 문화재와 같은 유서 깊은 건축물에서 발생한 화재가 대서특필되는 것은 이 같은 이유에서다. 그러나 잘 알려진 유명 인사라 하더라도 이름 그 자체만으로 뉴스가 되는 것은 아니고 그 사람이 정치적으로 혹은 사회적으로 중대 사안에 대해 언급한다든지 또는 어떤 회의에 참석하는 것과 같이 주목을 끌만한 어떤 일을 해야만 뉴스가 된다.

(4) 근접성(proximity)

뉴스 가치를 결정하는 또 다른 요소로 근접성을 들 수 있는데 근접성은 보통 지리적 근접성과 심리적 근접성이라는 두 가지 측면을 가진다. 일반적으로 사람들은 지리적으로 먼 곳에서 일어난 사건보다 가까운 곳에서 일어난 사건에 대해 더 큰 관심을 갖게 되고 그에 따라 뉴스 가치도 커지게 된다. 즉 같은 성격의 사건이라 하더라도 외국에서 일어난 사건보다 국내에서 일어난 사건이 더 크게 보도되는 것은 이러한 지리적 근접성 때문이다. 또 지리적 거리뿐만 아니라 심리적 거리도 근접성의 한 요소가 될 수 있는데 가령 사람들은 대개 자신과 연관이 깊은 문제나 사건에 대해 더 많은 관심과 흥미를 갖게 되는데 이는 심리적 근접성으로 설명될 수 있다. 이처럼 사람들은 지리적으로 혹은 심리적으로 자신과 관련이 깊은 사건이나 사물, 인물에 대해 더 큰 뉴스 가치를 부여하게 된다.

(5) 흥미성(interest)

흥미성이란 어떤 사건이나 이슈를 사람들이 흥미있게 혹은 재미있게 생각하는 정도를 의미한다. 일반적으로 사회 구성원들의 관심이나 흥미를 유발할 만한 사건은 뉴스로서의 가치가 높다고 판단돼 크게 취급되는 경향이 있는

데 대개 진기성(novelty), 갈등성(conflict)과 같은 요소들이 있을 때 더 흥미를 느낀다고 볼 수 있다. 즉 개가 사람을 물면 뉴스가 아니지만 사람이 개를 물면 뉴스가 된다는 비유처럼 색다르고 특이한 것은 뉴스가 된다. 가령 한겨울에 개나리꽃이 피었다든지 새가 도심 빌딩에 둥지를 틀었다든지 하는 것처럼 우리가 현실에서 흔히 보거나 겪는 일이 아닌 비일상적인 것, 예외적인 것은 뉴스 가치를 좌우하는 한 요소가 될 수 있다. 또 갈등의 요소를 지니고 있는 것들 가령 파업이나 폭력적 데모 혹은 정치적 대립 등과 같이 특정 사안이나 문제를 둘러싼 개인 혹은 집단 간의 대립은 사람들의 관심을 끄는 뉴스거리가 되기 마련이다. 이밖에도 금전(money)이나 성(sex)에 관련된 것, 서스펜스(suspense), 투쟁(struggle), 경쟁(contest), 발견과 발명(discovery and invention) 등과 같은 요소들도 흥미를 유발하는 요인이 된다. 이처럼 뉴스거리가 되는 사건이나 이슈는 여러 가지 뉴스 가치 요소들을 갖게 되는데 일반적으로 흥미성이 인간의 감성적 관심을 자극하는 뉴스 가치의 요소라면 시의성, 영향성, 저명성, 근접성 등은 인간의 지성적인 관심을 불러일으키는 요소로서 중요성(significance)의 개념 속에 포함된다고 할 수 있다. 따라서 뉴스 가치를 결정하는 요인은 크게 보면 중요성과 흥미성이라고 할 수 있는데 이러한 중요성과 흥미성 중에 어떤 요소가 더 중요한 것인지는 미디어에 따라 혹은 개인에 따라 달라질 수 있다(서정우 외(2001), p.206).

2) 뉴스의 종류

뉴스는 그 기준에 따라 소프트 뉴스(soft news)와 하드 뉴스(hard news), 스폿 뉴스(spot news)와 스프레드 뉴스(spread news) 등 여러 가지로 분류할 수 있는데 외형적 특성 혹은 형식에 따라 분류해보면 크게 스트레이트 뉴스(straight news), 피처 뉴스(feature news), 에디토리얼 뉴스(editorial news) 등으로 구분할 수 있다.

(1) 스트레이트 뉴스(straight news)

스트레이트 뉴스는 사건 사고 등 기자가 취재한 내용을 사실적, 객관적으로 기술한 가장 기본적인 형태의 사실 보도 뉴스로 독자들이 신문에서 가장 많이 접하는 유형의 뉴스라고 할 수 있다. 모든 뉴스의 기본이라고 할 수 있는 스트레이트 뉴스를 구성하고 있는 요소를 보면 크게 육하원칙(5W1H)에 따라 구체적인 사실(fact)을 전하는 부분과 이러한 사실을 얘기해준 취재원(source)을 밝히는 부분으로 나눌 수 있다. 스트레이트 뉴스는 대개 어떤 사건이나 사고의 개요를 일목요연하게 파악할 수 있도록 누가(who), 언제(when), 어디서(where), 무엇을(what), 왜(why), 어떻게(how) 등 이른바 육하원칙에 의한 서술 형식을 취하게 된다. 또 취재원은 기자가 기사를 쓰기 위해 직접 만나거나 전화나 이메일을 통해 접촉한 사람 혹은 기관을 말하는데 거의 대부분의 뉴스가 뉴스의 객관성 혹은 신뢰도를 높이기 위해 실명 혹은 익명의 취재원을 밝히고 있다. 선진국에서는 뉴스의 객관성과 공정성 확보를 위해 논란의 여지가 있는 뉴스는 반드시 두 사람 이상의 취재원을 사용하도록 하고 있는데 이를 삼각 확인(triangulation)이라고 한다(이재경(1998), p.44). 이러한 삼각 확인을 강조하는 이유는 기자나 언론사가 이해관계가 얽혀있는 특정 사안을 다룰 때 한 사람의 일방적인 주장만을 토대로 편파적인 기사를 쓰는 일이 없도록 하기 위해서다. 즉 가능한 한 균형 잡힌 보도를 통해 기사의 객관성과 공정성을 유지하기 위해서다.

(2) 피처 뉴스(feature news)

피처 뉴스는 뉴스의 핵심을 집약해서 제공하는 스트레이트 뉴스를 보완 혹은 보강해주는 뉴스로 스트레이트 뉴스가 미처 전달하지 못한 심층적인 내용을 독자들에게 자세하게 제시해주는 해설이나 스케치 뉴스, 인물 뉴스 등을 말한다. 즉 독자의 궁금증을 풀어주기 위해 스트레이트 뉴스 형식으로 전달한 사건 사고 기사의 내막이나 배경 혹은 해당 사건과 관련된 인물들의 주변 얘기 등을 심층적으로 취재해서 보다 자세하고 생생하게 전달해주는 형태의 뉴스를 말한다. 신문을 읽는 일반 독자들은 시간적, 공간적 제약으로 인해 우리가 사는 실제 세계 즉 우리 주변에서 일어나는 특정 사건이나 사고를 직접적으로 경험하거나 체험할 수가 없다. 따라서 피처 뉴스는 독자들에게 우리 주변에서 일어난 실제 현상을 간접적으로나마 미디어를 통해 체험

할 수 있도록 특정 사건이나 사고의 중요성, 원인과 배경, 추세, 전망 등 심층 정보를 제공함으로써 독자들의 이해를 돕게 된다.

(3) 에디토리얼 뉴스(editorial news)

에디토리얼 뉴스는 사설이나 칼럼, 시론 등과 같이 특정 사안 혹은 쟁점에 대해 가치 평가적인 견해나 주장 등을 통해 독자들의 판단에 도움을 주는 형태의 뉴스를 말한다. 이러한 사설이나 칼럼은 언론사 혹은 필자의 의견을 반영해 특정 이슈를 각색한다는 점에서 일반 뉴스와 조금 다르다. 즉 사설이나 칼럼은 언론사나 집필자의 견해가 반영돼 일정한 색깔을 갖는다는 점에서 일반 뉴스와 다르며 언론사에 따라서도 다를 수밖에 없다. 그러나 언론사의 사설이나 칼럼은 여론 형성이나 정책 결정에 중요한 영향을 미칠 수 있다는 점에서 지나친 주관적 판단이나 편견이 개입된 편파적인 내용은 금물이라고 할 수 있으며 많은 사람이 수긍할 수 있는 균형성과 공정성이 무엇보다 중요하다고 하겠다.

3) 뉴스의 구조와 유형

(1) 뉴스의 구조

뉴스는 형식적으로 크게 제목(headline), 전문(lead), 본문(body) 등 세 부분으로 구성돼 있다. 그러나 모든 뉴스의 구조가 반드시 제목, 전문, 본문 등 세 부분으로 이루어져 있는 것은 아니다. 제목, 전문, 본문을 모두 갖춘 뉴스도 있지만 전문 없이 1개의 문장으로 된 단문 뉴스도 있고 2-3개 문장으로 된 1단 짜리 뉴스도 있다.

① 제목(headline)

일반적으로 독자가 뉴스를 접할 때 가장 먼저 읽는 것은 제목이다. 대부분의 독자는 해당 뉴스의 제목을 보고 본문을 더 읽을 것인지 말 것인지를 결정하는 일이 많다. 일부 독자들은 아예 1면부터 마지막 면까지 기사의 제목만 읽는 경우도 있다. 따라서 동일한 내용의 기사라도 제목을 어떻게 붙이느냐에 따라 전혀 다른 기사처럼 보일 수 있고 그에 따라 독자의 관심 역시 달라질 수 있기 때문에 뉴스에 제목을 다는 일은 뉴스를 작성하는 일 못지않게 중요하다.

② **전문**(lead)

전문 또는 리드는 뉴스에 맨 처음 제시하는 문장으로 전체 뉴스의 내용을 집약해서 전달하는 역할을 한다. 따라서 리드를 어떻게 쓰느냐에 따라 뉴스의 흐름이나 방향이 전혀 달라질 수 있기 때문에 리드는 기사를 이끌어가는 나침반의 역할을 한다고 할 수 있다. 리드는 한 문장으로 된 경우도 있지만 리드와 리드를 뒷받침해주는 부리드(sub lead) 등 2개의 문장으로 구성되는 경우도 있다. 때에 따라서는 리드와 2개의 부리드 혹은 3개의 부리드 등 여러 개의 문장으로 구성되는 경우도 있다.

③ **본문**(body)

본문은 리드를 제외한 나머지 부분을 말한다. 뉴스는 통상적으로 리드에 핵심 내용을 집약해서 제시한 뒤 본문을 통해 구체적인 사실 혹은 정보를 내용의 중요도에 따라 차례대로 기술해 나가는 형식을 취하게 된다. 따라서 리드에 따라붙는 본문의 문장들은 일관성 있게 리드를 뒷받침해주는 역할을 하게 된다. 리드가 아무리 좋더라도 본문의 문장들이 리드가 제시한 방향과 다르게 엉뚱한 방향으로 흘러간다거나 제 역할을 해주지 못한다면 좋은 뉴스가 될 수 없다.

(2) 뉴스의 유형

뉴스는 외형적인 서술 형태 혹은 특성에 따라 역피라미드형(inverted pyramid form), 피라미드형(pyramid form), 혼합형(mixed form) 등 크게 세 가지 유형으로 구분해서 생각해볼 수 있다.

① **역피라미드형**(inverted pyramid form)

역피라미드형은 전달하고자 하는 뉴스의 내용 중 가장 중요하다고 판단되는 것부터 순서대로 서술하는 것으로 뉴스 구성에 있어 가장 기본적인 형태라고 할 수 있다. 역피라미드형은 뉴스의 첫머리 즉 리드에 가장 핵심적인 내용을 먼저 제시하고 그 다음에 중요도에 따라 본문을 통해 추가적인 사실 혹은 정보를 내림차순으로 제시하게 된다. 따라서 역피라미드형 뉴스는 리드 한줄 만 봐도 이 뉴스가 무슨 내용을 전달하고자 하는지 대충 전체 내용을 짐작할 수 있고 또 지면이 부족해 뉴스를 잘라내야 할 경우 뒤에서부터 쉽게 잘라낼 수 있다는 장점을 갖고 있다. 그러나 역피라미드형 뉴스는 복잡한 현상 혹은 내용을 설명하거나 표현하는 데는 부적절한 경우가 있다. 특히 신문을 위협하는 다른 주요 경쟁 매체들이 초고속의 스피드로 뉴스를 전하는 유비쿼터스 미디어 시대에 사실만을 강조하고 사실들 간의 관계에 대해서는 소홀한 역피라미드 형식을 고집하는 것은 시대에 뒤떨어진 감이 있다는 지적을 받기도 한다. 따라서 오늘날의 신문은 기존의 틀 혹은 구습에서 벗어나 각각의 기사 특성에 맞게 적절한 기사 형식을 창안해낼 수 있는 창조적인 기자들을 필요로 한다고 할 수 있다 (Fuller(1996), p.127).

② **피라미드형**(pyramid form)

피라미드형 뉴스는 도입부에 특정 사안이나 이슈에 대한 구체적인 설명이나 사례 제시 등을 통해 독자의 관심을 끄는 내용을 먼저 제시한 뒤 문제점을 분석해가면서 중요한 사실을 서술해 가다가 말미에 결론을 도출하는 형식을 취하게 된다. 즉 피라미드형 뉴스는 역피라미드형 뉴스와는 달리 서론, 본론, 결론의 형식을 통해 맨 나중에 핵심적인 내용을 제시하는 미괄식 형태의 뉴스라고 할 수 있다. 이러한 피라미드형 뉴스는 언론사의 입장을 설명하는 사설이나 칼럼 혹은 해설에서 많이 이용된다.

③ **혼합형**(mixed form)

혼합형 뉴스는 역피라미드형과 피라미드형을 혼합한 형태의 뉴스로 스트레이트 뉴스에 맞물려있는 해설이나 박스 뉴스에서 많이 볼 수 있다. 혼합형 뉴스는 대체적으로 가장 중심이 되는 핵심 내용을 리드에 먼저 제시한 뒤

이어서 연대기적 방법 등을 통해 피라미드형으로 기술하는 형식을 취하게 된다.

4) 뉴스 보도의 기본 원칙

뉴스 작성 방법을 이론적으로 설명한다는 것은 어렵다. 기자 개개인의 글 쓰는 취향이나 스타일이 다양하고 글에 대한 견해나 관점 역시 다를 수 있기 때문이다. 따라서 뉴스를 작성하는 데 있어 어떠한 교과서적인 해답이나 정형화된 방법을 제시한다는 것은 무리다. 그러나 어떠한 뉴스가 됐건 좋은 뉴스가 되기 위해서는 정확성(accuracy), 객관성(objectivity), 균형성(balance) 등 몇 가지 고려해야할 기본 원칙이 있다.

(1) 정확성(accuracy)

뉴스는 무엇보다도 정확성을 생명으로 한다. 특히 스트레이트 뉴스는 육하원칙이라는 기본적인 틀을 토대로 각종 사건이나 사고, 행사 등을 취재해 이를 기사화한 것으로 뉴스의 내용을 구성하는 사실은 물론 전후 맥락을 명확하게 서술해줘야 한다. 뉴스에 등장하는 통계 수치나 인명 혹은 지명 등 고유 명사는 실수 없이 정확하게 인용해야 하며 무엇보다도 사건의 진상을 있는 그대로 분명하게 표현해야 한다. 뉴스의 내용 중에 부정확한 내용이나 허위 사실이 있게 되면 이는 다른 어떤 것으로도 변명할 수 없는 심각한 잘못을 범하는 것이며 언론의 신뢰도에 치명타를 입히게 된다. 기자가 정확한 사실을 입수하지 못한 채 단지 단어만 늘어놓는다면 이는 공중의 신뢰를 얻는데 도움이 되지 않는다. 잘못된 정보를 갖고 특종 혹은 독점 보도를 하는 것은 난센스다(Hohenberg(1983), p.83).

(2) 객관성(objectivity)

뉴스에 기자의 주관적인 감정이나 편견 혹은 선입견이 개입돼서는 곤란하며 왜곡이나 과장이 있어서도 안된다. 특히 스트레이트 뉴스를 쓸 때는 추론이나 논리의 비약을 피하고 제3자의 입장에서 사실 그대로 객관적으로 전달하는 것이 중요하다. 현실적으로 엄밀히 살펴볼 때 객관적 뉴스 보도란 불가능하다거나 객관성을 강조하다보면 심층 보도보다는 사실 전달 위주의 피상적인 보도에 그칠 수 있다는 비판도 없지 않으나 전통적으로 객관성은 언론인들이 지향해온 가장 중요한 윤리적 원칙 가운데 하나다.

(3) 균형성(balance)

객관성이 뉴스 전달에 있어 사실과 의견의 분리 혹은 편견의 배제를 의미한다면 균형성은 어느 한쪽의 입장이나 견해에 치우치지 않고 중립적으로 보도하는 불편부당성을 말한다. 뉴스는 그 대상이 된 특정 사안이나 사건에 대해 상반된 입장에 있는 양쪽의 견해를 공정하게 반영하는 균형성을 유지해야 한다. 전체의 일부분만을 강조하거나 한쪽의 이야기는 크게 보도하고 다른 쪽의 이야기는 작게 보도하는 편파적인 뉴스는 진실을 왜곡하고 사회의 통합을 방해하는 부작용을 초래할 수 있다. 균형성은 지면의 크기나 시간의 배분과 같은 양적인 균형뿐만 아니라 사건과 관련된 이해 당사자의 입장을 균형 있게 전달하는 질적인 균형을 모두 고려해야 하는데 무엇보다도 형식적이고 피상적인 인위적 균형보다는 진실을 규명하기위한 실질적인 균형을 유지하는 것이 중요하다고 하겠다.

✪ 정리하기

- 일반적으로 뉴스 가치를 좌우하는 요소로는 시의성(timeliness), 영향성(consequence), 저명성(prominence), 근접성(proximity), 흥미성(inter est) 등을 들 수 있다.
- 뉴스는 형식적으로 크게 제목(headline), 전문(lead), 본문(body) 등 세 부분으로 구성돼 있다.
- 뉴스는 외형적인 서술 형태 혹은 특성에 따라 역피라미드형(inverted pyramid form), 피라미드형(pyramid form), 혼합형(mixed form) 등 크게 세 가지 유형으로 구분해서 생각해볼 수 있다.
- 뉴스를 작성하는 데 있어 교과서적인 해답이나 정형화된 방법을 제시한다는 것은 무리일 수 있지만 어떠한 뉴스가 됐건 좋은 뉴스가 되기 위해서는 정확성(accuracy), 객관성(objectivity), 균형성(balance) 등 몇 가지 고려해야할 기본 원칙이 있다.

제2장 시민 저널리즘의 등장과 발전

1. 시민 저널리즘의 등장 배경

1) 미국 언론의 위기와 시민 저널리즘의 태동

시민 저널리즘은 미국의 저널리즘 현실에 대한 불만과 자성에서 비롯됐다. 미국의 기존 저널리즘은 수용자를 민주 시민으로서가 아니라 소비자로서만 보고 그들에게 어필하기 위해 흥미 위주의 상업주의적 저널리즘에 경도돼왔다는 것이 시민 저널리즘 옹호론자들의 주장이다. 또 정치와 정치가에 대해 냉소적인 자세를 취하면서 정치 관련 보도에서는 일반 시민의 목소리를 배제한 채 지나치게 정치 엘리트나 전문가 위주로 보도하는 경향을 보여 왔다는 것이다. 그 결과 언론이 정치에 대한 불신과 환멸, 냉소주의의 확산을 가져와 정치나 공공의 문제에 대한 시민들의 참여를 가로막음으로써 민주주의의 위기를 초래케 한 원인이 됐다는 것이다(이효성, 1996).

미국에서 시민 저널리즘이 등장하게 된 이러한 배경과 관련해 뉴욕 대학의 로젠(Jay Rosen) 교수는 1996년에 출간한 <Getting the Connections Right: Public Journalism and the Troubles in the Press>라는 저서에서 다음과 같이 미국 언론이 처한 6가지 위기 즉 경제적, 기술적, 정치적, 직업적, 정신적, 지적인 위기에 대한 대응책의 결과로 시민 저널리즘이 태동하게 됐다고 설명하고 있다(Rosen(1996), p.18-33).

(1) 경제적 위기

장기간에 걸친 독자 수의 감소와 그에 따른 광고주의 외면은 저널리즘의 경제적 토대가 약화되는 결과를 초래했다. 따라서 이러한 경제적 위기를 타개하기 위해 저널리즘은 경제학 용어를 빌면 독자들의 지지를 받을 수 있는 무언가 새로운 부가 가치를 창출해서 지금까지의 신뢰도 회복과는 차원이 다른 안정적인 경제적 기반을 확보해야 하는 도전에 직면하게 됐다.

(2) 기술적 위기

테크놀로지의 발달에 따른 새로운 커뮤니케이션 네트워크의 등장으로 훨씬 더 많은 정보를 접할 수 있게 되고 또 전달 시스템이 늘어나면서 수용자가 분산됨에 따라 기자의 역할이 모호해지면서 전통적 의미의 저널리즘이 약화되지 않을까하는 우려가 제기되고 있다. 정보원과 수용자간의 직접적인 접촉이 늘어나면서 신문과 텔레비전과 같은 기존 매스 미디어의 전형적 커뮤니케이션 유형인 일 대 다 커뮤니케이션이 다 대 다 커뮤니케이션으로 대체되고 있다. 사이버 공간상에서는 새로운 유형의 저널리즘이 등장하고 있고 미디어 기업들이 새로운 테크놀로지의 상업적 잠재력을 극대화하기 위해 뉴스 비즈니스에 나서면서 미래의 저널리즘 지형도를 바꿔나가고 있지만 하버드 대학 니만 재단(Nieman Foundation)의 빌 코바치(Bill Kovach)가 지적하고 있듯이 공공의 관심사 즉 공공성에 대한 저널리즘의 책임은 도외시하고 있다. 저널리스트들이 새로운 테크놀로지에 대해 정통해지고 이러한 테크놀로지의 활용에 대해 적극적인 결정을 내리지 않는다면 다른 세력들이 이를 대신하게 될 것이며 결국 테크놀로지가 언론의 미래를 바꿔놓게 될 것이다.

(3) 정치적 위기

1988년의 대통령 선거 투표율 하락에서 드러난 것처럼 제대로 작동하지 않는 정치에 대한 책임이 언론에도 있다는 자성이 제기됐다. 정치를 스포츠

게임에 지나지 않는 것처럼 다루는 경마식 보도, 정략과 권력 게임에 대한 몰두, 공공 정책의 중요 이슈에 대한 무관심 등 언론의 보도 태도에 대해 지난 수년간 언론인과 학자들이 우려를 표명해왔다. 많은 저널리스트들이 받아들이기를 주저하고 있지만 언론도 하나의 정치 제도라고 할 수 있으며 다른 모든 제도처럼 언론 역시 궁극적으로 공중의 지지를 바탕으로 하고 있다. 그러나 최근 들어 신문과 방송, 잡지 등 기존 언론에 대한 공중의 지지가 급격히 하락하고 있다. 모든 공공 제도가 공중의 신뢰를 상실해왔지만 특히 언론의 경우 급격한 신뢰도 하락을 보이고 있다.

(4) 직업적 위기

기자들의 직업에 대한 만족도와 전문 직업인으로서의 사명감이 갈수록 약화되고 있어 언론계 전반의 고뇌와 불안이 깊어지고 있다. 타블로이드 문화가 만연되면서 기자들의 윤리 의식도 갈수록 희박해지고 있어 공인의 사생활에 대한 루머나 불확실한 근거를 토대로 한 보도 등 과거에는 꺼려하던 언론인으로서의 직업윤리에 저촉되는 보도가 늘고 있다. 이에 따라 최근의 언론에 대한 염려와 불신 속에서 과연 전문 직업인으로서의 책임감을 회복하고 퇴색해가는 윤리에 대한 문제를 해결할 수 있을까 하는 언론인으로서의 직업에 대한 위기감이 팽배해지고 있다.

(5) 정신적 위기

모든 공인에 대한 무조건적인 불신과 전반적인 의혹 즉 냉소주의가 미국의 언론 문화를 지배해왔고 이는 미국인들의 신념 체계에까지 영향을 미쳤다. 미국 언론의 이러한 냉소주의적 언론관은 사람들로 하여금 정직한 지도자는 존재하지 않으며 진정한 토의는 있을 수 없고 어느 누구도 문제 해결에 대해 관심을 갖지 않는다는 부정적인 생각을 갖게 함으로써 언론이나 정치 모두 시간 낭비에 불과할 뿐이고 기자는 다른 세상 사람들이라는 인식을 갖게 할 수 있다. 따라서 정확한 보도를 지향하되 기자로서의 회의적 태도가 냉소주의에 빠지지 않도록 하면서 동시에 진실을 얘기하는 것 즉 언론에 대한 희망 혹은 기대를 훼손하지 않으면서 진실을 추구하는 것이 저널리스트가 직면한 정신적 도전이라고 할 수 있다.

(6) 지적 위기

저널리스트들은 객관성을 저널리즘의 중요한 원칙으로 생각해 사회 현상이나 사건을 객관적으로 전달하는 일에 주력해왔다. 그러나 정보가 넘쳐나고 있는 정보화 시대에 단순히 뉴스를 전달하는 일보다는 뉴스의 맥락(context)이나 해석(interpretation), 분석(analysis) 등을 제공하는 일이 더 중요하다. 이러한 것들은 자연적으로 발생하는 것이 아니라 지적 능력을 필요로 한다. 그러나 저널리스트들은 객관성의 원칙만 강조한 나머지 뉴스를 해석하는데 필요한 판단이나 지적 능력이 부족하며 이러한 저널리즘의 지적 위기는 점점 심각해지고 있다. 저널리스트들이 자신들 혹은 자신들의 활동을 설명하기 위해 사용하고 있는 기존의 핵심 개념들은 제대로 작동하지 못하고 있으며 이러한 개념들은 저널리즘의 현재와 미래를 설명하는데 도움을 주지 못하고 있다. 보다 큰 문제는 기존의 저널리즘 언어가 미국 언론이 처한 제반 위기에 대한 창조적인 대응을 방해하기 때문에 이러한 문제들에 대한 사려 깊은 사고와 해결이 어렵다는 것이다.

✪ 정리하기

- 미국에서 시민 저널리즘이 등장하게 된 배경과 관련해 뉴욕 대학의 로젠(Jay Rosen) 교수는 미국 언론이 처한 6가지 위기 즉 경제적, 기술적, 정치적, 직업적, 정신적, 지적인 위기에 대한 대응책의 결과로 시민 저널리즘이 태동하게 됐다고 설명하고 있다
- 미국 언론은 경제적으로 장기간에 걸친 독자 수의 감소와 그에 따른 광고주의 외면으로 저널리즘의 경제적 토대가 약화되는 결과를 초래했다. 기술적으로는 테크놀로지의 발달에 따른 새로운 커뮤니케이션 네트워크의 등장으로 기자의 역할이 모호해지면서 전통적 의미의 저널리즘이 약화되지 않을까하는 우려가 제기되고 있다.
- 언론도 하나의 정치 제도라고 할 수 있으며 다른 모든 제도처럼 언론 역시 궁극적으로 공중의 지지를 바탕으로 하고 있으나 신문과 방송, 잡지 등 기존 언론에 대한 공중의 지지가 급격히 하락하고 있다. 기자

들의 직업에 대한 만족도와 전문 직업인으로서의 사명감이 갈수록 약화되고 있고 기자들의 윤리 의식도 갈수록 희박해지고 있어 언론인으로서의 직업에 대한 위기감이 팽배해지고 있다.

2. 시민 저널리즘의 탄생 및 확산

1) 시민 저널리즘의 탄생

미국의 저널리즘 현실에 대한 자성에서 비롯된 시민 저널리즘은 공화당의 조지 부시(George Bush) 후보와 민주당의 마이클 듀카키스(Michael Dukakis) 후보가 대권 경쟁에 나섰던 1988년의 미국 대통령 선거가 촉매 역할을 한 것으로 알려져 있다(Eksterowicz et al 1998). 시민 저널리즘 주창자들은 1988년 당시의 선거 캠페인이 이슈에 대한 토론보다는 중상과 모략이 난무하는 난장판에 지나지 않았으며 이것이 시민 저널리즘 운동을 촉발시킨 계기가 됐다고 언급하고 있다. 1988년의 대통령 선거는 선거 후에 실시된 각종 여론조사 결과, 언론의 보도에 대한 공중의 혐오감이 얼마나 심각하게 만연돼 있는지를 여실히 보여줌으로써 언론에 대한 시민들의 불신과 정치에 대한 냉소주의를 상징적으로 보여준 선거였다는 것이다. 이에 따라 일부 언론인들 사이에 문제의 근원을 찾기 위한 시도가 진행되면서 캔자스 주 소재의 위치타 등 미국의 몇몇 도시에서 일부 편집인과 신문을 중심으로 시민과 언론을 다시 연결시켜보려는 취지에서 시민 저널리즘에 대한 실험이 시작됐다. 이 가운데 한사람이 시민 저널리즘 운동의 선구자 가운데 하나로 일컬어지는 <위치타 이글(Wichita Eagle)>지의 메리트(Davis Merritt)다. 1988년 대선이 끝난 일주일 뒤 메리트는 칼럼을 통해 정치인들이 어떻게 선거 전문가들과 컨설턴트, 이론가 등을 동원해 선거라는 민주적 과정을 일련의 공허한 게임으로 전락시켰는지에 대해 비판하는 동시에 선거 캠페인과 미디어간의 타산적인 상호 결속을 강력히 비난함으로써 언론의 개혁을 촉구하고 나섰다

(Merritt & Rosen 1998). 메리트뿐만 아니라 1990년에는 <워싱턴 포스트(Washington Post)>의 기자이자 칼럼니스트인 브로더(David Broder)가 칼럼을 통해 기자들은 정치 컨설턴트들의 말 보다는 일반 시민에 좀더 초점을 맞춰야한다고 주장하면서 동료 기자들로 하여금 앞으로 있게 될 주지사 선거와 의회 선거에서 기존의 보도 방식을 바꿀 것을 촉구했다.

<위치타 이글(Wichita Eagle)>은 메리트의 지휘 아래 1989년부터 1992년 사이에 일련의 실험을 통해 시민을 대상으로 설문 조사를 하고 시민의 관심사에 대한 보도를 기획함으로써 공공의 가치를 기사에 반영해 보려는 시도를 하는 등 시민 중심의 선거 취재 보도를 위한 새로운 접근 방법을 개발했다. 메리트는 1990년 캔자스 주지사 선거에서 '당신의 한 표가 중요합니다(Your Vote Counts)'라는 시민 저널리즘 프로젝트를 추진했다. 메리트의 변화에 대한 의지는 선거 취재 보도를 변화시키는 것만으로는 만족할 수 없었다. 그의 궁극적인 목표는 저널리즘이 수행되는 방식 자체를 바꾸는 것이었다. 그는 1992년 '우리 힘으로 해결하자(Solving It Ourselves)'라는 부제가 붙은 '시민 프로젝트(People Project)'를 통해 시민 저널리즘의 취재 보도 방식을 선거 보도뿐만 아니라 기존 언론이 간과해왔던 범죄, 교육, 가정 등 시민 생활 영역으로까지 확산시켜 나갔다. <위치타 이글(Wichita Eagle)>에 이어 1992년 노스캐롤라이나 주 소재의 <샬롯 옵저버(Charlotte Observer)>지도 시민 저널리즘적 관점에서 시민들이 진정으로 원하는 선거 이슈를 보도하고자 시도했다. <샬롯 옵저버(Charlotte Observer)>지는 이후 선거뿐만 아니라 범죄와 교육 등에 관한 일련의 시민 저널리즘 프로젝트를 추진했다. <위스콘신 스테이트 저널(Wisconsin State Journal)>지도 1992년 이후 2년간에 걸쳐 '우리 시민들(We The People)'이라는 프로젝트를 실시한데 이어 '희망의 도시(City of Hope)' '희망의 학교(Schools of Hope)' 등의 프로젝트를 통해 청소년의 총격 사건 및 교육 문제 등에 초점을 맞춘 시민 저널리즘 프로젝트들을 시도했다.

2) 시민 저널리즘의 확산

이처럼 처음에 선거 취재 보도를 변화시켜 보려는 의지에서 시작된 시민 저널리즘은 차츰 선거가 아닌 공공 문제로까지 확대되면서 선거는 물론 지역의 공공 이슈에 초점을 맞춘 많은 시민 저널리즘 프로젝트가 추진됐다. 가령 <비컨 저널(The Beacon Journal)>은 1993년 '인종 문제(A Question of Color)'라는 프로젝트를 통해 오하이오 주 애크런 지역의 인종 문제를 집중 조명함으로써 1994년 퓰리처상을 수상하기도 했다. 사우스캐롤라이나 주의 <컬럼비아 스테이트(Columbia State)>지는 1991년 '권력의 실패(Power Failure)'라는 프로젝트를 통해 독자들에게 주 의회가 어떻게 운영되고 있는지 그 실상을 여실히 보여줬다. 오하이오 주의 <데이튼 데일리 뉴스(Dayton Daily News)>는 1992년 일련의 청소년 총격 사건 이후 이를 집중적으로 조명한 청소년 폭력에 관한 프로젝트를 실시했다. 워싱턴주 스포케인 소재의 <스포우크스먼 리뷰(Spokesman Review)>지도 1993년 시민들로 하여금 도시의 장래에 관해 토론하는 장을 마련한데 이어 1994년에는 인종 문제를 다루는 등 일련의 시민 저널리즘 프로젝트를 추진했다. 또 메인주의 <선데이 텔레그램(Sunday Telegram)>과 <포틀랜드 프레스 헤럴드(Portland Press Herald)>지도 교육에 관한 문제를 토론하기 위한 포럼을 조직하는 등 일련의 시민 저널리즘 프로젝트를 추진했다.

이처럼 캔자스 주 소재의 위치타 등 미국의 몇몇 도시에서 일부 편집인과 신문을 중심으로 시작된 시민 저널리즘은 지역적으로 미국의 중서부에서부터 시작해 남부와 태평양 연안의 서북부, 동북부, 캘리포니아 주 등 전국으로 퍼져 나갔다. 또 처음에는 신문에서부터 출발했으나 차츰 라디오, 텔레비전, 인터넷 등으로 확대됐다. 또 시민 저널리즘이 도입되던 초창기에는 시민 저널리즘이 언론의 객관적 보도를 훼손한다고 비판하면서 부정적인 시각을 가졌던 <워싱턴 포스트(Washington Post)>나 <뉴욕 타임스(New York Times)> 같은 미국 동부 지역의 엘리트 신문들도 시민 저널리즘에 관심을 보이면서 정치 보도 등에 시민 저널리즘을 도입하기 시작했다.

한편 인터넷 신문 등 온라인 미디어가 급격히 확산되면서 1990년대 후반부터는 미국 시민 저널리즘 프로젝트에 인터넷과 같은 온라인 네트워크를 이용한 시도들이 등장하기 시작했다. 가령 언론학자인 프리들랜드(Lewis A. Friedland)가 참여하고 있는 '새로운 정보 시민(The New Information Commons)'이라는 프로젝트는 2000년 가을부터 미국 미니애폴리스와 세인트 폴 지역에서 지역 시민 단체와 대학 연구소 등의 후원 아래 '지역 사회 정보단(Community Information Corps)'을 만드는 등 인터넷 시대에 시민 저널리즘의 새로운 방향을 모색하는 실험에 나섰다. 이 프로젝트는 시민 저널리즘 프로젝트에 우호적인 지역 신문 및 방송사의 협력을 얻어 지역 시민이 직접 시민 저널리즘 구현 방식을 배워 인터넷 웹 사이트 상에 지역의 공공 정보를 구축함으로써 시민들 스스로 뉴스를 만들고 문제를 해결해나가는 실험을 추진했다. 기존 언론사들은 이 인터넷 정보 공간을 통해 기자들이 과거에 듣지 못했던 시민들의 새로운 목소리를 듣기도 하고 시민들과 제휴하는 기회를 만들어 나가게 됐다.

3) 언론 관련 기관의 후원

시민 저널리즘 프로젝트는 독자 수의 감소와 수익의 감소라는 위기감에 몰린 신문사 경영진들이 당면한 위기를 모면하고 신문 산업의 방향을 전환시켜 보려는 변화에 대한 의지와 맞물리면서 언론 기업 혹은 언론 관련 재단의 재정적인 지원을 받게 됐다. 1982년 미국 플로리다 주 마이애미에 본사를 둔 대표적인 신문 체인 가운데 하나인 나이트-리더(Knight-Ridder)의 회장이 된 배튼(James Batten)은 1987년 '지역 사회 상호 연결(Community Connectedness)'이라는 실험을 권장했는데 이는 1970년대와 1980년대 초의 독자 수 감소의 문제로부터 언론과 민주주의의 관계라는 보다 광범위한 문제로 옮아가는 첫 번째의 구체적인 시도였다(Friedland 2001). 자신이 지역 사회와 연결돼 있다는 인식을 갖고 있는 사람이 신문의 강력한 구독자라는 결론을 내린 배튼은 나이트-리더 재단을 통해 로젠(Jay Rosen) 교수로 하여금 시민 저널리즘에 대한 구상들을 모니터하는 '공공 생활과 언론에 관한 프로젝트(The Project on Public Life and the Press: PPLP)'를 구축하는데 50만 달러를 지원하는 등 시민 저널리즘의 적극적인 후원자를 자처하고 나섰다. 배튼의 지원 하에 1992년에 뉴욕 대학 내에 설립된 PPLP의 목적은 미국언론연구소(American Press Institute: API)에서 일년에 4차례씩 세미나를 개최하는 것이었는데 PPLP는 1993년부터 1997년까지 시민 저널리즘과 관련된 학자들과 언론계 인사들, 현장 종사자들이 모여 시민 저널리즘에 관한 실태를 점검하거나 토의를 하는 교육의 장으로서의 역할을 하게 됐다. 1993년에는 퓨 시민 저널리즘 센터(The Pew Center for Civic Journalism: PCCJ)가 PPLP에 동참하면서 PCCJ를 통해 시민 저널리즘 프로젝트에 수백만 달러의 돈이 투입되는 등 시민 저널리즘에 대한 지원이 본격화됐다(Eksterowicz et al 1998; Robertson 2000). 퓨 자선 재단(Pew Charitable Trusts) 회장이었던 라이멜(Rebecca Rimel)에 의해 발의돼 전 CBS 프로듀서인 포우이(Edward Fouhy)와 퓰리처상을 수상한 경력이 있는 <필라델피아 인콰이러(Philadelphia Inquirer)>지의 쉐퍼(Jan Schaffer)에 의해 설립된 PCCJ는 실험적인 시민 저널리즘 프로젝트 개발은 물론 시민 저널리즘 홍보, 시민 저널리즘 관련 연구 지원 등을 통해 시민 저널리즘을 적극 후원했다. PCCJ는 또 매년 최고의 시민 저널리즘 프로젝트를 선정해 배튼 상(Batten Awards)을 수여했다.

4) 시민 저널리즘을 위한 학문적 연구

시민 저널리즘에 관한 학문적인 이해는 공중과 언론의 관계에 대한 리프만(Walter Lippman)과 듀이(John Dewey) 간의 오랜 논쟁에 대한 관심이 되살아나면서 그 틀이 갖춰졌다(Friedland 2001). 1920년대에 리프만과 듀이 사이에 일어났던 언론과 공중에 관한 논쟁은 1980년대 후반 투표율의 하락 등으로 미국의 민주주의가 퇴조하는 조짐을 보이면서 재연됐다. 컬럼비아 대학의 제임스 커레이(James Carey) 교수는 1987년에 발표한 <언론과 공공 담론(The Press and the Public Discourse)>이라는 저서에서 리프만이 정보에 정통한 공중(informed public)은 불가능하다며 공중에 대해 비관적인 입장을 견지한데 대해 이를 비판하면서 공중은 이성적인 공공 담론을 통해 공공 생활을 재창조할 수 있다는 듀이의 견해를 지지했다. 공중과 언론의 관계에 관한 이러한 논쟁은 특히 이와 관련된 학위 논문을 발표한 뉴욕 대학의 로젠(Jay Rosen) 교수에 의해 일반인의 관심을 끌게 되면서 현재의 시민 저널리즘 운동으로 발전하게 됐다. 초기 시민 저널리즘의 이론적 기초를 확립하는데 크게 기여한 로젠은 1999년 시민 저널리즘에 관한 논의를 정리한 <저널리스트는 무엇을 위해 존재하는가?(What are journalists for?)>라는 저서를 출간했다. 로젠은 또 나이트-리더 계열의 편집인을 비롯, 많은 언론인들에게 시민 저널리즘에 관한 강연을 하기도 했는데 1991년 <위치타 이글(Wichita Eagle)>지의 메리트(Davis Merritt) 역시 로젠을 만나게 되면서 미국의 공공 생활의 쇠락과 관련된 언론의 책임에 관한 학문적 논의에 눈을 뜨게 됐다(Merritt & Rosen 1998). 그는 1995년에 <공공 저널리즘과 공공 생활(Public Journalism and Public Life)>이라는 책을 펴내 시민 저널리즘의 이론적 토대를 마련하는데 기여하기도 했다.

이처럼 시민 저널리즘은 저널리즘을 다른 방식으로 수행하고자했던 메리트와 같은 언론인들의 실험적인 시도와 더불어 공중과 언론의 관계를 재정립함으로써 현대 사회에서의 신문의 역할을 재조명하고자 했던 로젠과 같은 학자들의 노력, 그리고 독자의 외면에 따른 수익 감소와 그로 인한 경영 위기를 타개하고자 했던 신문사 경영진 및 언론 관련 재단의 지원 등을 통해 발전될 수 있었다(Sirianni & Friedland 2001).

✪ 정리하기

- 1988년의 미국 대통령 선거는 언론의 보도 태도에 대한 공중의 혐오감과 정치에 대한 냉소주의가 얼마나 심각하게 만연돼 있는지를 여실히 보여줌으로써 시민 저널리즘 운동을 촉발시킨 계기가 됐다.
- 처음에 선거 취재 보도를 변화시켜 보려는 의지에서 시작된 시민 저널리즘은 차츰 선거가 아닌 공공 문제로까지 확대되면서 선거는 물론 기존 언론이 간과 해왔던 범죄, 교육, 가정 등 지역의 공공 이슈에 초점을 맞춘 많은 시민 저널리즘 프로젝트가 추진됐다. 또 캔자스 주 소재의 위치타 등 미국의 몇몇 도시에서 일부 편집인과 신문을 중심으로 시작된 시민 저널리즘은 지역적으로 미국의 중서부에서부터 시작해 남

부와 태평양 연안의 서북부, 동북부 등 전국으로 퍼져 나갔으며 신문에서부터 라디오, 텔레비전, 인터넷 등으로 확대됐다.

- 시민 저널리즘은 저널리즘을 다른 방식으로 수행하고자했던 〈위치타 이글(Wichita Eagle)〉지의 메리트(Davis Merritt)와 같은 언론인들의 실험적인 시도와 더불어 공중과 언론의 관계를 재정립함으로써 현대 사회에서의 신문의 역할을 재조명하고자 했던 뉴욕 대학의 로젠(Jay Rosen) 교수와 같은 학자들의 노력, 그리고 독자의 외면에 따른 수익 감소와 그로 인한 경영 위기를 타개하고자 했던 신문사 경영진 및 언론 관련 재단의 후원 등을 통해 발전할 수 있었다.

제3장 시민 저널리즘의 개념과 지향점

1. 시민 저널리즘이란 무엇인가?

1) 시민 저널리즘의 다양한 성격

시민 저널리즘은 뚜렷하게 합의된 개념 정의가 부족한 데다 시민 저널리즘 자체가 언론사의 경영적 측면과 언론 운동적 측면, 그리고 공중과 언론의 관계에 대한 학계의 논쟁을 둘러싼 이론적 측면 등 복합적인 성격을 갖고 있어 그 개념과 성격을 둘러싸고 학자들 사이에도 의견이 분분한 게 사실이다. 시민 저널리즘을 실행하고 있는 전문가들도 시민 저널리즘의 개념에 대해 합의하는 것이 쉽지 않다는 것을 인식하고 있다(Merritt 1997). 이는 시민 저널리즘이 실천적 차원에서 매우 다양한 성격을 갖고 있는데다 하나의 언론 모델 내지 언론 사조로 틀을 갖추기 시작한 지가 그리 오래되지 않아 시민 저널리즘에 대한 이론적 정리 혹은 검증이 미흡한 측면이 있기 때문이기도 하다.

전술한 것처럼 시민 저널리즘 프로젝트는 독자 수의 감소와 수익의 감소라는 위기감에 몰린 신문사 경영진들이 당면한 위기를 모면하고 신문 산업의 방향을 전환시켜 보려는 변화에 대한 의지와 맞물리면서 언론 기업의 재정적인 지원을 받게 됐다. 시민 저널리즘은 또 선거 취재 보도를 변화시켜 보려는 언론에 대한 개혁 의지에서 출발해 차츰 선거는 물론 교육, 환경, 범죄 등 지역의 공공 이슈로까지 확대됐다. 이처럼 시민 저널리즘은 언론 현장에서 언론 개혁을 위한 다양한 형태의 실천 프로젝트로 추진돼왔기 때문에 시민 저널리즘의 실질적 내용에 있어서 매우 다양한 성격을 갖고 있다.

시민 저널리즘은 공중과 언론의 관계를 재정립함으로써 현대 사회에서의 신문의 역할을 재조명하고자 했던 제이 로젠(Jay Rosen)과 같은 학자들의 공중과 언론의 관계에 관한 이론적 논쟁 등을 통해 이론적 토대가 갖추어지게 됐다. 그러나 시민 저널리즘이 실제로 공중의 참여를 증진시켰다거나 독자의 수를 늘렸다는 객관적인 자료나 시민 저널리즘이 추구하고 있는 목표들이 제대로 실현되고 있는지 여부를 입증할 만한 근거를 제시하기가 쉽지 않아 비판론자들에게 공격의 빌미를 제공하는 등 시민 저널리즘은 지금도 많은 논쟁의 대상이 되고 있기도 하다.

시민 저널리즘이 탄생한 1980년대 후반부터 1990년대 초반까지는 특별한 명칭이 사용되지 않았다. 그러나 시민 저널리즘이 확산되면서 이론적 틀이 형성되기 시작한 1990년대 초반부터 새로운 언론 사조 혹은 언론 운동의 명칭에 대한 논의가 시작됐는데 학자에 따라 시민 저널리즘(Civic Journalism), 시민 기반 저널리즘(Citizen-Based Journalism), 공공 저널리즘(Public Journalism), 공공 서비스 저널리즘(Public Service Journalism), 공동체 저널리즘(Community Journalism 혹은 Communitarian Journalism) 등 다양한 명칭을 사용함으로써 시민 저널리즘의 정확한 개념을 이해하는데 혼선을 주기도 했다. 가령 시민 저널리즘 운동의 창시자로 불리는 로젠(Jay Rosen)과 메리트(Davis Merritt)는 시민의 공공 생활(public life)을 강조해 1993년부터 공공 저널리즘이라는 용어를 사용하기 시작했다. 로젠은 또 공공 저널리즘은 시민들에게 사회의 방관자가 아니라 참여자가 되도록 한다는 점에서 시민 저널리즘으로 불리기도 한다고 말한다. 시민 저널리즘 연구와 프로젝트 지원을 위한 기관인 퓨 시민 저널리즘 센터(The Pew Center for Civic Journalism)의 초대 소장을 역임한 포우이(Edward M. Fouhy)는 시민에 무게 중심을 둬 시민 저널리즘이라는 용어를 선호한다. 채피와 맥데이빗(Chaffe & McDevitt)은 공공 저널리즘은 뉴스 제작 자체에 초점이 맞추어진 반면에 시민 저널리즘은 그러한 뉴스 제작으로 인해 얻어지는 변화된 시민들의 공공 생활을 염두에 둔 광의의 개념이라고 주장한다. 이처럼 시민 저널리즘은 매우 다양한 이름으로 불리고 있는데 대체적으로 시민 저널리즘과 공공 저널리즘이라는 두 가지 용어로 압축돼 사용되고 있다.

2) 시민 저널리즘의 개념

시민 저널리즘의 이론적 기초를 마련한 로젠(Jay Rosen)은 시민 저널리즘의 개념과 관련해 공공 저널리즘 즉 시민 저널리즘이란 언론인들로 하여금 사람들을 희생자나 방관자가 아니라 시민으로서 그리고 공공의 문제에 대한 잠재적 참여자로서 취급하고; 정치 공동체로 하여금 공동체의 문제에 대해 단순히 아는 것이 아니라 문제 해결을 위해 행동을 취하도록 도와주고; 공적 토론이 쇠락하는 것을 단지 지켜보는 것이 아니라 공적 토론을 위한 환경을 향상시키고; 공공 생활이 잘 유지됨으로써 사람들이 공공 생활에 대해 관심을 갖게끔 도와주도록 요구하는 언론의 일상적 업무에 대한 접근 방식(Rosen(1999b), p.22)이라고 정의하고 있다.

로젠은 그러나 시민 저널리즘을 이처럼 간단한 개념으로 요약할 때 일반에 알려진 시민 저널리즘의 실상 즉 실제 일어났던 시민 저널리즘의 많은 것들을 놓칠 수 있기 때문에 시민 저널리즘을 정의하기 위한 또 다른 방법은 시민 저널리즘을 다음과 같이 다섯 가지 방식으로 이해하는 것이라고 강조한다(Rosen(1999b), p.22-23).

첫째, 시민 저널리즘은 미국에 있어서의 공공 생활의 전반적인 상황과 곤경에 처한 언론인들의 상황을 고려할 때 언론인의 당위론적인 역할에 관한 주장(argument)이다. 둘째, 시민 저널리즘은 언론인들이 기존의 관행에서 벗어나 공공 생활에 대해 무언가 다른 형태의 기여를 하고자 시도함으로써 앞서 얘기한 주장(argument)에 부응하는 저널리즘의 실천 방식으로 추진된 하나의 실험(experiment)이다. 셋째, 시민 저널리즘은 언론을 개혁하고자 했던 언론인과 전직 언론인들, 이를 위해 도움이 될만한 아이디어와 연구를 수행한 교수 및 연구자들, 재정적 지원과 후원을 해준 재단 및 연구소 그리고 뜻을 같이했던 다른 많은 사람들이 벌인 일련의 운동(movement)이다. 넷째, 시민 저널리즘은 곤경에 처한 미국의 언론 및 민주주의와 관련해 언론의 올바른 역할에 관한 언론계 안팎의 논쟁(debate)이다. 다섯째, 시민 저널리즘은 고정 불변의 목표도 없고 감독 기관도 없고 성공에 관한 명확한 방식도 없고 (학문적 활동을 포함해) 다른 많은 유형의 시민 활동과 뚜렷한 경계도 없고 참여자에 대한 제한 없이 다른 유형의 언론을 추구하고자 했던 개방적이고 실험적인 모험(adventure)이다.

언론인으로서 시민 저널리즘의 실천적 토대를 마련했던 메리트(Davis Merritt)는 1998년에 발간한 <공공 저널리즘과 공공 생활(Public Journalism and Public Life)>이라는 저서에서 '저널리즘이 효율적인 공공 생활에 대한 의무를 저버림으로써 공공 생활의 불안을 초래했으며 저널리즘은 공공 생활의 재활성화를 위한 동인이 돼야하고 또 될 수 있다'(Merritt(1998), p.6)며 저널리즘의 위기와 저널리즘에 대한 재정의의 필요성에 대해 언급하면서 '저널리즘 및 저널리스트의 포괄적 목표로서 공공 생활의 재활성화'(Merritt(1998), p.7)를 제안하고 있다. 즉 메리트는 저널리즘의 변화의 필요성을 역설하면서 공공 생활을 강조하는 시민 저널리즘의 개념을 제시하고 있다. 여기서 메리트가 얘기하는 공공 생활이란 '민주주의가 표현되고 경험되는 수단으로써 사람들이 공동의 목표를 달성하거나 공동의 문제를 해결하기 위해 노력하는 모든 활동을 포괄하는 것'(Merritt 1998)이다. 메리트는 그러나 로젠과 마찬가지로 특정의 실천 방법이나 방안을 제시하는 것은 그 자체가 가능성을 제한하는 것이 될 것이라며 내용적 측면에서 시민 저널리즘의 복합적인 성격을 용인하고 있다.

한편 포우이(Edward M. Fouhy)는 저널리즘이 지역 사회에 대한 자기 역할을 수행하지 못하고 있다고 비판하면서 '시민 저널리즘의 핵심 역할은 저널리스트들이 지역 사회 문제를 해결하고 주민들의 삶을 풍요롭게 하는 것'(Fouhy(1994); 김민남(2003), p.46 재인용)이라고 강조한다.

요컨대 시민 저널리즘에 대한 기존 개념 정의를 종합해볼 때 시민 저널리즘이란 언론이 시민과의 연계를 통해 공공 생활과 민주주의를 활성화시키기 위한 저널리즘이라고 할 수 있다.

✪ 정리하기

- 시민 저널리즘은 언론사의 경영적 측면과 언론 운동적 측면, 그리고 공중과 언론 의 관계에 대한 학계의 논쟁을 둘러싼 이론적 측면 등 복합적인 성격을 갖고 있어 개념 정의가 쉽지 않다.
- 시민 저널리즘은 이론적 틀이 형성되기 시작한 1990년대 초반부터 명칭에 대한 논의가 시작됐으며 학자에 따라 시민 저널리즘(Civic Journalism), 시민 기반 저널리즘(Citizen-Based Journalism), 공공 저널리즘(Public Journalism), 공공 서비스 저널리즘(Public Service Journalism), 공동체 저널리즘(Community Journalism 혹은 Communitarian Journalism) 등 매우 다양한 이름으로 불리고 있는데 대체적으로 시민 저널리즘과 공공 저널리즘이라는 두 가지 용어로 압축돼 사용되고 있다.

2. 시민 저널리즘의 지향점

1) 민주주의의 활성화

로젠(Jay Rosen)은 시민 저널리즘은 곧 민주주의를 다시 활성화시키기 위한 시도라고 말한다. 미국이 당면한 문제를 해결하고 민주주의를 강화하기 위해서는 변화가 필요하며 이를 위해서는 저널리즘 역시 변해야 한다는 것이 시민 저널리즘이 토대로 하고 있는 신념이라는 것이다(Rosen 1994; 2000). 언론학자인 프리들랜드(Lewis A. Friedland) 역시 '민주주의가 없다면 언론이 필요 없으며 언론이 없다면 민주주의란 있을 수 없다'라는 표현 속에 잘 요약돼 있듯이 시민 저널리즘은 뉴스와 민주주의간의 관계에 관한 운동이라고 설명한다. 본질적으로 민주주의란 정보에 정통한 공중 즉 자신의 문제점들에 관해 생각하고 그 문제점들에 대해서 어떠한 행동을 취할 수 있는 공중을 필요로 하는데 만일 민주주의가 이러한 의미의 시민을 길러내지 못한다면 신문이나 방송은 필요가 없다는 것이다. 즉 언론이 없다면 시민이 공중의 형태를 갖추기란 어렵다는 인식이 시민 저널리즘 운동의 핵심이라는 것이다(Friedland 2001).

메리트(Davis Merritt) 역시 ‘민주주의 그 자체의 표현이요 경험 방식인 공공 생활이 제대로 이루어지지 않고 있다는 전제에서 시민 저널리즘은 출발한다. 다수의 미국인들 눈에는 이제 정치는 자기들 현실과는 동떨어진 세계로서, 특별한 관심을 가진 사람들이나 직업적인 정치인 사이에서만 주고받는 것으로 여겨지고 있다’고 강조함으로써 민주주의를 위한 저널리즘의 새로운 역할 모색이 시민 저널리즘의 출발선임을 밝히고 있다(Merritt 1995).

2) 언론과 시민의 연계

실천적 차원에서 시민 저널리즘은 언론 보도에 시민의 참여를 높이고 시민의 생활과 밀접한 의제를 발굴해 이를 보도하는 시민 중심의 보도 방식을 지향한다. 시민 저널리즘을 주도적으로 추진하고 있는 전문가나 언론학자들은 기존의 전통적인 저널리즘은 정치 보도에 있어 시민의 관여나 토론을 증진시키지 못하고 있다고 주장한다. 오히려 오늘날의 정치 저널리즘은 경마식 보도에 초점을 맞춰 독자와 시청자를 소외시키고 있으며 시민으로 하여금 공공의 문제에 관여하는데 있어 무력감을 느끼도록 만들고 있다는 것이다. 이러한 소외감은 선거 캠페인에 대한 낮은 인식과 무관심을 초래하는 부정적 결과를 가져오게 된다는 것이다. 시민 저널리즘은 따라서 뉴스 보도 방식에 있어서 무엇보다도 공공의 토론을 자극할 수 있도록 최상의 기회를 제공하는 방식으로 뉴스를 전개해야 한다는 것이다(Lambeth 1998). 이를 위해 시민 저널리즘은 시민이 어떤 문제에 대해 가장 관심을 갖고 있는지를 파악하기 위해 이슈 여론 조사 또는 포커스 그룹, 시민 패널 등과 같은 토론 모임을 활용하는 것을 옹호하고 있다. 이를 통해 뉴스 보도 과정에서 시민이 관심을 갖고 있는 시민 중심적 이슈에 포커스를 맞추어야 한다는 것이다. 즉 시민 저널리즘은 시민 포럼이나 포커스 그룹 등을 통해 시민의 목소리를 듣기 위한 새로운 방식을 도입함으로써 취재 및 보도 관행의 변화를 시도하고 있다. 시민 저널리즘은 이처럼 시민의 관심사를 언론 보도의 중심적 의제로 삼음으로써 언론의 보도 과정에 시민을 적극적이고 유기적으로 연계시키는 것을 목적으로 하고 있다. 즉 시민 저널리즘은 시민이 관심을 갖고 있는 시민 중심의 보도를 통해 언론과 시민간의 괴리를 극복하고 언론과 시민을 연결시키는데 주안점을 두고 있다(Rosen 1999a).

3) 공공 생활의 활성화

시민 저널리즘 옹호론자들은 시민은 일단 자신의 최우선 관심사가 언론을 통해 보도되면 관련 이슈에 대해 좀더 많은 것을 알기를 원하며 이 문제를 놓고 토론하기를 원한다고 주장한다. 즉 언론 보도가 시민이 관심을 갖고 있는 이슈에 집중하게 되면 시민은 관련 이슈에 대해 좀더 관여하고 있다는 느낌을 갖게 되고 공공 생활에 대해 좀더 많이 참여하게 된다는 것이다(Rosen 1993b; 1999a).

로젠은 시민 저널리즘이란 이처럼 공공의 문제에 대한 시민들의 참여를 통해 공공 생활이 보다 원활하게 이루어질 수 있도록 공공 영역을 활성화시키기 위한 실천 운동이라고 규정하고 있다. 로젠은 시민을 공공 생활 혹은 시민 생활과 재연결시키지 못한다면 언론의 미래는 없으며 상업주의에 의해 주도되는 언론으로 전락할 수밖에 없다고 주장한다(Rosen 1996b; 1996c).

프리들랜드(Lewis A. Friedland) 역시 기자들이 이슈에 주의를 집중할 경우 시민의 숙의가 집중되고 강화될 수 있는 환경을 창출할 수 있다고 주장한다. 다시 말해 언론이 뉴스 보도에 있어 시민이 중요시하는 문제에 초점을 맞추게 되면 시민으로 하여금 이러한 사회 현안에 대해 토론하고 해결책을 찾도록 하는 토론 환경을 촉진하게 된다는 것이다.

피시킨(James Fishkin) 역시 시민 저널리즘 운동은 공공의 문제에 대한 진지한 토론을 활성화시키기 위한 시도라고 설명하고 있다(Fishkin 1997).

요컨대 시민 저널리즘은 언론을 통해 시민과 공공 생활을 연결하는 것을 핵심적인 목표로 하고 있으며 많은 사람들을 공공의 토론장에 나오게 만들고, 그들의 목소리를 장기적으로 언론에 반영해, 궁극적으로는 정책 입안에 시민이 참여할 수 있는 장을 마련해 주어야 한다는 것을 기본 원칙으로 하고 있다(윤태진 · 강내원 2001). 시민 저널리즘은 이처럼 공공의 문제에 시민이 관심을 갖고 참여하고 공공의 문제를 해결하도록 함으로써 공공 생활이 잘 유지되도록 돕는 것이 기본적인 목적이기 때문에 공공의 문제에 대한 시민들의 논의, 그들이 파악한 공공의 문제와 해결책, 공공의 문제에 대한 시민들의 참여 등을 이끌어 내는 것이 언론의 중요 임무가 된다(이효성 1996). 언론은 시민에게 공공의 문제에 대한 정보를 제공함으로써 공공의 문제를 토론하기 위한 논의의 장을 제공하고 시민으로 하여금 공공의 문제에 대해 적극적으로 참여해 문제를 해결하도록 돕는 구심적인 역할을 해야 한다는 것이다. 그러기 위해서는 언론이 공공의 문제에 적극적으로 개입해서 시민이 공동의 관심사에 직접 참여해 토론하고 의견을 교환하도록 주선함으로써 공공의 문제를 해결하도록 돕는 참여자의 입장에 서야하며 필요하다면 저널리즘의 전통적 가치인 객관주의나 중립성도 기꺼이 포기해야 한다는 것이다.

4) 참여적 시민의 창출

시민 저널리즘 운동의 궁극적 목표는 공공의 문제에 대해 숙의하고 이를 함께 해결해 나가는 참여적 시민을 창출하는 것이다(Charity 1995; Merritt 1995). 시민 저널리즘은 사회적 쟁점에 대해 일반 시민의 다양한 목소리를 뉴스에 반영함으로써 궁극적으로 공공의 문제 해결이나 정책 입안에 시민이 적극적으로 참여하도록 하는 것이다. 즉 시민 스스로가 토론에 참가하여 중요한 사회적 문제 또는 쟁점이 무엇인지를 결정하도록 하고 언론과 더불어 그 문제의 해결을 위해 적극적으로 나서는 참여적 시민 내지 공중의 위치에 서게 하는 것이 시민 저널리즘의 중요한 목표다. 다시 말해 시민 저널리즘의 목표는 시민에게 권한을 부여하도록 정보를 활용하는 것이며 시민으로 하여금 정치적 과정에 참여하도록 만드는 것이다(Denton & Thorson 1998).

시민 저널리즘은 언론사가 그때그때 사회 문제를 쟁점화하고 그 해결을 시도하고자 하는 홍보성 캠페인 보도나 단발성의 심층 보도 또는 인터뷰 등과는 성격을 달리한다. 기존 언론사의 캠페인은 어디까지나 시민과 일정 정도 거리를 유지하고 시민을 객관화시킨 대상으로 보면서 주로 계도적인 역할을 하고 있으며 이 경우 시민은 수동적 위치에 머물게 된다(김민남 1998).

시민 저널리즘은 그러나 기자 혹은 전문가가 사회 문제를 쟁점화하고 그 해결을 주도하는 기존 언론의 홍보성 캠페인과는 달리 시민 스스로가 토론에 참가해 시민이 관심을 갖고 있는 중요한 사회적 쟁점이 무엇인지를 결정하도록 하고 언론과 더불어 그 문제의 해결을 위해 적극적으로 나서는 참여적 시민의 위치에 서게 한다는 점에서 차이가 있다.

시민 저널리즘 이전의 수용자는 미디어 메시지를 무비판적으로 받아들이는 단순한 수동적 독자이자 사건들에 대한 방관자 혹은 광고와 오락물의 대상이 되는 소비자에 지나지 않았다. 그러나 시민 저널리즘에서의 수용자는 언론이 전하는 뉴스를 수동적으로 소비하기만 하는 존재가 아니라 사회의 주인으로서 공공의 관심사와 쟁점에 대해 적극적이고 주체적으로 참여하는 능동적인 시민으로 개념화된다(이효성 1996). 즉 시민 저널리즘에서의 수용자는 행위의 능력을 지닌 시민 혹은 공중이며 미디어 메시지의 수용자인 동시에 그 내용 결정에 직접적으로 관여하는 참여자이다.

✪ 정리하기

- 로젠(Jay Rosen)은 미국이 당면한 문제를 해결하고 민주주의를 강화하기 위해서는 변화가 필요하며 이를 위해서는 저널리즘 역시 변해야 한다는 것이 시민
- 저널리즘이 토대로 하고 있는 기본 신념이라고 강조하고 있는데 시민 저널리즘처럼 민주주의를 활성화시키기 위한 시도라고 할 수 있다.
- 시민 저널리즘은 실천적 차원에서 언론 보도에 시민의 참여를 높이고 시민의 은 이 생활과 밀접한 의제를 발굴해 이를 보도하는 시민 중심의 보도 방식을 지향한다.
- 시민 저널리즘은 공공의 문제에 대한 시민들의 참여를 통해 공공 생활이 보다 원활하게 이루어질 수 있도록 공공 생활을 활성화시키기 위한 실천 운동이라고 할 수 있다.
- 시민 저널리즘 운동의 궁극적 목표는 공공의 문제에 대해 숙의하고 이를 함께 해결해 나가는 참여적 시민을 창출하는 것이다.

제4장 시민 저널리즘의 이론적 기반

1. 공중과 공론장에 관한 논의

1) 공중과 시민 저널리즘

시민 저널리즘의 이론적인 기반은 1980년대에 공중(public)과 언론(press)의 관계에 대한 월터 리프만(Walter Lippman)과 존 듀이(John Dewey) 간의 오랜 논쟁에 대한 관심이 되살아나면서 그 틀이 갖춰졌다고 할 수 있는데(Friedland 2001), 리프만과 듀이의 공중에 관한 오랜 논쟁의 개요를 요약하면 다음과 같다(Rosen(1999a), p.64-67).

월터 리프만(Walter Lippman)은 1922년에 펴낸 미국의 언론과 정치에 관한 자신의 독창적 저서인 <여론(Public Opinion)>에서 정보에 정통한 공중(informed public)이란 사실상 불가능하며 불투명한 현대 사회의 특성상 공중 즉 시민에게는 국가를 다스리는데 필요한 정보를 충분히 파악할 수 있는 능력이 없기 때문에 시민은 단지 자신들을 대신해 국가를 다스릴 지도자들을 선택하는 역할을 할 수 있을 뿐이라고 주장했다. 그는 현대 사회에서 일어나는 일들은 우리가 이해하기에는 너무 거대하고 복잡할 뿐만 아니라 접근이 어렵기 때문에 일반 시민이 매일 발생하는 모든 이슈를 제대로 파악하고 그에 대해 신뢰할 수 있는 견해를 가질 수 있을 것이라고 기대하는 것은 잘못된 것이라고 강조했다. 그는 전권을 가진 시민은 난센스라며 시민의 능력에 대해 회의적인 견해를 피력했다. 현대 사회에서 살아가는 대부분의 현대안들은 바쁘게 살아가고 있으며 '보이지 않는 환경(unseen environment)'에 대해 깊이 있게 생각할 시간이나 동기도 없고 일상적으로 진지한 토론을 위한 공중의 역할을 수행하기가 어렵다는 한계를 갖고 있다는 것이다. 따라서 현대인들은 자신들의 견해를 형성하는데 있어 막연한 느낌이나 인상 혹은 뚜렷하게 의식하지 못하는 고정관념에 의존하게 된다.

월터 리프만(Walter Lippman)은 계속해서 1925년에 출간한 <허깨비 공중(The Phantom Public)>이라는 저서를 통해 공중은 환영 혹은 망상에 지나지 않으며 오직 내막을 아는 사람 즉 내부자(insider)만이 결정을 내릴 수 있는데 이는 그 사람이 본래부터 더 나은 사람이기 때문이기 보다는 그가 그러한 위치에 있기 때문에 이해하고 행동할 수 있기 때문이라고 강조했다. 리프만은 따라서 내부자들만이 공공의 문제를 아는 사람들이며 대부분의 시민은 결정에 참여할 가능성도 없고 할 능력도 없는 방관자(outsider)로 남아있게 된다고 강조했다. 따라서 그는 현대 사회의 복잡성과 일반 시민의 한계성, 그리고 인간 본성의 엄연한 현실을 지적하면서 일반 시민보다는 정보에 정통한 전문가들에게 희망을 두고 있으며 공공의 문제는 정보에 정통한 이러한 전문가 계급에 의해서만 다루어질 수 있고 일반 시민이 할 수 있는 역할이 있다면 선거 때 투표를 통해 지도자들을 선택하거나 퇴출시키는 일이라고 말한다. 리프만은 또 시민에 의해 선택된 지도자들은 자신들의 논의의 결과를 전문화된 계급인 언론을 통해 전달하게 되며 따라서 언론의 역할은 지도자들 혹은 전문가들의 의견을 공중에게 전달하는 것이라고 말한다. 즉 언론의 역할은 공중과 직접 대화를 하는 것이 아니고 의사 결정을 하는 정치 지도자나 전문가들에 관한 정보나 의견을 공중하게 전달하는 것이라는 게 리프만의 주장이다.

리프만의 이 같은 주장에 맞서 듀이는 공중의 능력에 대한 신념을 강조하면서 공중은 대화를 통해 공공의 문제에 대해 관심을 갖고 결정을 할 수 있는 능력이 있으며 합리적이고 이성적인 공적 토론이 가능한 지역 사회 창출을 통해 공공 생활을 재창조할 수 있다고 주장했다. 듀이는 리프만의 <여론

(Public Opinion)>이 나온 지 5년 뒤인 1927년에 출간한 <공중과 문제(The Public and Its Problems)>라는 저서에서 각 개인은 스스로 의사 결정을 할 수 있는 능력을 갖고 있으며 대화를 통해 공중이라는 이름으로 공공의 문제를 공유하고 이를 해결할 수 있다고 주장했다. 듀이에게 있어서 공중은 개별 사회 구성원들에 의해 해결될 수 없는 문제 즉 시장 활동에 의해 발생한 문제들을 해결하기 위한 필요에 의해 존재하게 되며 공공의 문제를 해결할 수 있는 지역 사회 창출은 불가능한 것이 아니다. 듀이는 우리가 개인적인 삶을 영위하지만 배타적인 사적 세계에서 살 수는 없으며 우리의 문제들은 불가피하게 서로 연관된 공적인 것이며 우리의 의견 역시 그러한 것이 돼야 한다고 주장했다. 듀이에게 있어 공중이란 특정의 문제를 공유하고 있고 그러한 문제들의 해결에 있어 공동의 이해관계를 갖고 있는 사람들을 의미한다. 듀이는 리프만이 얘기하는 것처럼 공중이 현실적으로 문제에 처한 것은 사실이지만 허깨비나 환영이라기보다는 조직화되지 않은 미완성의 것이며 미숙하지만 불가능한 것은 아니라고 설명하고 있다. 듀이는 우리가 숨겨진 공중을 드러내기 위해 노력하기 전까지는 아무도 공중의 한계에 대해 얘기할 수 없으며 아무리 정보에 정통한 전문가라 하더라도 공중의 최선의 판단을 대체할 수는 없다고 강조했다. 듀이는 정치와 지역 사회, 학교, 문화 그리고 식자층이 제대로 자신들의 구실을 한다면 공중은 현대적인 모습으로 드러나게 될 것이라고 강조했다. 듀이는 또 언론의 보도는 진정한 공중의 창출을 위한 전제가 되지만 이것만으로는 불충분하고 사람들이 언론에 보도된 이슈에 대해 서로 대화를 가져야 하며 기자는 이러한 대화의 촉매자이고 내부자와 시민은 똑같이 이러한 대화의 능동적 참여자이자 동반자라고 강조했다. 또 이러한 대화가 궁극적으로 민주주의의 매개 수단이 된다고 강조했다. 듀이가 말하는 이러한 공중의 개념과 이른바 '위대한 지역 사회' 창출을 위한 공중의 역할에 관한 개념은 언론을 변화시켜 보려는 사람들의 출발점이자 시민 저널리즘의 출발점이 되었다.

리프만과 듀이의 현대 사회에서의 공중의 본질에 관한 오랜 논쟁은 1980년대 후반 미국에서 투표율의 하락 등 민주주의의 퇴조가 가시화되면서 다시 가열됐는데 초창기 시민 저널리즘의 이론적 토대를 마련한 뉴욕 대학의 로젠 교수에 의해 일반인들의 관심을 끌게 되면서 현재의 시민 저널리즘 운동으로 발전하게 됐다. 리프만과 듀이의 공중에 관한 논쟁을 주제로 학위 논문을 발표한 로젠은 1999년 시민 저널리즘에 관한 논의를 정리한 <저널리스트는 무엇을 위해 존재하는가?(What are journalists for?)>를 출간하는 등 시민 저널리즘의 이론을 정립하는데 많은 기여를 했다. 로젠은 이 저서를 통해 시민 저널리즘의 이론적 배경과 역사, 사례, 의미 등을 총 정리함으로써 시민 저널리즘이 추구하고 있는 언론의 새로운 역할에 대해 진지하게 성찰하고 있다.

2) 공론장과 시민 저널리즘

시민 저널리즘 옹호론자들은 패터슨(Thomas E. Patterson)이 지적한 것처럼 기존의 전통적인 저널리즘은 정치 보도에 있어 시민의 관여나 토론을 증진시키지 못하고 있다고 비판한다(Patterson 1980; 1993). 이 같은 견지에서 시민 저널리즘은 정치적, 사회적 문제들에 대한 공공 토론의 활성화 즉 공공의 문제에 대한 시민들의 민주적 참여와 토의를 활성화시키는 것을 지향한다(Christians 1999). 이러한 시민 저널리즘은 20세기 초 독일의 철학자 위르겐 하버마스(Urgen Habermas)가 얘기했던 공론장(public sphere) 개념과 일맥상통하는 것으로 시민 저널리즘이란 결국 시민으로 하여금 공론장의 회복을 통해 하버마스적인 이상에 도달하도록 유도하기 위한 일종의 언론 운동이라고 할 수 있다.

미국에서 공론장에 대한 논의가 다시 일어난 것은 1980년대 후반 시민들의 정치에 대한 무관심과 언론에 대한 불신 등으로 미국의 민주주의가 제대로 작동되지 못하고 있다는 위기의식이 높아지면서부터다. 특히 1989년 하버마스의 공론장 이론이 미국에서 <공론장의 구조 변동(The Structural Transformation of Public Sphere)>이라는 영역판으로 출간돼 학계의 주목을 끌면서 많은 논의가 이루어지게 됐다.

1980년대와 1990년대에 미국에서 다시 가열됐던 공론장에 대한 논의를 보면 한편에서는 하버마스의 공론장에 대해 시민적 논의보다는 갈등과 대립의 기록이라고 할 수 있는 우리의 실제 역사를 제대로 설명하지 못하고 있는 위험한 신화라는 비판이 제기되기도 했다. 또 다른 한편에서는 하버마스가 제시하고 있는 이성적이며 합의 지향적인 공론장 개념은 현대 사회에 대한 설명으로는 모호한 측면이 있지만 성숙한 민주주의가 지향해야할 푯대이자 이상이라는 입장을 피력하는 등 다양한 견해가 제시되었다.

하버마스는 이 책에서 18세기에 나온 공론장의 개념을 현대적 의미로 재해석하고 있는데 하버마스는 공론장을 이성의 공적 사용을 전제로 모든 시민들이 아무런 제한 없이 자유롭게 토론에 참여함으로써 공공의 이익과 관련된 문제들을 논의하고 여론을 형성하는 사회적 삶의 한 영역으로 규정하고 있다. 하버마스의 분석에 의하면 시민 사회의 부르주아들은 한 곳에 모여 자유롭고 개방적인 대화와 토론을 통해 공공의 관심사를 논의했으며 여기서 형성된 여론은 왕이나 군주가 장악하고 있던 절대주의 국가를 견제하고 비판하는 기능을 수행했다. 하버마스는 그러나 17세기에서 19세기 전반까지의 부르주아 공론장의 발전 과정을 추적하면서 국가 권력의 개입과 함께 자본의 논리에 의해 지배되는 매스 미디어의 등장으로 인해 공론장의 비판적 기능이 상실됐으며 공중은 방관자로 전락했다고 주장한다. 처음에는 공공의 문제가 논의되는 토론의 장에 개인들이 참여할 수 있는 기회를 제공해줌으로써 공론장의 성장에 기여했던 언론이 상업화되면서 이제는 그것을 억압하는 역기능을 하게 됐다는 것이다. 하버마스는 이와 같은 공론장의 변형을 공론장의 재봉건화(refeudalization)라고 규정하고 있다. 요컨대 하버마스의 공론장 개념은 토론에 참여하는 공중들의 합리적이고 비판적인 이성을 전제로 하고 있으며 이러한 이성적 토론 공간으로서의 공론장이 정치권력과 자본 논리가 개입된 상업주의 언론에 의해 위축되고 있는 현상을 공론장의 재봉건화라는 개념으로 설명하고 있다.

하버마스의 공론장 개념은 그러나 료타르(Lyotard, 1984)와 같은 후기 구조주의 학자들에 의해 하버마스가 상정하고 있는 자율적이고 이성적인 주체는 계몽주의의 이상에 지나지 않는다는 비판을 받으면서 이론적 타당성에 대한 의문 제기와 함께 공론장 개념에 대한 다양한 재해석이 시도되었다. 후기 구조의자들은 하버마스의 공론장 개념이 포스트모던 사회로 대표되는 현대 사회 즉 이성적인 측면과 함께 비이성적인 측면이 혼재되어 나타나는 현대 사회에서는 설명력이 부족하다고 비판하고 있다.

후기 구조주의자들에 이어 네트와 클루게(Negt & Kluge, 1993) 같은 학자들은 프롤레타리아 공론장 개념을 도입해 하버마스의 공론장 개념을 비판하고 있다. 이들은 공론장을 합의를 위한 공간이라기보다는 사회 현실의 모순을 폭로하고 투쟁하는 대립의 공간으로 보고 있으며 이러한 헤게모니적 투쟁 속에서 계급의 역할이 강조되는 프롤레타리아 공론장 개념을 제시하고 있다. 즉 하버마스의 공론장에 대한 논의는 부르주아 공론장에만 초점이 맞추어져 있으며 프롤레타리아 공론장과 프롤레타리아 공론장의 수많은 지류 즉 공장 공론장, 학생 공론장, 어린이 공론장 등을 무시하고 있다고 주장하고 있다.

한편 달그린(Dahlgren, 1995)과 포스터(Poster, 1997)는 현대 사회의 미디어는 하버마스의 공론장 개념이 전제로 하고 있는 이성적인 측면 외에 포스턴 모던 이론가들이 주장하고 있는 비이성적인 측면에 대한 배려를 통해 보다 완벽한 공론장으로서의 기능을 수행할 수 있다고 강조한다.

✪ 정리하기

- 시민 저널리즘의 이론적인 기반은 미국에서 1980년대에 공중(public)과 언론(press)의 관계에 대한 월터 리프만(Walter Lippman)과 존 듀이(John Dewey) 간의 오랜 논쟁에 대한 관심이 되살아나면서 그 틀이 갖춰졌다고 할 수 있는데 특히 시민 저널리즘의 이론적 토대를 확립한 뉴욕 대학의 제이 로젠(Jay Rosen) 교수에 의해 일반인들의 관심을 끌게 되면서 현재의 시민 저널리즘 운동으로 발전하게 됐다.
- 월터 리프만(Walter Lippman)은 1922년에 펴낸 미국의 언론과 정치에 관한 자신의 저서인 〈여론(Public Opinion)〉에서 정보에 정통한 공중(informed public)이란 사실상 불가능하며 불투명한 현대 사회의 시민은 국가를 다스리는데 필요한 정보를 충분히 파악할 수 있는 능력이 없으며 시민은 단지 자신들을 대신해 국가를 다스릴 지도자들을 선택하는 역할을 할 수 있을 뿐이라고 주장했다.
- 존 듀이(John Dewey)는 1927년에 출간한 〈공중과 문제(The Public

and Its Problems)〉라는 저서에서 공중은 대화를 통해 공공의 문제에 대해 관심을 갖고 결정을 내릴 수 있는 능력이 있으며 합리적이고 이성적인 공적 토론이 가능한 지역 사회 창출을 통해 공공 생활을 재창조할 수 있다고 강조했다.

- 시민 저널리즘은 20세기 초 독일의 철학자 위르겐 하버마스(Urgen Habermas)가 얘기했던 공론장(public sphere) 개념과 일맥상통하는 것으로 시민 저널리즘이란 결국 시민으로 하여금 공론장의 회복을 통해 하버마스적인 이상에 도달하도록 유도하기 위한 일종의 언론 운동이라고 할 수 있다.

2. 시민 저널리즘 이론 구축을 위한 학문적 연구

시민 저널리즘의 이론 구축을 위한 학문적 연구는 공중의 언론에 대한 신뢰도 상실과 시민 저널리즘의 필요성에 관한 연구, 신문과 투표율간의 관계에 관한 연구, 시민 저널리즘에 대한 언론인들의 인식 및 태도에 관한 연구 등을 중심으로 다양하게 진행돼 왔다.

일반 시민 혹은 공중의 언론에 대한 신뢰도 상실을 입증하기 위한 연구는 시민 저널리즘 옹호론자들의 주요 연구 분야 가운데 하나다. 시민 저널리즘의 초기 이론가인 로젠 등 많은 학자들은 공공 생활의 붕괴가 시민의 언론에 대한 신뢰도 하락과 연관돼 있다고 보고 시민 저널리즘 운동을 적극 옹호해 왔다.

가령 자주 인용되곤 하는 1994년에 실시된 타임스 미러(Times-Mirror)의 여론 조사 결과는 미국인들 가운데 71%가 사회 문제를 해결하는 데 있어 언론이 방해가 되고 있다는 데 동의하고 있다고 밝히고 있다. 언론이 사회 문제를 해결하는데 도움이 된다고 생각하고 있는 사람은 25%에 불과했다 (Lambeth 1998). 베네쉬(Susan Benesch)는 1997년에 실시한 공공 의제에 관한 서베이 결과 79%의 사람들이 언론이 하는 일은 나쁜 뉴스를 보도하는 것이라고 인식하고 있는 것으로 나타났다고 밝히고 있다(Benesch 1998).

일반 공중이 언론으로부터 멀어지게 된 이유로는 우선 기업 소유권 측면에서 대기업과 언론이 동일시되고 있는 것이 중요한 원인 가운데 하나로 지적되고 있다(Robertson 2000; Carey 2000; Kohut 2000). 또 언론이 일반 시민보다는 권력층과 보다 많은 공통점을 갖고 있고 교육을 받은 부유한 엘리트 계층의 일부로 인식되고 있는 것(Carey 1993; Kurtz 1994; Yankelovich 1994; Rosen 1996a & 1996b; Denton & Thorson 1998), 시민이 실제로 관심을 갖고 있는 이슈를 보도하는데 실패한 것(Rosen 1996b; Blendon et al 1998), 그리고 기괴하거나 별난 것 혹은 하찮은 것에 초점을 맞추고 있는 것(Rosen 1992; 1996c) 등도 중요한 이유 가운데 하나로 지적되고 있다. 커레이(James Carey)는 언론은 공중으로 하여금 기자와 정치인, 전문가들 간의 토론을 구경꾼으로써 방관자의 입장에서 지켜보도록 소외시키는 정치 시스템의 한 부분이라고 주장하고 있다(Carey 1993). 시민 저널리즘 옹호론자들은 또 언론이 객관주의라는 기존의 전통적 입장을 고집함으로써 기자들을 공중의 관심으로부터 단절시킨 것도 책임이 있다고 지적하고 있다(Rosen 1993a & 1996a; Gans 1998; Eksterowicz et al 1998).

신문 구독 감소와 투표율 감소를 연결짓는 연구 역시 시민 저널리즘 옹호론자들의 주요 연구 분야 가운데 하나다. 1989년의 나이트-리더(Kinight-Ridder) 심포지엄은 1988년의 대통령 선거 투표율이 1924년 이후 가장 낮은 수준이었으며 신문 구독자가 1967년 전체 성인의 73%에서 1988년에는 51%로 급락했다는 사실에 대해 주목하고 있다(McMillan et al 1998). 사이먼(James Simon)은 1992년 대통령 선거 당시 투표율이 감소한 것은 적어도 부분적으로는 신문 구독 감소에 의한 것이었다는 것을 밝혀내기도 했다(Simon 1996). 스템펠과 하그로브(Stempel & Hargrove)도 신문이 투표율과의 관계에 있어서 매우 중요한 역할을 한다고 주장했다(Stempel & Hargrove 1996). 메리트(Davis Merritt)는 시민 저널리즘을 도입한 결과 1990년의 캔자스 주 주지사 선거 투표율이 1988년 투표율에 비해 상당히 높게 나타났으며 특히 <위치타 이글(Wichita Eagle)>지를 구독하고 있는 지역에서 가장 높은 투표 증가율을 보였다는 연구 결과를 제시했다(Merritt 1998). 메리트는 또 선거후에 실시된 조사 결과 캔자스 주의 다른 지역에 비해 <위치타 이글(Wichita Eagle)>지를 구독하고 있는 지역의 투표자들이 선거 이슈에 대한 지식이 더 높은 것으로 나타났다고 밝혔다.

시민 저널리즘에 대한 언론인들의 인식이나 태도에 관한 연구도 진행돼 왔는데 최근의 연구는 언론인들이 대체적으로 언론의 독립성을 유지하는 것을 바라면서도 시민 저널리즘이 추구하고 있는 목표에 대해 상당히 공감하고 있음을 보여주고 있다. 베어(John Bare)는 <위치타 이글(Wichita Eagle)>, <뉴스 & 옵저버(News & Observer)>, <오마하 월드 헤럴드(Omaha World-Herald)> 등 3개 신문에 종사하고 있는 기자들의 신념 체계에 대한 연구를 통해 시민 저널리즘이 추구하고 있는 가치들이 3개 신문 모두에서 폭넓게 지지를 받고 있다고 밝히고 있다(Bare 1998). 게이드(Peter Gade) 등은 기자들이 사상과 행동의 자유를 주장하는 기존의 전통적인 자유주의적인 가치와 시민 저널리즘이 추구하고 있는 사회적 책임에 관한 가치를 혼합하는 경향을 보여 주고 있다는 것을 밝혀냈다(Gade 1998). 미국신문편집인협회(ANSE)에 소속돼 있는 1,037명의 저널리스트들을 대상으로 서베이를 실시한 보아케스(Paul Voakes)의 연구 역시 기자들이 시민 저널리즘과 관련된 시도에 대해 지지를 하고 있으며 특히 소규모 신문에 종사하고 있는 언론인들의 경우 지지도가 상당히 높다는 것을 보여주고 있다(Voakes 1999). 그러나 시민 저널리즘에 관한 이러한 학문적 연구가 시민 저널리즘을 항상 지지하고 있는 것은 아니다. 가령 경마식 여론조사가 다른 메시지들에 대한 주의를 증가시킨다는 것을 밝혀냄으로써 경마식 여론 조사가 공중의 관심을 중요한 이슈로부터 딴 데로 돌리게 만든다는 시민 저널리즘의 기본적 토대를 뒤집는 연구 결과를 제시하기도 했다(Zhao & Bleske 1998).

✪ 정리하기

- 시민 저널리즘의 이론 구축을 위한 학문적 연구는 공중의 언론에 대한 신뢰도 상실과 시민 저널리즘의 필요성에 관한 연구, 신문과 투표율간의 관계에 관한 연구, 시민 저널리즘에 대한 언론인들의 인식 및 태도에 관한 연구 등을 중심으로 다양하게 진행돼 왔다.
- 시민 저널리즘 옹호론자들은 공중의 언론에 대한 신뢰도 상실에 관한

연구를 통해 공공 생활의 붕괴가 시민의 언론에 대한 신뢰도 하락과 연관이 있다며 공공 생활을 다시 활성화시키기 위한 시민 저널리즘 운동을 적극 옹호했다.

- 시민 저널리즘에 대한 언론인들의 인식이나 태도에 관한 최근의 연구는 언론인들이 대체적으로 언론의 독립성을 유지하는 것을 바라면서도 시민 저널리즘이 추구하고 있는 목표에 대해 상당히 공감하고 있음을 보여주고 있다.

제5장 시민 저널리즘 실천 방법

1. 시민 저널리즘 실천을 위한 핵심 요소

앞서 얘기한 것처럼 시민 저널리즘은 뚜렷하게 합의된 개념 정의가 부족한 데다 시민 저널리즘 자체가 다양한 성격을 갖고 있어 그 개념과 성격을 둘러싸고 언론학자들 사이에도 의견이 분분한 게 사실이다. 따라서 로젠(Jay Rosen)의 말처럼 시민 저널리즘을 구현하기 위한 정형화된 방법은 없다는 표현이 보다 적합할 수 있다. 즉 시민 저널리즘은 그 성격의 다양성과 함께 다분히 개방적인 실천 방법을 취할 수밖에 없다는 얘기다.

시민 저널리즘의 실천 방법은 이처럼 취재 보도 방식과 시민 참여 방식에 있어 매우 다양한 모습을 보이고 있는데 시민 저널리즘의 실천을 실증적으로 분석한 기존 연구에서 사용된 변인들은 대체적으로 다음과 같은 요소들로 집약된다(최영 2002). 즉 일반 시민을 취재원으로 인용해 기사에 시민의 견해 및 입장 반영하기, 통신 기사나 외부 기사가 아닌 내부 기자에 의한 기사 쓰기, 도덕이나 가치 체계 등 기사의 표면에는 드러나지 않지만 기사의 방향과 흐름을 이해하는데 도움이 되는 이른바 핵심 가치의 내재화, 양자택일 방식의 갈등 기사 회피, 문제 해결을 위한 대안 모색 및 해결책 제시, 시민 공청회나 시민 포럼, 시민 패널, 포커스 그룹, 여론 조사의 적극적인 활용 등을 들 수 있다.

이와 같은 시민 저널리즘적 요소들은 대개의 경우 개별적으로 실증적 검증에 이용됐으며 비슷한 성향끼리 범주화를 시키거나 하나의 요소를 집중적으로 조사한 경우도 있다. 가령 메이시(Brian L. Massey)의 경우에는 일반 시민이 얼마나 뉴스 작성에 기여할 수 있는지를 취재원, 인용의 정도, 기사 내에서의 위치 등을 이용해 하나의 요소를 집중적으로 분석했다(Massey 1998). 피(Frank E. Fee)의 경우에는 민주화(democratizing), 실천을 위한 권유 혹은 동기 부여(mobilizing), 논의에 있어서 절충이 가능한 공통의 기반(common ground), 문제 해결을 위한 해결책(solutions) 등 4가지 항목으로 범주화시켜 분석하기도 했다(Fee 1999).

1) 시민의 목소리 반영하기

시민 저널리즘은 기존 언론이 공공 문제를 다루는데 있어 사회 지배층이나 전문가, 권력가 등과 같은 엘리트 위주의 보도 관행을 보임으로써 상대적으로 시민의 목소리를 소외시켜왔다고 지적한다. 기존 언론은 정치권력과 자본으로부터 자유롭지 못하기 때문에 주류 목소리에 편승하는 경향이 있으며 이는 결과적으로 다양한 사회적 욕구를 담아내지 못하는 결과를 야기해 기존 언론에 대한 불만은 가중될 수밖에 없고 이를 대체할 새로운 언론에 대한 요구가 증가하게 된다는 것이다(박선희 2001). 따라서 시민 저널리즘의 구체적인 실천적 방법과 관련해 채리티(Arthur Charity)는 시민 저널리즘의 중요한 요소 가운데 하나는 시민의 입장을 반영하는 것으로 뉴스에 정부 관료나 전문가뿐만 아니라 일반 시민을 주요 취재원으로 인용 보도함으로써 시민의 목소리를 적극 반영할 것을 강조하고 있다(Charity 1995). 즉 시민 저널리즘은 지금까지 정부 관료나 정치인들을 주요 취재원으로 해왔던 취재 관행에서 벗어나 시민 속으로 들어가 그들의 목소리를 직접 청취해 보도하는 취재 보도 관행의 혁신적인 전환을 요구한다는 것이다. 시민 저널리즘은 이처럼 기사에 일반 시민의 의견을 적극 반영하는 보도 방식을 지향하기 때문에 직간접적인 인용문이 많은 것이 특징이다. 즉 시민 저널리즘은 언론의 입장이나 기자 개인의 판단 혹은 가치관 보다는 시민의 입장을 전달하는 것이 목적이기 때문에 시민들의 발언이나 의견을 직접간적으로 많이 인용한다. 따라서 기사 작성의 주체는 기자지만 기사 내용의 실질적인 주체는 시민이 된다(안병길(2003), p.181).

2) 시민의 목소리 듣기

시민 저널리즘의 또 다른 중요한 특징 가운데 하나는 시민의 목소리를 듣는 것이다. 시민 저널리즘은 앞서 얘기한 것처럼 시민의 입장에서 지역 사회의 주요 현안 혹은 이슈들을 파악하고 이를 언론에 반영하기 위한 취재 보도 관행의 변화를 시도하고 있다는 점에서 기존의 저널리즘과 차별화되는 특징을 갖고 있다. 따라서 시민 저널리즘은 지역 주민 혹은 시민들이 생각하고 있는 시민 중심의 이슈를 찾아내기 위해 이슈 여론 조사(issue polling), 포커스 그룹 인터뷰(focus group interview) 등 과학적이고 체계적인 조사 기법을 동원한다. 또 시민 공청회(citizen meeting), 시민 포럼(citizen forum), 시민 패널(citizen panel) 등 시민의 목소리를 듣기위한 다양한 청취 방식(new art of listening)을 도입하고 있다.

이슈 여론 조사는 이슈 탐색을 위해 자주 사용되는 방법 가운데 하나로 일반적인 여론 조사와는 달리 이슈 중심의 조사를 통해 지역 사회의 다양한 이슈 중 시민들이 중요하게 생각하는 이슈 혹은 관심사를 시의적절하게 추적해낼 수 있다. 이슈 여론 조사를 위한 표본의 크기는 400명에서 2,000명 정도가 일반적이며 질문 방식은 중요도에 따른 이슈 순서 정하기, 중요한 이슈 한 가지 선택하기, 가장 중요한 이슈 한 가지 적기 등의 방법이 사용된다. 이슈 여론 조사는 그러나 전문적인 여론 조사 기관에 의뢰하거나 전문가를 고용해서 실시하기 때문에 비용이 많이 든다는 단점이 있기도 하다(안병길(2003), p.146).

포커스 그룹 인터뷰는 언론사가 자체적으로 조직해 구성한 특정 그룹의 시민들과 대화를 하는 것으로 여론 조사가 피상적인 여론을 탐색하는 것인데 반해 포커스 그룹은 참여 인원이 적기 때문에 좀더 깊이 있는 탐색이 가능하다는 장점이 있다. 포커스 그룹은 8명에서 12명 정도로 구성하는 게 일반적인데 대개 여론조사 전에 사람들이 해당 지역의 문제에 대해 어떻게 생각하고 있는지 윤곽을 파악하거나 여론 조사 후에 이를 좀더 깊이 있게 알아보기 위해 실시되기도 한다(안병길(2003), p.150-151).

시민 공청회는 깊이 있는 토론 보다는 주로 지역 사회의 주요 현안이나 이슈에 대해 시민들의 의견과 입장을 듣는 형식을 취하게 된다. 이러한 시민 공청회는 경우에 따라서는 수백 명에 달하는 많은 수의 시민들이 참여하기 때문에 다양한 의견을 들을 수 있다는 장점이 있지만 자칫하면 중구난방 식으로 무질서하고 혼란스럽게 진행될 수도 있기 때문에 공청회에 참여한 시민들을 체계적으로 조직하는 것이 중요하다.

시민 포럼은 시민 공청회에 비해 토론이 가능한 적은 수의 시민들로 구성된 소규모 토론 그룹을 통해 주요 이슈에 대해 구체적으로 토론하는 모임을 말한다. 시민 포럼은 토론에 초점이 맞추어져 있으며 일반 시민을 포함해서 전문가나 행정 관료, 정치가 등 다양한 집단을 대표하는 15명 내외의 참여자가 토론을 진행하게 된다(김민남(2003), p.63).

시민 패널은 구성 목적에 따라 규모나 운영 방식이 다양하다고 할 수 있는데 시민 패널은 대개 시민 공청회나 시민 포럼과는 달리 장기적 차원에서 지속적으로 시민의 목소리를 듣기 위해 활용된다. 시민 패널은 지역 사회의 지도자 역할을 하는 시민과 각 분야 전문가들로 구성되기도 하고 여론 조사 응답자나 독자들로 구성되기도 한다. 경우에 따라서 수백 명에서 수천 명에 이르는 시민이 참여하는 이러한 시민 패널은 중요 이슈에 대해 시민의 지속적인 평가를 통해 여론의 추이나 변화 등을 파악하는데 유용하게 활용될 수 있다. 시민 패널은 또 기사 아이템 발굴이나 인터뷰, 대담, 토론 등 다양한 목적에 활용될 수 있다.

3) 시민의 참여 촉진

시민 저널리즘은 지역 사회 문제 해결을 위한 시민의 참여를 중요시한다. 즉 시민 저널리즘은 공공의 문제 해결을 위해 지역 주민들 간의 대화와 토론의 장을 제공하고 시민들의 참여를 증진시킴으로써 민주주의를 회복시키고 공공 생활을 활성화하는 것을 지향하고 있다. 따라서 시민 저널리즘은 프로젝트 추진 과정에서 다양한 방식으로 시민을 참여시키게 된다. 특히 시민 저널리즘은 앞서 얘기한 시민 공청회나 시민 포럼, 시민 패널과 같은 다양한 형태의 시민 토론 모임을 조직해 토론 과정에 시민들이 직접 참여케 하고 그에 대해 심층 취재 보도함으로써 시민들의 관심과 참여를 촉구하게 된다. 이와 관련해 시민 저널리즘 주창자들은 공공의 문제 해결을 위한 시민의 참여를 유도하기 위해 일반 시민들이 대상을 확인하고 접촉할 수 있는 장소와 시간에 관한 충분한 정보를 제공하거나 관련 모임에 관한 안내나 연락처 등을 제공하는 이른바 동원 정보(mobilizing information)를 기사 내용에 포함시키는 방안을 언급하고 있다. 또 시민 저널리즘을 추진하는 언론사의 경우 시민 저널리즘의 필요성과 실행 계획을 알리는 기사를 정기적으로 게재함으로써 시민들의 참여 의식을 고취하게 된다(김민남(1998), p199). 시민 저널리즘은 이처럼 많은 시민들이 책임 의식을 갖고 시민 공청회(citizen meeting), 시민 포럼(citizen forum), 시민 패널(citizen panel) 등 다양한 유형의 토론 모임에 참여해 지역 사회의 문제를 스스로 해결하는 능력을 기를 수 있도록 언론이 적극 개입해 시민의 참여를 유도하게 된다.

4) 절충 가능한 공통 기반 모색

메리트(Davis Merritt)는 독자나 시청자 혹은 청취자들에게 어떤 쟁점에 대해 오직 양극단의 두 가지 견해만을 제시해주는 기존의 갈등 모델 대신 새로운 방식의 뉴스 전개 방식을 개발해야 한다고 주장한다. 그는 시민의 토론과 논의를 활성화시키기 위해 해당 이슈에 대해 다양한 시각에서 여러 측면을 보여주는 한편 이것 아니면 저것이라는 식의 극단적인 양자택일 방식을 지양하고 양자 사이의 다양한 절충 가능성에 대해 언급하는 보도 방식을 취할 것을 강조하고 있다(Merritt 1995). 그는 기자가 의도적으로 볼거리나 구경거리 식의 보도 방식을 최소화하고 단순히 예 혹은 아니오 식의 양자택일 대신 그 문제로 인해 위협받고 있는 사회 구성원들의 핵심 가치(core value)에 대해 언급하면서 양극단 사이의 절충 가능성을 언급하게 되면 일반 시민으로 하여금 토론 혹은 숙의를 통해 의사 결정에 이르도록 하는데 도움을 줄 수 있다고 말한다.

5) 해결책의 모색

시민 저널리즘은 기존 언론이 지역 사회에서 일어나는 시민의 실생활과 관련된 문제에 주목하지 않고, 공공의 문제에 대해 토의를 통해 해결점을 모색하기보다는 일회적이고 대안 없는 비판만 제기한다고 주장한다. 기존 언론은 공공 생활과 관련된 문제점들을 보도할 때 일회적이고 대안 없는 문제 제기의 수준을 벗어나지 못하고 있으며 사건 중심적인 보도 혹은 이벤트 지향적인 보도 관행을 보이고 있다는 것이다. 시민 저널리즘은 따라서 사회내의 갈등 문제를 다루는데 있어 사건 중심이 아닌 이슈 중심의 보도와 함께 문제 해결을 위한 과정을 지속적으로 보도하는 것이 필요하다고 보고 있다. 이와 관련해 메리트는 기존의 전통적인 보도 방식과는 달리 구체적인 성공 사례(success stories) 제시 등 해결책에 초점을 맞춘 새로운 보도 방식에 대해 언급하고 있다. 아울러 언론이 시민 사회가 안고 있는 공공 생활에 적극적으로 개입해 거기서 발생하는 문제에 대한 원인과 해결을 위해 노력해야 한다고 강조하고 있다.

✪ 정리하기

- 시민 저널리즘은 취재 보도 방식과 시민 참여 방식에 있어 매우 다양한 모습을 보이고 있는데 대체적으로 시민 저널리즘 실천을 위한 핵심 요소로는 일반 시민을 취재원으로 인용해 기사에 시민의 견해 및 입장 반영하기, 통신 기사나 외부 기사가 아닌 내부 기자에 의한 기사 쓰기, 도덕이나 가치 체계 등 기사의 표면에는 드러나지 않지만 기사의 방향과 흐름을 이해하는데 도움이 되는 이른바 핵심 가치의 내재화, 양자택일 방식의 갈등 기사 회피, 문제 해결을 위한 대안 모색 및 해결책 제시, 시민 공청회나 시민 포럼, 시민 패널, 포커스 그룹, 여론 조사의 적극적인 활용 등을 들 수 있다.
- 시민 저널리즘은 지역 주민 혹은 시민들이 생각하고 있는 시민 중심의 이슈를 찾아내기 위해 이슈 여론 조사(issue polling), 포커스 그룹 인

터뷰(focus group interview) 등 과학적이고 체계적인 조사 기법을 동원한다. 또 시민 공청회(citizen meeting), 시민 포럼(citizen forum), 시민 패널(citizen panel) 등 시민의 목소리를 듣기위한 다양한 청취 방식(new art of listening)을 도입하고 있다.

- 시민 저널리즘은 기존 언론이 공공 생활과 관련된 문제점들을 보도할 때 일회적이고 대안 없는 문제 제기의 수준을 벗어나지 못하고 있다고 비판하면서 시민 사회가 안고 있는 공공 생활의 문제점에 적극적으로 개입해 거기서 발생하는 문제에 대한 원인과 해결을 찾기 위해 노력해야 한다고 강조하고 있다.

2. 시민 저널리즘 수행 과정 및 실천 모델

1) 시민 저널리즘 프로젝트 수행 과정

일반적으로 시민 저널리즘 프로젝트는 사전 준비 단계, 이슈 조사 및 선정 단계, 이슈 토론 단계 등 크게 세 단계의 과정을 통해 이루어진다(김민남(2003), p.60-62; 김민남(1998), p.138-141).

(1) 사전 준비 단계

첫 번째 단계인 사전 준비 단계는 시민 저널리즘을 실시하고자 하는 지역의 정치, 경제, 사회, 문화적 배경과 현황 등 지역 사회의 특성을 파악하는 단계를 말한다. 이 단계에서는 시민 저널리즘을 본격적으로 실시하기에 앞서 지역 사회 구성원들의 생활이 이루어지는 시민 공간과 시민 지도자 및 시민 단체의 유형 등 지역 사회의 특징에 대한 사전 조사를 통해 시민 저널리즘 프로젝트 추진에 필요한 기초적 자료를 수집하게 된다. 사전 준비 단계는 이후의 이슈 조사 및 선정 단계, 이슈 토론 단계 등 전반적인 시민 저널리즘 프로젝트 추진 과정과 계획 수립에 많은 영향을 미치게 된다. 그러나 이러한 사전 준비 단계는 지역 사회의 특성이 이미 파악돼 있거나 지역 사회에 관한 정보나 관련 자료가 확보돼있을 경우에는 생략되는 경우가 많다.

(2) 이슈 조사 및 선정 단계

두 번째 단계인 이슈 조사 및 선정 단계는 이슈 여론 조사(issue polling), 포커스 그룹 인터뷰(focus group interview), 시민 공청회(citizen meeting), 시민 포럼(citizen forum), 시민 패널(citizen panel) 등을 통해 시민 저널리즘을 실시하고자하는 대상 지역에서 해결해야할 당면 과제나 이슈 혹은 주민들의 주요 관심사를 파악하는 단계를 말한다. 이 단계에서는 시민의 관점에서 지역 사회의 현안은 무엇이고 주민들이 무엇에 대해 관심을 갖고 있는지, 그리고 그에 대한 의견은 어떠한지 등을 파악해서 마지막 단계인 이슈 토론 단계에서 논의하게 될 이슈의 종류와 범위 등을 결정하게 된다. 그러나 이슈 조사 및 선정 단계 역시 지역 사회가 해결해야할 이슈가 명백하게 드러나 있는 경우에는 생략되는 경우가 많다.

(3) 이슈 토론 단계

마지막 단계인 이슈 토론 단계는 첫 번째 단계와 두 번째 단계에서 확인된 주요 이슈에 대해 지역 사회 주민들이 직접 문제 해결을 위한 토론에 참여해 의견을 교환하고 구체적인 해결책을 모색하는 단계를 말한다. 이 단계에서는 포커스 그룹(focus group), 시민 공청회(citizen meeting), 시민 포럼(citizen forum), 시민 패널(citizen panel) 등 다양한 형태의 토론 모임을 활용해 활발한 토론이 이루어지는데 시민 저널리즘 수행 과정에서 가장 특징적이고 핵심적인 단계라고 할 수 있다. 포커스 그룹이나 시민 공청회, 시민 포럼, 시민 패널 등은 전술한 것처럼 이슈 조사 및 선정 단계에서 시민의 목소리를 듣기 위한 방법으로도 활용되지만 이슈 토론을 위한 방법으로 더 많이 활용된다고 할 수 있다.

2) 시민 저널리즘 실천 모델

시민 저널리즘은 그 개념과 성격을 둘러싸고 언론학자들 사이에도 의견이 분분한 데다 시민 저널리즘 자체가 지금도 창의적으로 스스로의 모델을 변화시켜나가는 과정에 있기 때문에 정형화된 시민 저널리즘 모델은 없다는 표현이 적합할 수 있다. 이는 각 언론사마다 추진하고 있는 시민 저널리즘 프로젝트가 매우 다양한데다 시민 저널리즘 자체가 다분히 개방적인 실천 방법을 취하고 있기 때문이라고 할 수 있는데 미국 언론계에서 추진되고 시민 저널리즘을 보면 시민 저널리즘의 실천 정도 혹은 시민 저널리즘에 대한 접근 방식에 따라 다음과 같이 다양한 실천적 모델이 거론되고 있다.

어데이(Aday)는 기존 시민 저널리즘 프로젝트 실천 사례에 대한 분석을 토대로 시민 저널리즘 실천 정도에 따라 시민 저널리즘을 동반자 모델(Prominent Partnership Model), 권력 이양 모델(Enhanced Empowerment Model), 정보 제공자 모델(Integrated Information Provider Model) 등 3개 모델로 유형화하고 있다(Aday 1999).

어데이에 따르면 첫 번째 유형인 동반자 모델은 기존의 전통적인 저널리즘과는 달리 기사에 1인칭 혹은 2인칭 화법을 사용해 언론을 일반 시민과 동일한 위치에 두면서 지면의 많은 양을 할애해 거의 전적으로 시민 중심적 보도에 초점을 맞추고 있는 가장 야심적인 시민 저널리즘 모델이다. 동반자 모델의 경우 시민 저널리즘 프로젝트를 위해 여러 페이지에 걸쳐 많은 양의 지면을 할애하고 있고 도표나 컬러를 이용한 역동적인 그래픽, 사진, 로고, 배너 등 다양한 시각적 요소들을 동원해 독자의 관심과 주목을 끌기 위해 노력한다는 점에서 나머지 두 유형과 차이가 있다.

두 번째 유형인 권력 이양 모델은 정부 관료 보다는 시민에 초점을 맞추는 시민 중심적 보도를 취하고 있기는 하지만 언론을 시민의 동반자로 인식하기보다는 기사에 3인칭 화법을 사용해 언론과 시민 간에 일정 거리를 두고 있다는 점에서 동반자 모델과 차별화된다. 또 동반자 모델이 시민 저널리즘 프로젝트를 강조하기 위해 여러 페이지에 걸쳐 많은 지면을 할애하는 것은 물론 역동적인 그래픽과 사진, 로고, 배너를 활용하는 등 최고 수준의 시각적 요소를 동원하는 반면 권력 이양 모델은 그보다 아래 단계인 중간 수준의 시각적 요소를 활용한다는 점에서 차이가 있다. 즉 권력 이양 모델의 경우 동반자 모델처럼 일부 시각적 요소를 사용하고 있기는 하지만 기사가 한 면 혹은 펼쳐진 양면에 그치고 있다는 점에서 여러 페이지에 걸쳐 많은 지면을 할애하고 있는 동반자 모델과 차별화된다.

마지막으로 세 번째 유형의 정보 제공자 모델은 시민 저널리즘 프로젝트를 추진하고 있기는 하지만 실제 기사 내용에 있어서 시민에 초점을 맞추기보다는 여전히 정부 관료 위주의 보도를 하는 등 기존의 전통적인 저널리즘을 답습하고 있는 최하위 단계의 시민 저널리즘 모델이다. 정보 제공자 모델의 경우 시민 저널리즘 프로젝트 관련 기사를 위해 할애된 지면이 동반자 모델이나 권력 이양 모델에 비해 적을뿐더러 관련 기사도 다른 부분과 통합돼 있어서 식별하기가 쉽지 않다. 단지 기존의 전통적인 저널리즘과 차이가 있다면 시민 저널리즘 이념을 보도에 반영하겠다는 의지를 갖고서 자사가 추진하고 있는 시민 저널리즘 프로젝트에 대해 종종 박스 형태의 간단한 소개 내용을 제시한다는 점이다. 물론 그래픽이나 사진 등과 같은 시각적인 요소의 활용에 있어서도 세 가지 모델 중 최하위 수준에 그치고 있다.

램베스(Lambeth)는 언론 매체가 시민 저널리즘 프로젝트에 관여하고 있는 정도를 기준으로 시민 저널리즘 프로젝트를 시민의 목소리 경청 모델, 지역 사회 토론 촉진 모델, 언론 참여 모델 등 세 가지 모델로 구분하고 있다(Lambeth 1995). 첫 번째 모델은 시민 혹은 공중의 목소리에 대한 경청을 강조하는 모델이다. 두 번째 모델은 공공의 문제 및 그 해결책에 관한 지역 사회의 토론을 촉진하는 것을 강조하는 모델이다. 세 번째 모델은 첫 번째 모델과 두 번째 모델을 포괄하면서 공공의 문제에 관한 해결책을 찾기 위해 언론이 적극 참여하는 것을 강조하는 모델이다.

패리시(Parisi)는 램베스의 3가지 모델 대신 시민 저널리즘(civic journalism)과 공공 저널리즘(public journalism)이라는 두 가지 접근 방식을 제안하고 있다(Parisi 1998). 그는 시민 저널리즘에 대해 지역 사회로 하여금 뉴스 의제(agenda)를 결정하도록 하고 그리고 문제의 해결을 위해 공공 생활에 대한 시민의 참여를 적극 확대하는 것을 추구하되 이를 지역사회의 자원에 한정하는 저널리즘으로 정의하고 있다. 패리시는 그러나 공공 저널리즘은 시민 저널리즘이 추구하는 것을 추구하지만 지역 사회의 자원을 초월해 보다 큰 규모의 공공 문제 해결을 추구한다는 점에서 시민 저널리즘과 차별화된다고 설명하고 있다.

커파이어스(Kurpius)는 텔레비전 방송국에 대한 탐색적 관찰 및 인터뷰를 통해 미국 텔레비전 방송국에서 추진되고 있는 시민 저널리즘을 시민 저널리즘에 대한 접근 방식을 기준으로 통합(integrated) 모델, 특별 프로젝트(special project) 모델, 퍼블리시티(publicity) 모델 등 세 가지 모델로 구분하고 있다(Kurpius 2000). 첫 번째 유형인 통합 모델은 시민 저널리즘을 일상적인 보도 과정에 완전 통합시킴으로써 정기적인 편집 회의를 통해 일상적으로 시민 저널리즘을 추구하는 모델이다. 그러나 통합 모델은 수행하기가 그리 쉽지 않아 이를 성공적으로 추진하고 있는 방송국은 극히 드물다. 두 번째 유형인 특별 프로젝트 모델은 프로젝트별로 시민 저널리즘을 추진한다는 점에서 통합 모델과 차별화된다. 특별 프로젝트 모델은 단기간의 일회성 프로젝트로 끝나는 경우도 있지만 몇 개월 혹은 1년 가까이 추진되는 장기 프로젝트 등 방송국마다 수행 정도가 다르다. 또 별도의 인원을 시민 저널리즘 프로젝트 추진 팀에 배정해 강도 높게 시민 저널리즘을 추진하기도 하지만 특정 주제와 제한된 인원만을 중심으로 진행된다는 점에서 일정한 한계를 갖고 있다. 세 번째 모델인 퍼블리시티 모델은 마케팅 혹은 홍보의 방편으로 수용자 혹은 시청자의 관심을 끌기 위해 시민 저널리즘을 이용하는 다소 부정적인 의미의 시민 저널리즘 모델이다. 퍼블리시티 모델은 일선 기자들 보다는 고위 간부층에서 대부분의 결정이 이루어지며 시청률을 끌어올리기 위해 종종 시청자의 저속한 욕망에 영합하기도 한다. 또 모종의 타운 홀 미팅을 갖기도 하지만 이는 일반 시민의 견해를 보다 잘 이해하기 위한 것이라기보다는 마케팅 혹은 홍보 차원에서 추진되는 경우가 많다. 그 사례가 극히 드물긴 하지만 주로 홍보에 초점을 맞춘 이러한 퍼블리시티 모델은 시민 저널리즘에 대해 나쁜 이미지를 심어줌으로써 시민 저널리즘 비판론자들에게 공격의 빌미를 제공할 수도 있다.

시민 저널리즘 모델에 관한 지금까지의 이 같은 논의는 그러나 커파이어스(Kurpius)의 말처럼 시민 저널리즘 자체가 광범위한 범위의 연속체를 따라 펼쳐져 있는 매우 다양한 성격을 갖고 있기 때문에 각각의 시민 저널리즘 모델 혹은 유형 간에 서로 중복되는 부분이 있을 수 있고 특정 모델이나 유형으로 정형화하기가 쉽지 않다는 한계점을 갖고 있다(Kurpius 2000).

✪ 정리하기

- 어데이(Aday)는 기존 시민 저널리즘 프로젝트 실천 사례에 대한 분석을 토대로 시민 저널리즘을 시민 저널리즘 실천 정도에 따라 동반자 모델(Prominent Partnership Model), 권력 이양 모델(Enhanced Empowerment Model), 정보 제공자 모델(Integrated Information Provider Model) 등 3개 모델로 유형화하고 있다.
- 램베스(Lambeth)는 언론 매체가 시민 저널리즘 프로젝트에 관여하고 있는 정도를 기준으로 시민 저널리즘 프로젝트를 시민의 목소리 경청 모델, 지역 사회 토론 촉진 모델, 언론 참여 모델 등 세 가지 모델로 구분하고 있다.
- 커파이어스(Kurpius)는 텔레비전 방송국에 대한 탐색적 관찰 및 인터뷰를 통해 미국 텔레비전 방송국에서 추진되고 있는 시민 저널리즘을 시민 저널리즘에 대한 접근 방식을 기준으로 통합(integrated) 모델, 특별 프로젝트(special project) 모델, 퍼블리시티(publicity) 모델 등 세 가지 모델로 구분하고 있다.

제6장 시민 저널리즘 실천 사례

1. 신문사 주도의 시민 저널리즘 프로젝트

1) 〈레저 인콰이러(Ledger-Inquirer)〉

초기 시민 저널리즘 프로젝트 가운데 주목할만한 것은 미국 조지아 주 콜럼부스 소재의 <레저 인콰이러(Ledger-Inquirer)>지가 1987년부터 1990년까지 실시한 '콜럼부스: 비욘드 2000년(Columbus: Beyond 2000)'이라는 프로젝트다(Rosen (1999a), p.28-33).

조지아 주의 주도인 애틀랜타로부터 남서쪽으로 100마일 정도 떨어진 곳에 위치한 콜럼부스는 1970년대와 1980년대에 남부 지역에 있었던 경제적 붐으로부터 소외된 곳이었다. 콜럼부스 지역의 경제는 오랫동안 섬유 산업과 인근의 군 기지에 의해 유지돼왔으며 새로운 산업으로의 전환이 매우 더디게 진행됐다. 이 지역에 많은 서비스 산업이 들어오고 있었지만 고임금의 서비스 산업이 필요로 하는 고등 교육을 받은 고급 인력을 공급할 수 있을지 불확실했으며 새로운 중산층이 들어오기 시작했지만 콜럼부스의 도시 기반 시설은 이들을 감당하기에 역부족이었다. 또 이 지역 학교 학생들의 대다수가 흑인이었으며 전체 유권자의 3분의 1이 흑인이었지만 정치 체제는 이러한 지역 상황을 제대로 반영하지 못한 채 교육 제도나 도시 기반 시설 등에 있어 많은 문제점들이 누적돼왔으며 예산과 세금 문제를 둘러싸고 지방 정

〈레저 인콰이러(Ledger-Inquirer)〉 웹 사이트

출처: http://www.ledger-enquirer.com/mld/ledgerenquirer

부와 주민들 간에 적대감이 계속돼왔지만 이를 해결할만한 정치적 의지나 지도력이 부재했다.

1987년 <레저 인콰이러(Ledger-Inquirer)>지가 나서서 콜럼부스의 미래와 지역 사회가 풀어야할 이슈를 점검하기 위한 일련의 시리즈 기사를 기획했다. <레저 인콰이러(Ledger-Inquirer)>는 우선 지역 사회 주민들을 대상으로 지역 사회와 자신들의 관계를 비롯해 콜럼부스가 어떻게 되기를 원하는지 지역 사회의 미래 비전에 대한 설문 조사를 실시했다. 기자들이 팀을 이루어 지역 주민들의 집을 찾아가 심층 인터뷰(in-depth interview)를 실시했으며 지역 사회의 영향력 있는 인물이나 전문가들과도 인터뷰를 했다. 이러한 조사 결과를 토대로 <레저 인콰이러(Ledger-Inquirer)>는 1988년 봄 8차례에 걸쳐 '콜럼부스: 비욘드 2000년(Colum bus: Beyond 2000년)'이라는 시리즈 기사를 보도했다. <레저 인콰이러(Ledger- Inquirer)>는 이 시리즈 기사를 통해 대부분의 콜럼부스 주민들은 자신들의 지역 사회를 사랑하고 있고 여전히 그곳에 남아 살고 싶어 하지만 교통 체증, 저임금의 지역 경제, 부실한 교육

제도, 엘리트층이 다른 사람들을 배제한 채 정치를 주도하고 있다는 인식 등 일단의 문제점들이 있음을 지적했다.

<레저 인콰이러(Ledger-Inquirer)>는 콜럼부스의 이러한 문제점들과 미래 비전을 다룬 일련의 시리즈 기사를 내보낸 이후 반응을 기다렸지만 돌아온 것은 침묵뿐이었다. 이유는 간단했다. <레저 인콰이러(Ledger-Inquirer)>가 확인한 지역 사회의 문제는 오랜 기간에 걸쳐 점진적으로 이루어진 것이어서 하루, 한 달 혹은 1년이 지나도 간과된 채 방치될 수밖에 없는 만성적인 난제들이었다. <레저 인콰이러(Ledger-Inquirer)>지는 일련의 보도와 강한 어조의 사설을 통해 영향력을 행사하고자 했지만 이러한 조치들은 실효를 거두지 못했다. 지역 사회의 조직과 지도력, 토론이 부족했기 때문이었다. 지방 정부가 있었지만 공론장(public sphere)이 취약해 지역 주민들이 참여하기에 충분할 만큼 정치가 제대로 작동되지 못했다. 토론의 필요성을 확인한 <레저 인콰이러(Ledger-Inquirer)>는 주민들이 도시의 미래를 토론할 수 있는 공공 모임(public meeting)을 조직했다. 각계각층의 다양한 배경을 가진 300여명의 주민들이 참석해 6시간 동안 토론을 벌였는데 이들 가운데는 그전에 공공 생활(public life)에 참여해본 적이 없는 사람들이 많았다. 기자들이 토론 모임을 진행하는데 도움을 주었지만 발언은 거의 하지 않았다. 기자들은 단지 주민들로 하여금 지역 사회의 미래와 운영 방식에 관한 관심사를 논의할 수 있는 시민 포럼을 제공했다.

토론 모임 직후 <레저 인콰이러(Ledger-Inquirer)>의 편집인인 스위프트(Jack Swift)는 관심을 갖고 있는 75명의 시민들을 위해 자신의 집에서 바비큐 모임을 가졌다. 이 모임을 통해 '비욘드 2000년 연합(United Beyond 2000)'이라는 새로운 시민 조직을 결성했다. 이 모임은 13인의 운영위원회에 의해 운영됐는데 편집인인 스위프트가 위원으로 참여함으로써 시민 모임과 언론간의 연결 고리 역할을 했다. 이 모임의 목적은 정책 결정을 둘러싼 로비 활동이 아니라 지역의 일반 시민들과 지도자들로 하여금 지역 사회가 직면한 문제들에 대해 관심을 갖고 참여하도록 격려하는 것이었다. 이에 따라 레크리에이션, 탁아, 인종 문제, 청소년 문제 등 콜럼부스 지역의 중요 이슈들에 대한 토론을 지원하기위한 태스크 포스 팀이 결성됐고 시민 자원 봉사

자들이 운영자로 참여했다.

'비욘드 2000년 연합(United Beyond 2000)'은 계속해서 400여명의 청소년들이 쇼핑 몰에 모여 자신들의 공동 관심사에 대해 논의를 하는 청소년 모임을 비롯해 지역 내 다른 공공 모임을 지원했다. 청소년들은 나중에 자발적으로 시장 포럼(Mayoral Forum)을 조직해 시장 후보들과 청소년들 간에 처음으로 토론을 가졌다. <레저 인콰이러(Ledger-Inquirer)>는 지속적으로 비슷한 규모의 다른 도시들이 미래에 대해 어떻게 생각하고 있으며 콜럼부스 지역사회의 의제(agenda)의 문제점이 무엇인지 등에 대한 기획 보도와 함께 '비욘드 2000년(Beyond 2000)' 토론이 계속될 수 있도록 지원했다.

<레저 인콰이러(Ledger-Inquirer)>의 이러한 노력은 시민 저널리즘 혹은 공공 저널리즘이라는 용어는 사용하지 않았지만 시민 저널리즘의 정신과 방법에 입각한 최초의 프로젝트였다는 점에서 의의를 갖고 있다(안병길(2003), p.201).

2) 〈위치타 이글(Wichita Eagle)〉

〈위치타 이글(Wichita Eagle)〉 웹 사이트

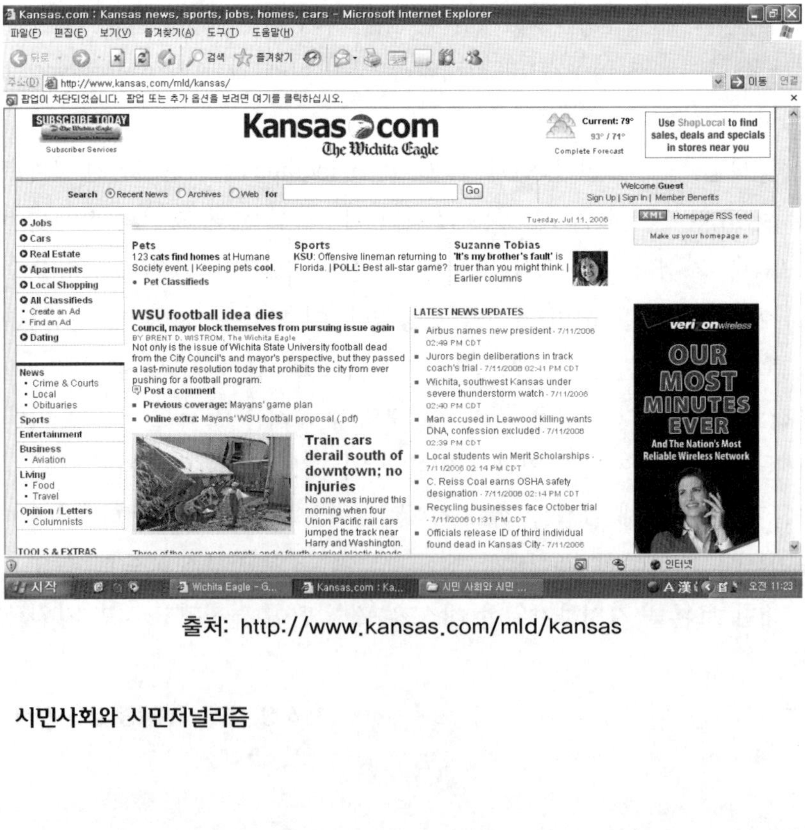

출처: http://www.kansas.com/mld/kansas

캔자스 주 위치타 소재의 <위치타 이글(Wichita Eagle)>지가 1990년에 실시한 '유권자 프로젝트(Voter Project)'와 1992년에 실시한 '시민 프로젝트(People Project)'는 처음으로 시민 저널리즘을 체계적으로 적용한 대표적인 사례로 <샬롯 옵저버(Charlotte Observer)>지가 1992년에 실시한 시민 의제(citizen's agenda) 중심의 '92년 당신의 투표(Your Vote in '92)'라는 선거 프로젝트와 더불어 초창기 시민 저널리즘 운동을 확산시키는데 초석이 되었다는 평가를 받고 있다(Hoyt(1992); Rosen(1996a), p.34-43).

위치타는 미국 중부 캔자스 주에 위치한 인구 30만 명의 중소 도시로 농업, 정유, 항공기 제조업 등 탄탄한 경제적 기반을 갖고 있었다. 그러나 1990년대 미국 도시의 전형적인 병폐였던 자동차 총격과 같은 범죄와 다운타운의 붕괴로 골머리를 앓아야했다. 그럼에도 불구하고 1990년의 주지사 선거 캠페인은 이슈에 대한 토론 보다는 중상과 모략이 난무했던 1988년의 미국 대선 당시와 비슷한 상황을 연출했다. 민주당 주지사 후보인 파이니(Joan Finney)와 공화당 주지사 후보인 헤이든(Mike Hayden) 모두 캔자스 주가 당면한 중요 이슈 특히 세금과 재정에 관한 문제에 대해 모호한 입장을 보였다.

위치타 소재의 <위치타 이글(Wichita Eagle)>지 편집인이었던 메리트(Davis Merritt)는 1990년 9월 민주당 주지사 후보인 파이니(Joan Finney)와 공화당 주지사 후보인 헤이든(Mike Hayden)이 경합에 나섰을 때 일요판 칼럼을 통해 이슈에 무관심한 기존의 선거 보도 방식을 버리고 시민과 함께하는 새로운 선거 보도를 해나가겠다고 선언했다. 메리트는 칼럼을 통해 '유권자들은 후보자들로 하여금 이슈에 대해 깊이 있는 토론을 하게끔 할 수 있는 권리를 갖고 있다'며 독자들에게 캔자스 주가 당면한 모든 중요한 이슈에 대해 후보자들의 입장을 자세히 알 수 있는 기회를 제공하겠다고 강조했다. 메리트의 칼럼은 '유권자 프로젝트(The Voter Project)'로 불렸던 <위치타 이글(Wichita Eagle)>지의 선거 보도 개혁을 위한 신호탄이 되었다.

<위치타 이글(Wichita Eagle)>은 자체 조사팀과 컨설턴트의 도움을 받아 약 500명의 주민들을 대상으로 캔자스 주의 중요 이슈에 대한 여론 조사를 실시했다. 이 결과를 토대로 <위치타 이글(Wichita Eagle)>은 교육, 경제 발전, 환경, 농업, 사회 보장, 낙태, 범죄, 건강, 세금, 재정 등 10가지 핵심 이슈

를 선정해 '당신의 한 표가 중요합니다(Your Vote Counts)'라는 로고와 함께 이를 집중적으로 보도했다.

구체적으로 <위치타 이글(Wichita Eagle)>은 교육, 환경, 농업, 세금, 재정 등 이슈 여론 조사를 통해 선정된 각각의 주제를 일요 특집판에 자세하게 보도했다. 특히 '후보자들의 입장(Where They Stand)'이라는 박스를 통해 정기적으로 그 이슈가 왜 중요한지에 대한 간략한 설명과 함께 두 후보자의 해당 이슈에 관한 입장, 그 주의 유세 과정에서의 이슈 관련 발언 등을 소개했다.

가령 환경에 관한 이슈를 예로 들면 캔자스 주가 수자원 고갈로 물 공급과 관련한 문제에 직면해 있다는 설명과 함께 다음과 같이 파이니(Joan Finney) 민주당 후보와 헤이든(Mike Hayden) 공화당 후보의 입장을 소개했다.

· 파이니(Finney)

물의 재활용에 관한 주 정부의 역할을 강화하겠다고 함. 특정의 계획은 갖고 있지 않음. 수자원과 관련한 이슈는 논의한 바 없음.

금주 발언: 종전 입장을 되풀이함.

· 헤이든(Hayden)

수자원 관리를 위한 주정부의 계획을 통과시키는데 도움을 줌. 수자원 재활용을 위해 좀더 많은 사유지를 활용할 수 있기를 원함. 물 수요를 줄이기 위해 건조지 농법에 대한 연구를 장려함. 관정을 더 깊이 뚫는 방법에 대한 연구를 원함.

금주 발언: 종전 입장을 반복함.

이 같은 시민 저널리즘 프로젝트 추진 결과 1990년 주지사 선거 후 <위치타 이글(Wichita Eagle)>이 실시한 조사에서 독자들은 가장 유용한 기사로 '후보자들의 입장(Where They Stand)'이라는 박스 기사와 이슈에 대한 심층 탐색 보도를 선정한 반면 경마식 보도는 매우 낮게 평가했다. 또 <위치타 이글(Wichita Eagle)>지를 구독하고 있는 지역 사람들이 다른 지역 사람들보다 훨씬 더 캔자스 주의 이슈를 잘 이해하고 있는 것으로 조사됐다.

<위치타 이글(Wichita Eagle)>은 '유권자 프로젝트(The Voter Project)'에 이어 1992년 시민 저널리즘을 선거 보도뿐만 아니라 범죄, 교육, 가정 등 시민 생활 영역으로까지 확장한 '시민 프로젝트(The People Project)'를 추진했다. '우리 힘으로 해결하자(Solving It Ourselves)'라는 부제가 붙은 이 프로젝

트는 저널리즘 즉 언론이 주민들로 하여금 자신들의 삶의 문제를 스스로 해결할 수 있는 통제력을 되찾아줄 수 있다는 전제에서 출발하고 있다.

<위치타 이글(Wichita Eagle)>은 우선 192명의 위치타 지역 주민들을 대상으로 주민들의 삶과 문제, 정치에 대한 인식 등에 대한 인터뷰를 실시했다. 주민들에 대한 이러한 인터뷰와 <위치타 이글(Wichita Eagle)>의 자체적인 관찰을 통해 다음과 같은 결론을 도출했다.

첫째, 주민들은 자신들의 삶에 영향을 미치고 있는 많은 과정으로부터 소외감을 느끼고 있다. 정치 과정, 교육 제도, 사법 제도는 어떤 것도 해결할 수 없는 것으로 간주되고 있다. 둘째, 주민들은 이러한 이슈들이 서로 얽혀있어 분리될 수 없으며 해결이 어려운 것으로 보고 있다. 셋째, 주민들의 반응은 좌절과 분노로 이어져 있을 것 같지 않은 문제의 해결을 구하기보다는 정치 과정으로부터 이탈해 지역 공동체를 포기하고 있다.

<위치타 이글(Wichita Eagle)>이 추진했던 '시민 프로젝트(The People Project)'의 목적은 위치타 주민들로 하여금 반드시 정부가 아니더라도 적어도 몇몇 공공 문제들은 주민들 스스로 해결할 수 있다는 것을 일깨워주는 것이었다.

'시민 프로젝트(The People Project)'는 <위치타 이글(Wichita Eagle)>지와 KSNW-TV, KNSS 라디오 등 2개 방송사의 후원 하에 10주간에 걸쳐 신문 및 방송을 통한 일련의 보도와 함께 문제 해결을 통해 변화를 가져온 사람들에 초점을 맞춘 '성공담(Success Stories)'이라는 제하의 특집도 정기적으로 내보냈다. '유권자 프로젝트(The Voter Project)' 때와 마찬가지로 메리트는 우선 1면 칼럼을 통해 '시민 프로젝트(The People Project)'의 취지를 알렸다. 또 주민들에 대한 인터뷰를 통해 확인된 지역 사회의 중요 이슈 즉 부실한 학교, 범죄 및 갱단의 유혹, 정치적 교착, 가정과 개인의 스트레스 등 각각의 이슈를 특집 기사의 주제로 다루었다. 여기에는 이 지역 출신의 베테랑 기자인 존 로(Jon Roe)가 주도적으로 참여해 시민들과의 인터뷰 내용을 중심으로 이슈에 대한 다양한 관점을 소개하면서 시민들이 문제 해결을 위한 방안을 찾도록 도움을 주었다.

<위치타 이글(Wichita Eagle)>은 이러한 시민 의제 중심의 보도와 함께 주

민들 간의 의견 교환을 위한 토론 포럼 등 다양한 형태의 토론 모임을 진행했다. KSNW-TV와 KNSS 라디오 등 제휴 방송사들도 프로젝트가 진행되는 동안 유사한 방송을 내보냈고 토론 포럼을 생중계했다. <위치타 이글(Wichita Eagle)>은 또 토론이 진행되고 있는 각각의 중요 이슈마다 문제 해결에 도움을 줄 수 있는 기관의 이름과 주소, 전화 번호 등이 실린 '출발점(Places to Start)'이라는 안내 목록도 실었다. 그리고 독자들에게 전화나 서신, 팩스 혹은 직접 방문을 통해 코멘트나 제안을 해달라고 계속적으로 요청하는 한편 관심 있는 주민들과 지역 사회 대표자들 혹은 자원 단체 관계자들이 다양한 종류의 공공장소에서 서로 만나 의견을 교환할 수 있는 토론 모임을 갖도록 했다.

이러한 '시민 프로젝트(The People Project)' 추진 결과 프로그램이 끝난 후 학교가 개학하자 위치타 지역 학교 자원 봉사자들이 37%나 증가했다고 메리트는 밝히고 있다. 또 나이트-리더(Knight-Ridder)가 실시한 연례 서베이 결과 구독자 수는 특별한 변화가 없었지만 독자들의 만족도는 10%나 상승해 나이트-리더 신문 체인 중 최고를 기록했다.

3) 〈샬롯 옵저버(Charlotte Observer)〉

노스캐롤라이나 주 샬롯시 소재의 <샬롯 옵저버(Charlotte Observer)>지는 1992년 시민 의제(citizen's agenda) 중심의 선거 보도 개혁을 위한 프로젝트로 '92년 당신의 투표(Your Vote in '92)'라는 선거 프로젝트를 실시한데 이어 1993년부터 1995년까지 지역 사회의 범죄 문제 해결을 위한 '우리 이웃 되찾기(Taking Back Our Neighborhoods)'라는 시민 저널리즘 프로젝트를 실시해 주목을 끌었다(Schaffer & Miller 1995). 이러한 프로젝트가 추진된 배경은 다음과 같다.

> 1993년 10월 5일 저녁 노스캐롤라이나 주 샬롯시 서부 지역에서 용의자를 추적하던 경찰관 앤서니 노블레스(Anthony Alford Nobles)와 존 버네트(John Thomas Burnette)가 숲에서 머리에 총격을 받고 살해되었다.

〈샬롯 옵저버(Charlotte Observer)〉 웹 사이트

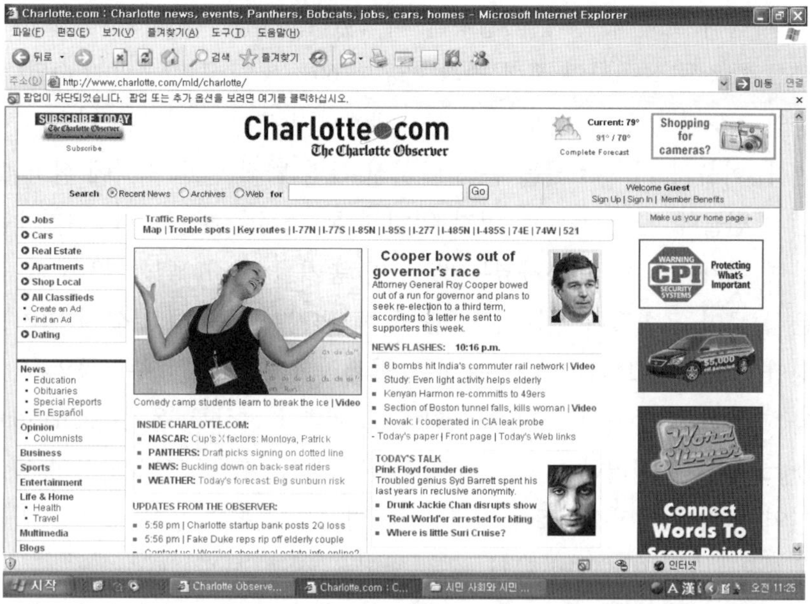

출처: http://www.charlotte.com/mld/charlotte

1993년 샬롯 지역에서는 이미 122명이 살해된 데다 경찰관까지 희생자가 되자 도시 전체가 죽음에 대한 공포에 휩싸이면서 커다란 충격과 슬픔에 빠지게 됐다. 당시 샬롯시는 수도나 전기 설비 인부들이 경찰의 에스코트 없이는 야간에 도심 지역에 들어가기를 거부할 정도로 다른 도시들보다 범죄율이 매우 높았으며 버려진 주택 지역에서 마약 거래와 매춘이 벌어지는 등 심각한 상황이었지만 시민들은 자신들이 무엇을 어떻게 해야 할지를 알지 못했다.

1993년 8월 <샬롯 옵저버(Charlotte Observer)>의 편집인이 된 제니 버크너(Jennie Buckner)는 사건 보도 위주의 기존 범죄 보도 방식에서 탈피해 피해자인 지역 주민들의 입장에서 문제를 해결해보고자 하는 목적에서 WSOC TV와 함께 '우리 이웃 되찾기(Taking Back Our Neighborhoods)'라는 시민 저널리즘 프로젝트를 추진하게 됐다.

<샬롯 옵저버(Charlotte Observer)>의 '우리 이웃 되찾기(Taking Back Our Neighborhoods)' 프로젝트는 우선 지역 사회에 대한 기초 조사와

범죄 관련 자료들에 대한 심층 분석을 통해 샬롯시의 범죄 발생 패턴과 각 지역의 사회적, 경제적 상황을 파악했다. 가령 디지털화된 경찰 자료를 활용해 샬롯시의 폭력 범죄 가운데 60%가 도심 인근의 초승달 모양의 지역에 위치한 42개 지역 공동체에서 발생하고 있다는 것을 밝혀냈다. 아울러 기초 조사를 통해 밝혀진 폭력 범죄 발생 지역에 살고 있는 주민들에 관한 자료를 얻기 위해 여론 조사를 실시했다. 여기에는 가령 누가 범죄의 희생자였는가? 누가 총기를 소지하였는가? 등과 같은 설문이 포함됐다. 여론 조사를 통해 범죄가 주민들의 삶에 미치는 영향에 대한 정보를 수집하는 한편 범죄의 원인에 대한 주민들의 견해와 가능한 해결책에 관한 아이디어를 구했다. <샬롯 옵저버(Charlotte Observer)>는 이러한 기초 조사와 여론 조사를 바탕으로 샬롯시의 여러 지역 중에서 세버스빌(Seversville) 등 범죄율이 특히 높은 10개 지역을 중심으로 각 지역의 상황과 대응 방안을 심층 보도했다.

심층 보도 대상 지역으로 선정된 각각의 지역 공동체를 중심으로 교회나 학교 등지에서 시민들의 자발적인 토론을 위한 모임인 시민 회의(town meeting)를 실시했다. 매주 토요일마다 샬롯시의 세버스빌(Seversville) 등 몇몇 특정 지역을 중심으로 시민 회의가 실시됐는데 이러한 시민 회의는 샬롯시의 범죄 문제에 대해 주민들이 서로 대화하도록 했으며 시민들과 시청 관리 등 전문가 및 관련 공공 기관간의 대화 기회를 제공했다. 이 행사는 WSOC TV에 의해 다음날 저녁 방송됐으며 <샬롯 옵저버(Charlotte Observer)>지도 월요일 판에 이를 자세히 보도했다.

<샬롯 옵저버(Charlotte Observer)>는 WSOC TV와 같은 민간 상업 방송과의 협조를 통해 시청자 전화 참여 프로그램과 <샬롯 옵저버(Charlotte Observer)>지가 소개한 특정 지역 탐방 프로그램 등을 생방송으로 내보냈다. WSOC TV의 보도 국장이었던 크론리(Mike Kronley)는 <샬롯 옵저버(Charlotte Observer)>의 편집인인 버크너(Jennie Buckner)의 협력 제안을 받아들여 좀 더 포괄적인 프로젝트를 추진하고자하는 취지에서 '캐롤라이나 범죄 해결책(Carolina Crime Solutions)'이라는 프로젝트 명으로 다양한 프로그램들을 기획, 방영했다. WSOC는 <샬롯 옵

저버(Charlotte Observer)>와 함께 각 지역의 시민 회의(town meeting)를 조직하는 한편 <샬롯 옵저버(Charlotte Observer)>지가 특정 지역을 보도한 동일한 날짜에 맞춰 프라임 시간대의 일요 특집 프로그램을 제작, 방송했다. WSOC TV는 또 매주 두 개의 특집 기획 보도를 내보내는 한편 범죄 관련 공익 광고와 함께 자동차 납치를 당하거나 현금 자동 지급기(ATM)를 이용하다 습격을 받았을 때 대처하는 방법 등 개인의 안전을 위한 요령을 방송했다.

<샬롯 옵저버(Charlotte Observer)>는 지역 사회 주민들을 프로젝트에 적극적으로 참여시키기 위해 다음과 같은 다양한 방법을 사용했다. 첫째, 지역 사회 지도자, 장기 거주자, 이해관계가 있는 주민들로 이루어진 자문 패널(advisory panel)을 구성했다. 또 초기 여론 조사에서 패널 참여에 동의했던 주민들로 보다 큰 규모의 시민 패널(citizen's panel)을 구성했다. 둘째, 흑인 라디오 청취자의 대부분을 확보하고 있는 WPEG-FM 방송과 자매 방송인 WBAV-AM 및 FM 방송과 협력 관계를 맺었다. 이들 방송국들은 <샬롯 옵저버(Charlotte Observer)>지에 각 지역의 지역 정보가 실리는 일요일에 맞춰 '커뮤니티 포커스(Community Focus)' 등의 토론 쇼를 통해 <샬롯 옵저버(Charlotte Observer)>의 지역 정보를 방송했으며 WSOC-TV의 특집 프로그램도 방송했다. 셋째, 샬롯시 주민들이 물품이나 시간 혹은 서비스 제공을 통해 지역 사회에 참여하는 것을 돕기 위해 각각의 지역 사회에서 필요로 하는 도움 목록(needs list)을 제공했다. 또 이러한 도움 목록을 보고 자원해서 돕기를 원하는 사람들은 눈에 잘 띄도록 상단에 볼드체로 제시한 전화번호로 연락을 하도록 했다.

<샬롯 옵저버(Charlotte Observer)>는 프로젝트 추진 과정에서 <샬롯 옵저버(Charlotte Observer)>와 지역 사회 주민들을 연결시켜주는 컨설턴트 역할을 해줄 수 있는 지역 사회 코디네이터(community coordinator) 즉 지역 사회 조정자를 적극 활용했다. <샬롯 옵저버(Charlotte Observer)>는 지역 사회 문제 담당 매니저로서 TV 방송국에서 근무한 경력이 있고 공공 이벤트를 기획하거나 지역 사회 및 뉴스 미디어와 함

께 일한 경험을 갖고 있는 프라이스 패터슨(Charlene Price-Patterson)이라는 여성을 코디네이터로 고용했다. 프라이스 패터슨은 프로젝트가 시행될 샬롯 지역의 생생한 현황에 대해 잘 알고 있을 뿐만 아니라 뉴욕주 버팔로의 게토에서 자란 흑인 여성이라는 점에서 코디네이터로서 매우 적합한 인물이었다. 프라이스 패터슨은 <샬롯 옵저버(Charlotte Observer)> 편집국내에 자신의 자리가 마련됐지만 대부분의 시간을 지역 사회 주민들을 만나거나 지역 모임에 참석하는 등 현장에서 보냈다. 프라이스 패터슨은 코디네이터로서 자문 패널을 조직하고 WSOC TV와 함께 시민 회의(town meeting)를 구성하고 주민들이 필요로 하는 도움 목록(needs list)을 작성하는 등 <샬롯 옵저버(Charlotte Observer)>와 지역 사회를 연결시키는 역할을 했다.

<샬롯 옵저버(Charlotte Observer)>지가 세버스빌(Seversville) 등 샬롯시에서 범죄율이 높은 10개 지역을 대상으로 '우리 이웃 되찾기(Taking Back Our Neighborhoods)' 프로젝트를 실시한 이후 이 지역 범죄율이 현격히 떨어지는 등 고무적인 결과가 나타난 것으로 밝혀졌다(Alexander 1996). 가령 세버스빌(Seversville) 지역은 프로젝트가 실시되기 전만 해도 범죄율이 샬롯시 전체 평균의 4배에 달할 정도로 문제가 심각했다. 그러나 프로젝트가 추진된 이후인 1996년 상반기 범죄율은 전년 같은 기간에 비해 48%나 감소한 것으로 나타났다. 또 1994년 이후 살인 사건이 한건도 발생하지 않은 것으로 나타났다. 지역 사회 지도자들은 <샬롯 옵저버(Charlotte Observer)>의 '우리 이웃 되찾기(Taking Back Our Neighborhoods)' 프로젝트 덕분에 이러한 변화가 촉발됐다고 말하고 있으며 세버스빌(Seversville)의 장래에 대해 가장 비관적인 입장을 견지했던 주민들도 지역 사회가 호전되고 있다는 것을 인정하고 있다. <샬롯 옵저버(Charlotte Observer)>의 프로젝트가 계기가 돼 개인 혹은 기관, 기업 등 170여 곳에서 청소년을 위한 여름 캠프와 레크리에이션 센터를 위해 필요한 돈을 기부하는 등 점점 더 많은 시민들이 범죄 퇴치를 위한 운동에 참여하게 됐다. 또 많은 주민들이 지역 공동체 모임에 참석하고 있으며 거리 환경 개선과 나무 심기 등 지역 사회를 변화시키기 위한

프로젝트에 적극 협력하고 있다.

✪ 정리하기

- 초기 시민 저널리즘 프로젝트 가운데 주목할만한 것은 미국 조지아 주 콜럼부스 소재의 〈레저 인콰이러(Ledger-Inquirer)〉지가 1987년부터 1990년까지 실시한 '콜럼부스: 비욘드 2000년(Columbus: Beyond 2000)'이라는 프로젝트로 시민 저널리즘 혹은 공공 저널리즘이라는 용어는 사용하지 않았지만 시민 저널리즘의 정신과 방법에 입각한 최초의 프로젝트였다는 점에서 의의를 갖고 있다.
- 캔자스 주 위치타 소재의 〈위치타 이글(Wichita Eagle)〉지가 1990년에 실시한 '유권자 프로젝트(Voter Project)'와 1992년에 실시한 '시민 프로젝트(People Project)'는 처음으로 시민 저널리즘을 체계적으로 적용한 대표적인 사례로 〈샬롯 옵저버(Charlotte Observer)〉지가 1992년에 실시한 시민 의제(citizen's agenda) 중심의 '92년 당신의 투표(Your Vote in '92)'라는 선거 프로젝트와 더불어 초창기 시민 저널리즘 운동을 확산시키는데 초석이 되었다는 평가를 받고 있다.
- 노스캐롤라이나 주 샬롯시 소재의 〈샬롯 옵저버(Charlotte Observer)〉지는 '92년 당신의 투표(Your Vote in '92)'라는 선거 프로젝트를 실시한데 이어 1993년부터 1995년까지 지역 사회의 범죄 문제 해결을 위한 '우리 이웃 되찾기(Taking Back Our Neighborhoods)'라는 시민 저널리즘 프로젝트를 실시해 주목을 끌었다.

2. 방송과 인터넷을 활용한 시민 저널리즘 프로젝트

1) 방송사 주도의 시민 저널리즘 프로젝트

(1) NPR 선거 프로젝트

미국 워싱턴 DC에 본사를 두고 있는 NPR 즉 전국공영라디오(National Public Radio) 방송은 1994년과 1996년의 선거 보도 개선을 위해 NPR 선거 프로젝트(The NPR Election Project)를 실시하는 등 시민 저널리즘을 전국적으로 확산시킴으로써 방송 저널리즘의 새로운 지평을 열었다는 평가를 받았다(안병길(2003), p.260-263 재인용). NPR은 미국 전역에 600여개의 비상업적인 독립 지역 방송사를 회원사로 두고 있는 네트워크 방송으로 주로 전국적인 정치나 국제 이슈를 취재해 각 지역 가맹 방송사에 공급해왔으며 약 2,000만 명 정도의 청취자를 갖고 있었다. 1988년과 1992년 대통령 선거를 거치면서 선거 보도 시스템의 변화 필요성을 절감한 NPR은 1993년 공영 방송으로서의 임무를 완수하기 위한 선거 취재 보도 개선과 독립 회원사들과의 공동 작업을 활성화시키기 위한 취지에서 1994년과 1996년 선거에서 시민들에 초점을 맞춘 NPR 선거 프로젝트를 실시하기로 기본 방침을 확정했다.

NPR의 편성국장이었던 존 딘지스(John Dinges)와 포인터미디어연구소(The Poynter Institute for Media Studies)의 에드워드 밀러(Edward. D. Miller)에 의해 주도됐던 NPR 선거 프로젝트는 2개의 선거가 치러진 3년동안 64개의 NPR 가맹 지역 방송사와 34개 신문, 25개 TV 방송사가 파트너로 참여했다. NPR 프로젝트에 참여한 제휴사들은 각 지역의 특성과 여건에 따라 제휴 내용이 달랐지만 대체로 공동 비용으로 이슈 발굴을 위한 여론 조사와 포커스 그룹 등의 토론 모임을 운영했다. 1994년 선거 당시 NPR 선거 프로젝트는 보스턴, 샌프란시스코, 시애틀, 달라스, 위치타 등 5개 지역의 6개 NPR 지역 방송사가 협력해 선거 보도를 했다. 또 각 지역 방송사들은 <보스턴 글로브(The Boston Globe)> <샌프란시스코 크로니클(San Francisco Chronicle> <시애틀 타임스(Seattle Times> <달라스 모닝 뉴스(The Dallas Morning News> 등 지방지들과 선거 보도를 위한 제휴 관계를 맺었다. NPR 선거 프로젝트는 또 퓨 자선 재단(Pew Charitable Trusts)과 카네기 재단(Carnegie Corporation)의 재정 지원을 받아 추진됐으며 케터링 재단(Kettering Foundation)도 프로젝트 참가자들을 교육하는데 도움을 주었다.

프로젝트의 슬로건을 '방송 속의 시민(Citizens on the Air)'으로 내건 NPR 선거 프로젝트는 NPR과 포인터미디어연구소(The Poynter Institute for Media Studies) 주도하에 각 지역의 NPR 가맹 공영 라디오 방송사와 제휴 신문사 및 TV 방송사와 더불어 유권자 즉 시민의 관심사를 선거 보도에 좀 더 많이 반영하기 위한 다양한 계획을 추진했다.

〈NPR〉 웹 사이트

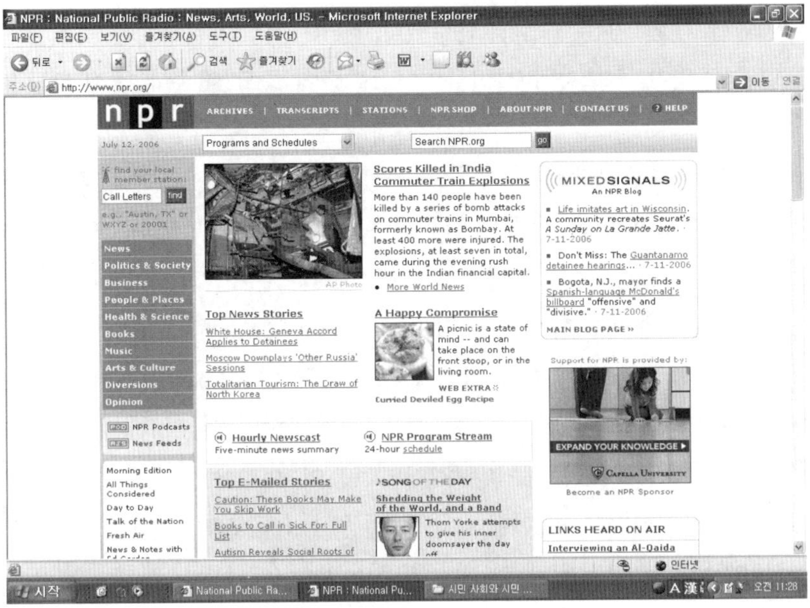

출처: http://www.npr.org

NPR 프로젝트는 파트너 모집, 교육, 계획 수립 및 실행 등의 순으로 진행됐다. NPR 선거 프로젝트의 첫 번째 단계는 여론 조사, 이슈 포럼, 시민 회의, 자문 패널, 특별 기획 취재 등 시민 저널리즘 프로젝트를 함께 수행할 제휴 방송사와 신문사를 구하는 것이었다. 100여개의 회원사가 참여 신청을 해 이중 50-60여개 가맹 방송사가 최종 선정됐다. 파트너 모집이 끝난 뒤 NPR과 케터링 재단(Kettering Foundation)은 각 지역을 돌며 7차례에 걸쳐 시민 저널리즘 이론, 포럼 운영 기법, 포럼 취재 방법 등에 관해 교육을 실시했다. 또 선거 비용과 선거 이슈에 관한 특별 교육도 실시했다. 포인터미디어 연구소(The Poynter Institute for Media Studies)는 파트너들을 초청해 세미나를 개최하기도 했다.

NPR 선거 프로젝트는 전국 단위 계획 외에 각 지역 회원 방송사들이 지역 실정에 맞게 치밀한 계획을 수립했다. 재정 계획, 포커스 그룹 및 이슈 포럼 운영, 시민 사회 단체 및 대학의 참여 방안, 심층 취재 계획 등 프로젝트 실행을 위한 구체적인 계획을 수립했다. NPR 선거 프로젝트에 참여한 가맹 방송사들은 해당 지역의 주요 일간지 및 지역 TV 방송사들과 협력해 시민들의 주요 이슈에 대한 여론 조사를 실시했다. NPR 가맹 회원사들은 특히 소규모의 포럼을 조직해 후보자와 시민들이 서로 간에 중요 이슈에 대해 토론을 할 수 있도록 했으며 지역 사회 기관들과 함께 공동으로 시민 회의를 후원했다. 이들 회원사들은 프로젝트를 수행해 나가면서 매주 또는 격주로 NPR에 진행 상황을 보고했고 NPR은 이를 종합해 새로운 지침을 전달했다. 또 각 회원사에서 추진한 사례 중 우수 사례를 모은 90분짜리 비디오와 녹음 테이프를 만들어 각 회원사에 배포함으로써 참고가 되도록 했다.

NPR 선거 프로젝트는 추진 과정에서 내부의 반발도 있었지만 당초 계획했던 1996년까지 지속적으로 프로젝트가 추진됐으며 그 결과 시민 저널리즘의 기법 향상에 기여하는 등 방송 저널리즘의 새로운 지평을 연 성공적인 프로젝트였다는 평가를 받았다. 특히 시민들이 소규모의 그룹에 모여 토론을 하는 NPR의 포럼 형식은 시민 저널리즘의 새로운 기법으로 주목을 끌었다. 또 NPR 선거 프로젝트를 통해 시민들이 능동적으로 후보 토론에 직접 참여함으로써 방송 저널리즘의 새로운 장을 열었다는 호평을 받았다. NPR 선거 프로젝트는 무엇보다도 방송의 장점을 살려 시민 저널리즘을 전국적으로 확산시킴으로써 시민 저널리즘의 발전에 기여했다. 미국의 중소규모 지역 신문들에 의해 시작된 초기 시민 저널리즘 프로젝트는 대개 지역 사회의 문제에만 한정하려는 경향이 있었다. 그러나 방송이 시민 저널리즘에 참여하면서 1994년 선거 당시 보스턴, 샌프란시스코, 시애틀 등 5개 도시에서 NPR 가맹 방송사들이 신문 및 TV 방송사들과 협력해 선거 보도를 하는 등 각 지역의 미디어들이 네트워크를 구축해 지역 이슈에서 벗어나 전국적인 이슈에 관해 토론하고 이를 보도하는 전국적 규모의 시민 저널리즘 프로젝트를 수행할 수 있는 가능성을 보여준 것이다.

2) 인터넷을 활용한 시민 저널리즘 프로젝트

인터넷을 활용한 시민 저널리즘 프로젝트 사례로는 미국 워싱턴주 에버렛에서 발행되는 <데일리 헤럴드(The Daily Herald)>지가 주관한 '강변 르네상스

(Waterfront Renaissance)' 프로젝트를 들 수 있다. 이 프로젝트는 공공 라디오 방송인 KSER이 파트너로 참여했으며 퓨 시민 저널리즘 센터(The Pew Center for Civic Journalism)가 재정적인 지원을 했다(김민남(2003), p.119-130 재인용).

〈데일리 헤럴드(The Daily Herald)〉 웹 사이트

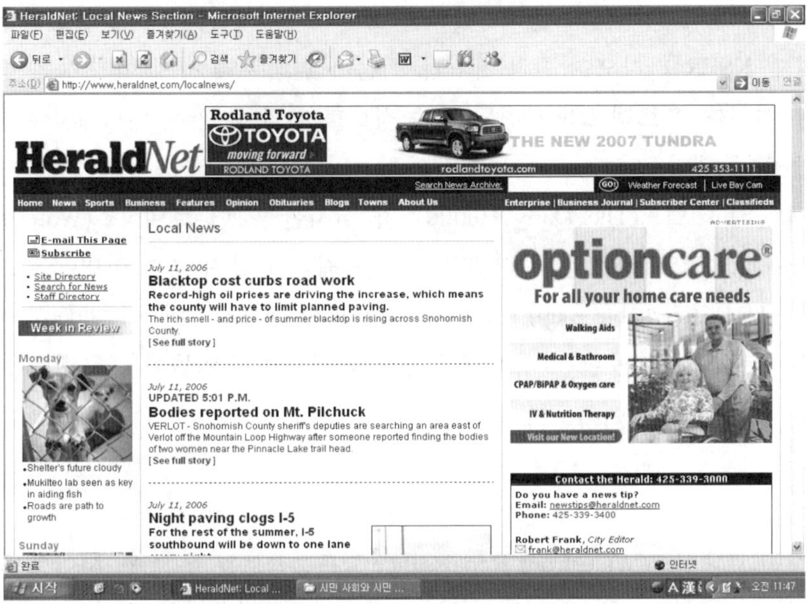

출처: http://www.heraldnet.com/localnews

<데일리 헤럴드(The Daily Herald)>의 '강변 르네상스(Waterfront Renaissance)' 프로젝트는 강과 바다로 3면이 둘러싸인 워싱턴주 에버렛에 위치하고 있는 스노호미쉬 강 주변 지역인 노스 마리나, 리버프런트, 이스트 에버렛 파크, 탱크 팜 등 4곳의 환경 친화적인 개발을 위한 시민 저널리즘 프로젝트로 웹 사이트에 주민들이 직접 참여할 수 있는 상호작용적인 웹 지도를 제공하는 등 인터넷을 적극 활용했다.

'강변 르네상스(Waterfront Renaissance)' 프로젝트는 6개 부문으로 진행됐는데 첫째, <데일리 헤럴드(The Daily Herald)>에 프로젝트 관련 시리즈 기사를 4주 연속으로 매주 일요일마다 연재했다. 이 시리즈 기사들은 주로 다른 지역의 모범 사례와 지역 주민들의 의견, 의견에 대한 피드백 기사 등을

담았다. 둘째, 지역 주민들의 흥미와 관심을 유발하고 의견을 살펴보기 위해 웹 사이트에 상호작용적인 웹 지도를 제공했다. 이 웹 지도를 이용하면 주민들이 직접 웹상에서 프로젝트 관련 4개 지역에 가상적으로 각종 편의 시설들을 배치해 볼 수 있다. 셋째, 시민 회의(town hall meeting)를 개최해 지역 주민들의 의견을 수렴했다. 넷째, 프로젝트와 관련된 비디오 영상물을 제작해 필요한 단체나 기관들이 볼 수 있도록 했고 이를 케이블 TV에서 방영했다. 다섯째, KSER 라디오 방송과 제휴해 전문가 인터뷰와 시민 회의 등을 방송했다. 여섯째, 프로젝트와 관련된 각종 정보를 시의 각 관련 부서에서 제공할 수 있도록 했다.

<데일리 헤럴드(The Daily Herald)>가 실시한 '강변 르네상스(Waterfront Renaissance)' 프로젝트는 인터넷의 장점을 최대한 살려 초기 화면에 뉴스는 물론 웹 지도(clickable map), 포토 갤러리(photo gallery), 비디오(video), 피드백(feedback) 등 다양한 멀티미디어 채널을 활용해 주민들이 프로젝트에 대해 관심을 갖고 참여하도록 했다.

뉴스(news)

'강변 르네상스(Waterfront Renaissance)' 프로젝트는 우선 웹 사이트 상에 프로젝트 관련 뉴스를 살펴볼 수 있는 메뉴를 제공했다. 여기에서는 <데일리 헤럴드(The Daily Herald)>가 제공하는 프로젝트와 관련된 뉴스의 요약뿐만 아니라 전문도 살펴볼 수 있도록 했다.

웹 지도(clickable map)

웹 사이트 상에 상호작용적이고 가상적인 강변 지도를 만들어 놓고 지역 주민들이 지도상에 공원, 수족관, 스쿠버 센터, 보도, 레스토랑, 호텔, 박물관, 쇼핑 센터 등 각기 다른 종류의 아이콘을 사용해 각종 편의 시설들을 직접 배치해보도록 함으로써 나름대로 자신들이 구상하고 있는 강변 도시 계획에 관한 비전을 제시하도록 했다. 이렇게 완성된 지도는 프로젝트 센터에 전송할 수 있게 해 각 지역별로 주민들이 선호하는 편의 시설들의 득표 결과를 주민들이 온라인상에서 직접 확인할 수 있도록 했다. 이러한 시도는 지역 주민들의 큰 호응을 얻어 2,000여명의 시민들이 이 실험에 직접 참여했다.

포토 갤러리(photo gallery)

포토 갤러리(photo gallery)에서는 프로젝트와 관련된 네 개 지역의 과거 사진과 현재 사진을 함께 제공하는 한편 성공적인 환경 친화적 강변 개발 사례가 될 수 있는 다른 지역 도시의 강변 사진들도 제공했다. 이를 통해 네 개 강변 지역의 과거 및 현재 모습과 미래의 환경 친화적인 모습을 유추할 수 있도록 했다.

비디오(video)

프로젝트와 관련된 네 개 지역에 대한 소개와 미래 비전에 관한 10분짜리 동영상과 지역 주민들이 기대하고 있는 강변의 미래 전망에 관한 1분짜리 동영상 등을 통해 주민들로 하여금 프로젝트 관련 지역에 대해 생생한 정보를 얻을 수 있도록 했다.

피드백(feedback)

'강변 르네상스(Waterfront Renaissance)' 프로젝트와 관련해 일반 시민들이 강변 지역의 미래에 관해 직접 자신의 의견을 제시하고 또 다른 주민들의 의견도 살펴볼 수 있도록 했다. 이를 위해 일반 시민들이 온라인상에서 자신의 이름과 사는 지역, 이메일 주소, 그리고 자신의 의견을 쓴 다음 이를 전송할 수 있는 피드백 기능을 제공했다.

✪ 정리하기

- 미국 워싱턴 DC에 본사를 두고 있는 전국공영라디오(National Public Radio) 방송은 1994년과 1996년의 선거 보도 개선을 위해 NPR 선거 프로젝트(The NPR Election Project)를 실시하는 등 방송 저널리즘의 새로운 지평을 열었다. NPR 선거 프로젝트는 특히 방송의 장점을 살려 시민 저널리즘을 전국적으로 확산시킴으로써 시민 저널리즘의 발전에 기여했다.

- 〈데일리 헤럴드(The Daily Herald)〉의 '강변 르네상스(Waterfront Renaissance)' 프로젝트는 강과 바다로 3면이 둘러싸인 워싱턴주 에버렛에 위치하고 있는 스노호미쉬 강 주변 지역의 환경 친화적인 개발을 위한 시민 저널리즘 프로젝트로 웹 사이트에 주민들이 직접 참여할 수 있는 웹 지도를 제공하는 등 인터넷을 적극 활용했다.

제7장 시민 저널리즘에 대한 논쟁

1. 시민 저널리즘에 대한 비판

시민 저널리즘은 상업주의에 매몰된 기존 언론에 자기반성의 기회를 제공하고 사회적 책임을 일깨움으로써 기존 저널리즘에 새로운 활기를 불어넣고 있다. 그러나 시민 저널리즘은 오랜 기간에 걸쳐 수립돼온 기존의 전통적 저널리즘에 반기를 드는 것이고 그 이론과 실제가 괴리가 있다는 점에서 시민 저널리즘을 경계하고 비판하는 반론도 만만치 않게 제기되고 있다. 시민 저널리즘은 이처럼 다양한 비판이 제기되고 있지만 대체로 첫째, 기존의 전통적 저널리즘이 고수해온 객관성의 훼손, 둘째, 특정 목적을 위한 노골적인 옹호 혹은 후원, 셋째, 판촉을 위한 마케팅 전략, 넷째, 새로울 것이 없는 기존 기법의 포장이라는 주장 등 네 가지 정도로 요약할 수 있다(Selber(2001) p187-196).

1) 객관성의 훼손

시민 저널리즘에 대한 가장 핵심적인 비판은 역시 기존 언론이 고수해왔던 객관주의 보도 원칙을 훼손한다는 비판이다. 즉 기존 저널리즘의 전통적 가치인 객관성에서 탈피해 지나치게 공공의 문제에 개입해 객관성을 상실한 주관적 보도를 하다보면 언론 본연의 공적 감시견으로서의 역할이 약화될 우려가 있다는 주장이다. 언론의 적극적인 참여주의적 접근 방식이 사회 문제 혹은 공공의 문제에 대해 일정 거리를 유지해야 하는 언론의 객관적 감시 기능과 충돌하고 있다는 것이다(Shepard 1994). 언론이 객관성과 불편부당성 또는 취재 대상과 거리를 유지하는 중립적인 자세와 국외자적인 입장을 견지하는 것은 정부를 견제하고 비판하는 제4부로서의 역할을 수행하는데 반드시 필요하다는 것이다. 따라서 시민 저널리즘이 언론의 객관성과 중립성의 가치를 무시하거나 이것들을 언론의 무관심과 동일시함으로써 기존의 전통적 가치를 평가절하하고 공공의 문제에 지나치게 개입하게 되면 자칫 공공의 문제에 관해 언론이 정부의 협조자로 전락하고 나아가 언론의 독립성을 상실할 수 있다는 것이다.

시민 저널리즘에 대한 대표적인 비판론자 가운데 한 사람으로 <월 스트리트 저널(Wall Street Journal)> 편집인과 NBC 뉴스 사장을 역임한 가트너(Michael Gartner)는 '신문은 이슈를 다룰 수 있지만 이슈를 해결하려고 해서는 안된다. 신문은 사회의 잘못된 것을 지적할 수는 있지만 그것을 반대하는 캠페인을 벌여서는 안된다'며 시민 저널리즘의 사회 참여주의적인 접근 방식을 경계하고 있다(안병길 2003). 뉴욕 타임스(New Yokr Times) 출신인 프랭클(Max Frankel)은 시민 저널리스트들이 '문제를 말함과 동시에 문제를 고치기를 원한다. 그러나 개혁은 개혁주의자들에게 맡겨야한다'고 강조한다(Selber(2001), p.191). 그러나 전통 저널리즘이 고수해온 객관주의 보도 원칙을 훼손하고 있다는 비판에 대해 시민 저널리즘 옹호론자들의 역비판도 만만치 않다. 버지니안 파일럿(Virginian-Pilot)의 편집인을 역임한 캠벨(Cole Campbell)은 게이트 키핑(gate-keeping) 기능에 의한 뉴스의 선택 및 정보의 정리 자체가 전혀 객관적일 수 없다고 주장한다. 어떤 매체가 됐건 뉴스의 선택에는 의견이 개입될 수밖에 없다는 얘기다. 로젠(Jay Rosen)과 메리트(Davis Merritt) 역시 객관성은 진실이라는 말처럼 이론적으로 훌륭하게 들리는 개념이지만 현실 세계로 옮겨지기 어렵다고 강조한다(Selber(2001), p.187). 메리트는 또 시민 저널리즘은 기존 미디어의 전통적 가치인 객관성이나 공정성 혹은 균형성의 완전한 종말을 의미하는 것이 아니라 언론이 현실 또는 현실 문제로부터 유리되는 입장을 취해서는 안되며 언론의 건강성과 공공 생활의 건강성은 서로 뗄 수 없을 정도로 매우 밀접하게 연관돼있다는 것을 인식하도록 강조할 따름이라고 주장한다(Merritt & Rosen, 1998). 메리트는 나아가 언론인들이 자신이 보도한 뉴스 보도의 결과와 자신은 무관하다는 견해를 버려야 하며 공공 생활이 잘 유지되고 있는지 그리고 공중이 사회의 문제를 해결할 수 있는지에 대해 관심을 기울여야 한다고 역설한다.

2) 특정 목적을 위한 옹호 저널리즘

시민 저널리즘의 객관성에 대한 문제 제기는 시민 저널리즘이 옹호 보도 즉 특정 목적을 위한 노골적인 후원을 위해 일하는 옹호 저널리즘(advocacy journalism)이라는 비판과 맞닿아있다. 이러한 비판은 누가 토론을 위한 의제(agenda)를 결정하느냐에 관한 논쟁이라고 할 수 있는데 이와 관련해 시민 저널리즘 비판론자인 슈드슨(Michael Schudson)은 언론이 공중의 합의를 언론의 의제가 되도록 허용해야하는지에 대해 의문을 제기한다. 가트너(Michael Gartner) 역시 시민 저널리즘이 여론 조사 전문가들과 공중에게 언론의 독립성을 넘겨줬다고 비판한다. 또 시민 저널리즘 프로젝트들이 보여주고 있는 상호 협조적인 성격은 결국 언론의 다양한 목소리를 제한시키고 있다는 그의 주장은 많은 사람들로부터 상당한 호응을 얻기도 했다(Grimes 1997; Jackson 1997). 시민 저널리즘 비판론자들의 이러한 주장을 요약하면 시민 저널리즘은 고유의 감시 기능을 포기하고 지역 사회의 특정 그룹이나 전략을 옹호하는 옹호 저널리즘에 불과하다는 것이다.

이에 대해 시민 저널리즘 주창자들은 시민 저널리즘은 저널리즘의 기존 가치와 함께 새로운 가치 추구를 통해 시민들이 보다 나은 공공 생활을 할 수 있도록 도와주기 위한 것일 뿐이라고 강조한다. 가령 퓨 시민 저널리즘 센터 소장을 역임한 쉐퍼(Jan Schaffer)는 '시민 저널리즘은 언론의 감시견(watch dog) 역할뿐만 아니라 공격견(attack dog)으로서의 역할도 포기하지 않으면서 훌륭히 안내견(gudie dog)의 역할을 하도록 하는 것'이라고 강조한다(Schaffer(2001); 안병길(2003), p.83 재인용).

3) 판촉을 위한 마케팅 전략

<워싱턴 포스트(Washington Post)> 편집인인 다우니(Leonard Downie)를 비롯한 시민 저널리즘 비판론자들은 시민 저널리즘을 추진하게 된 동기의 이면에는 재정적 수익을 얻기 위한 언론의 욕망이 내포돼 있다고 주장한다(McGregor et al 1998; Richards 2000; Jackson 1997; Dennis 1995). 다우니는 시민 저널리즘을 판촉과 동일한 것으로 간주하고 있으며 시민 저널리즘의 이러한 측면은 결코 새로운 것이 아니라고 주장해왔는데 이러한 비판론은 시민 저널리즘은 독자들을 화나게 하지 않으면서 언론 기업주들에게 봉사하기 위한 또 다른 방식에 지나지 않는다고 강조한다(McChesney 1999). 즉 시민 저널리즘은 독자 수의 감소로 경영난에 빠진 나이트-리더(Knight-Ridder)와 같은 신문 체인들의 생존을 위한 속임수 즉 독자와 광고주들을 대상으로 한 판촉을 위한 마케팅 전략에 불과하며 이는 또 다른 상업주의라는 것이다.

이 같은 주장에 대해 시민 저널리즘 옹호론자들은 시민 저널리즘의 발단이 미국 언론의 경제적 위기에서 비롯된 것임을 인정하기는 하지만 시민 저널리즘이 독자나 광고주들을 끌어들이기 위한 마케팅을 위한 속임수 혹은 또다른 상업주의라는 비판에 대해서는 강력히 반발한다. 로젠(Jay Rosen)은 '시민 저널리즘이 새로운 것이든 진부한 것이든 혹은 독자들을 늘리는데 도움이 되든 안되든 시민 저널리스트들은 시민에 토대를 둔 접근 방식이 민주주의 체제에서 언론의 올바른 기능을 회복하기 위해 반드시 필요하다는 것을 솔직하게 느끼고 있다'고 강조한다(Selber(2001), p.194).

4) 새로울 것이 없는 기존 기법의 포장

메리트(Davis Merritt)와 시민 저널리즘에 관한 논쟁을 벌였던 맥스터스(Paul Macsters)는 시민 저널리즘이 고치려고 시도하고 있는 문제들은 전혀 새로운 것들이 아니며 1947년 허친스 위원회(Hutchins Commission)에서 현재 직면하고 있는 많은 문제들에 대해 이미 자세히 언급했었다고 강조한다(Selber(2001), p.186). <뉴스데이(Newsday)>의 슈나이더(Howard Schneider)

역시 '시민 저널리즘이 새로운 것인가? 공중을 위해 일하고자 하는 것이 무엇이 새롭다는 것인지 내게 말해 달라. 이것은 우리가 이미 오랫동안 추구해온 목표다'라고 평가 절하한다. 다우니(Leonard Downie) 역시 '시민 저널리즘이 추구하고 있는 목표들은 우리가 이미 추구해온 굿 저널리즘(good journalism)의 단순한 진화에 지나지 않는다. 새로운 기법이라고 할만한 것이 무엇이 있는가?'라고 반문한다. 시민 저널리스트들은 이 같은 비판에 대해 시민 저널리즘이 종전과는 달리 복잡한 문제를 드러내는 방법에 있어서 시민들의 대화와 대화 청취를 통해서 이슈를 만들어 간다는 사실을 간과하고 있다고 주장한다(안병길(2003), p.85).

5) 기타 시민 저널리즘에 대한 비판

언론 윤리학자인 메이어(Philip Meyer)는 시민 저널리즘이 포커스 그룹 혹은 토론 포럼을 개최하거나 여론 조사를 실시하는데 들어가는 비용을 감수할 만큼의 가치가 있는지에 대해 의문을 제기한다(Meyer 1998). 즉 시민 저널리즘을 수행하는 데 드는 비용은 분명하고 그리고 당장 지출을 필요로 하는 반면에 시민 저널리즘의 혜택이 명백하게 드러나기 까지는 많은 시간을 필요로 한다는 주장이다. 일각에서는 또 시민 저널리즘이 저널리스트들로 하여금 지금까지 잘 알려지지 않은 지역의 영웅들을 미화하는 내용의 기사를 쓰도록 하는 결과를 가져올 우려가 있다고 지적하기도 한다(Benesch 1998; Deneen 1991).

다른 한편으로 시민 저널리즘에 대한 비판은 시민 저널리즘의 강력한 주창자들에 의해서 제기되기도 했는데 가령 로젠은 시민 저널리즘을 하나의 공식처럼 간주하거나 공중을 마치 신으로 간주하는 듯한 시각에 대해 경계한다(Rosen 1999a). 메리트 역시 일부 초창기 캠페인은 지나친 면이 있었으며 초기의 대규모 캠페인은 실수였다고 지적하면서 시민 저널리즘은 공중과 기자들 간의 일상적인 재연결에 중점을 둬야 한다고 강조하기도 했다(Merritt 1996). 프리들랜드도 시민 저널리스트들이 보다 폭넓은 공중을 다루기보다는 주로 지도자나 전문적인 집단들을 다루는 것으로 끝나게 될 위험성이 있다고 지적한다(Friedland et al 1998).

✪ 정리하기

- 시민 저널리즘에 대한 가장 핵심적인 비판은 기존 언론이 고수해왔던 객관주의 보도 원칙을 훼손한다는 비판이다. 즉 기존 저널리즘의 전통적 가치인 객관성에서 탈피해 지나치게 공공의 문제에 개입해 객관성을 상실한 주관적 보도를 하다보면 언론 본연의 공적 감시견으로서의 역할이 약화될 우려가 있다는 주장이다.
- 시민 저널리즘의 객관성에 대한 문제 제기는 시민 저널리즘이 특정 목적을 위한 노골적인 후원을 위해 일하는 옹호 저널리즘(advocacy journalism)이라는 비판과 맞닿아있는데 시민 저널리즘 비판론자들은 시민 저널리즘이 언론 고유의 감시 기능을 포기하고 지역 사회의 특정 그룹이나 전략을 옹호하는 옹호 저널리즘에 불과하다고 주장한다.
- 시민 저널리즘 비판론자들은 시민 저널리즘이 독자 수의 감소로 경영난에 빠진 나이트-리더(Knight-Ridder)와 같은 신문 체인들의 생존을 위한 속임수 즉 독자와 광고주들을 대상으로 한 판촉을 위한 마케팅 전략에 불과하며 이는 또 다른 상업주의라고 주장한다.

2. 시민 저널리즘에 대한 평가

시민 저널리즘을 정당하게 평가해야 한다는 주장은 지난 수년간 많은 학자들에 의해 폭넓게 제기돼왔으며 실제로 시민 저널리즘의 많은 실험들에 관한 학문적인 평가 작업이 진행돼왔다. 이 분야의 연구는 시민 저널리즘이 제대로 작동하고 있는지에 대한 근본적인 물음과 함께 지난 수년간 많은 학자들에 의해 시민 저널리즘이 시도하고 있는 실험들을 정당하게 평가해야 한다는 주장이 제기되면서 폭넓은 연구가 진행돼왔다. 구체적으로 독자나 기자에 대한 서베이 혹은 뉴스의 내용 분석 등을 바탕으로 시민 저널리즘의 효과 혹은 유효성을 평가하기 위한 많은 학문적인 평가 작업이 진행돼왔다. 또 기존의 분석틀에 대한 문제 제기와 함께 시민 저널리즘을 평가하기 위한 새로운 분석틀이 제시되기도 했다. 이 분야의 연구들은 그러나 시민 저널리즘에 대한 평가를 놓고 각기 다른 연구 방법과 결과를 제시하고 있어 시민 저널리즘의 효과에 대해 결정적인 답을 제시해 주지는 못하고 있다.

채리티(Arthur Charity)에 따르면 시민 저널리즘의 성공 여부는 매일 매일 발생하는 일반 뉴스의 일상적인 보도에 얼마나 다양한 시민 저널리즘적 요소가 스며들어 있느냐에 달려 있다(Charity 1995). 시민 저널리즘이 일상적인 뉴스 보도에 어느 정도 반영돼 있는지를 조사한 실증적인 연구들로는 McMillan, Guppy, Kunz & Reis(1998); Massey(1998); Blazier & Lemert (2000) 등의 연구를 들 수 있다. 이들의 연구 결과에 의하면 시민 저널리즘에 대한 일상적인 실천은 아직까지 만족할 만한 수준은 아닌 것으로 평가되고 있다. 가령 시민 저널리즘에 대한 평가와 관련해 지난 수년간 <위치타 이글(Wichita Eagle)>지의 시민 저널리즘 프로젝트의 유효성에 관한 연구가 진행돼왔는데 한 예로 맥밀란(McMillan) 등(1998)은 1986년과 1990년, 1994년의 주지사 선거 캠페인 기간 동안 시민 저널리즘을 표방한 <위치타 이글(Wichita Eagle)>과 그렇지 않은 <토페카 캐피털 저널(Topeka Capital Journal)>에 대한 내용 분석을 실시했다. 그 결과 <위치타 이글(Wichita Eagle)>이 1990년 시민 저널리즘을 도입한 이후 뉴스 보도에 있어 실제로는 이전 보다 더 적게 시민을 취재원으로 인용 보도한 것으로 나타나 상당히 혼란스러운 결과를 제시해주었다. 메이시(Massey) 역시 1998년 플로리다 주에서 시민 저널리즘을 표방한 <탤러하시 데모크래트(Tallahassee Democrat)>와 기존의 전통적인 보도 방식을 고수한 <게인스빌 선(Gainesville Sun)> 기사의 취재원 인용을 비교 분석한 결과 시민 취재원의 수에 있어서 별 차이가 없었다며 <탤러하시 데모크래트(Tallahassee Democrat)>가 시민 저널리즘을 채택했지만 일반 시민의 의견이 실질적으로 신문 기사에 더 많이 반영된다고 평가할 수 없다고 주장했다(Massey 1998).

맥밀란이나 메이시의 연구 결과에 대해 시민 저널리즘을 옹호하는 쪽에서는 이들이 시민 저널리즘의 개념을 잘못 이해해서 단편적인 평가를 내렸다고 반박한다. 위스콘신 주립대학의 프리들랜드(Lewis A. Friedland) 교수는 1996년 1월부터 6월까지 퓨 센터가 지원한 4개의 시민 저널리즘 프로젝트에 대한 평가 작업을 통해 전반적으로 시민 저널리즘이 언론과 지역 사회를 연결하면서 공공 대화를 증진시키고 문제 해결을 위한 시민의 능력을 향상시킬 뿐만 아니라 지역 사회의 유대감을 공고히 함으로써 당초 목표에 성공적으로 다가가고 있다고 강조했다(안병길(2002), p.87-90 재인용).

연구를 위해 선택된 시민 저널리즘 프로젝트는 노스캐롤라이나 <샬롯 옵저버(Charlotte Observer)>의 '우리 이웃 되찾기', 위스콘신 주 매디슨 소재의 <위스콘신 스테이트 저널(Wisconsin State Journal)>의 '우리는 위스콘신 사람들', 캘리포니아 주 샌프란시스코 소재의 신문과 방송이 연합해 실시한 '유권자의 목소리', 뉴욕 빙햄턴의 '우리의 미래에 직면하여'등 4개였다. 연구 결과 <위스콘신 스테이트 저널(Wisconsin State Journal)>의 '우리는 위스콘신 사람들' 프로젝트의 경우 52%의 주민들이 프로젝트를 인지하고 있었고, <샬롯 옵저버(Charlotte Observer)>가 2년 전에 실시한 '우리 이웃 되찾기' 프로젝트를 기억하고 있는 시민이 84%에 달하는 등 시민 저널리즘이 실시된 네 도시 모두에서 공공 인지도(public awareness)가 매우 높은 것으로 나타났다. 또 각 지역에서 시민 저널리즘 프로젝트를 인지하고 있는 시민들은 해당 프로젝트가 언론과의 관계를 개선하는 계기가 되었고 시민 사회를 새로운 관점에서 바라보게 되었다고 응답하는 등 시민 저널리즘 프로젝트에 대해 긍정적인 인식 변화를 보이고 있는 것으로 분석됐다. 가령 <위스콘신 스테이트 저널(Wisconsin State Journal)>의 '우리는 위스콘신 사람들' 프로젝트를 인지하고 있는 매디슨 시민 중 62%가 '그 프로젝트로 인해 정치를 더 많이 생각하는 계기가 됐다'고 응답했으며, 샬롯에서는 시민 저널리즘 프로젝트를 인지하고 있는 사람들의 59%, 샌프란시스코에서는 49%가 같은 답변을 했다. 또 '지역 사회를 보다 살기 좋은 곳으로 만들기 위한 의사 결정 과정에 참여할 의사가 있느냐'는 질문에 대해서는 매디슨 시민의 경우 응답자의 64%, 샬롯은 78%, 샌프란시스코는 47%가 '그렇다'고 응답함으로써 시민 저널리즘 프로젝트로 인해 지역 주민들의 지역 사회에 대한 참여 의식이 향상된 것으로 조사됐다.

쉐파드(Alicia Shepard)는 <위치타 이글(Wichita Eagle)>지의 소재지인 위치타 지역의 투표율이 1990년의 44%에서 4년 뒤인 1994년에는 47%로 올라간 반면 캔자스 주 전체적으로는 같은 기간 동안 투표율이 46%에서 44%로

떨어진 것을 밝혀내 시민 저널리즘의 효율성에 대해 긍정적인 연구 결과를 제시했다(Shepard 1996). 덴튼과 토슨(Denton & Thorson)은 <위스콘신 스테이트 저널(Wisconsin State Journal)>의 '우리 시민들 (We The People)' 캠페인 이후 투표에 참여할 가능성이 있는 잠재적 유권자의 19%가 <위스콘신 스테이트 저널(Wisconsin State Journal)>의 보도가 투표에 참여할 가능성을 높여줬다고 응답한 것으로 나타났다고 밝혔다(Denton & Thorson 1998). 프리들랜드(Lewis A. Friedland)는 그러나 이 캠페인이 일반 시민의 15-20%에 해당하는 핵심적 활동가에게만 영향을 미치는 경향이 있다는 사실을 주의 깊게 언급하고 있다(Friedland 1998). 테임스(Rick Thames)는 <샬롯 옵저버(Charlotte Observer)>가 실시한 1996년의 '당신의 목소리, 당신의 투표(Your Voice, Your Vote)'라는 캠페인 이후 투표율이 56.9%로 8.1% 포인트 상승했지만 이 프로젝트가 대상으로 삼았던 지역이 아닌 다른 지역의 투표율 역시 12.5% 포인트 상승한 것으로 나타났다며 시민 저널리즘의 실효성을 희석시키는 연구 결과를 제시했다(Thames 1998).

데닌(Sally Deneen)은 플로리다 주 보카 레이턴 소재의 <더 뉴스(The News)>가 25-43세의 연령층을 대상으로 실시한 캠페인 결과 발행 부수가 4,500부에서 2만 6,500부로 늘어났으며 발행 면수도 30% 증가했다고 밝히고 있다(Deneen 1991). 웨스턴 버지니아 주의 <로아노크 타임스(The Roanoke Times)>는 1996년 연방 상원 의원 선거와 지방 선거와 관련해 추진한 시민 저널리즘 보도 방식에 대한 효과를 측정한 결과 1995년에 선거 기사를 읽은 독자의 비율이 49%에 머물렀으나 시민 저널리즘을 실시한 1996년에는 57%로 늘어났다고 보고하고 있다. 또 선거 기사를 읽은 독자 중 시민 저널리즘 보도 방식에 의해 제작된 기사를 읽은 사람은 66%인데 비해 기존 보도 방식에 의해 제작된 기사를 읽은 사람은 56%로 10% 포인트 정도 차이가 나는 것으로 나타났다. 아울러 시민 저널리즘 보도 방식에 대해 응답자의 73%가 기사가 재미있고 도움이 된다고 응답해 전반적으로 시민 저널리즘 보도 방식이 상당한 효과를 거두고 있는 것으로 조사됐다. 그러나 다이아몬드(Diamond)는 퓨 센터의 자금 지원을 받아 뉴저지 주 하켄색 소재의 <더 레코드(The Record)>지가 1996년의 선거 기간까지 실시한 이슈 중심의 시민 저널리즘 캠페인 결과 구독자의 5분의 1만이 캠페인에 관한 내용을 읽은 것으로 기억했으며, 42%는 단 한 사람의 후보자의 이름도 기억해내지 못해 캠페인이 결국 실패한 것으로 드러났다고 밝히고 있다(Diamond 1997).

채리티(Arthur Charity)는 <샬롯 옵저버(Charlotte Observer)>의 시민 저널리즘 캠페인에 관한 연구를 통해 1994년의 범죄 캠페인이 1994년부터 1995년 말까지의 기간 동안 범죄율을 19% 하락시켰다는 연구 결과를 제시했다(Charity 1996).

한편으로 시민 저널리즘이 확산되면서 언론계 및 언론인들의 시민 저널리즘에 대한 전반적인 인식이 긍정적인 방향으로 변해가고 있는 것으로 나타나고 있다. 멤피스 대학의 애런트(Davis Arant) 교수와 노스캐롤라이나 대학의 메이어(Phillip Meyer) 교수가 1998년 전국 언론인들을 대상으로 시민 저널리즘의 가치 인식에 관한 조사를 실시한 결과를 보면 시민 저널리즘의 가치를 인정하는 방향으로 언론인들의 인식이 변화하고 있는 것으로 분석됐다(안병길(2003), p.95 재인용). 이들의 보고서에 따르면 응답자의 74%가 '언론이 지역사회 사람들을 돕는 것이 매우 중요하다'고 생각하고 있는 것으로 나타났다. 또 64%는 '언론이 지역 사회 문제 해결에 나서야 한다'고 응답함으로써 언론인들이 종전의 객관주의 언론관에서 시민 저널리즘의 언론관을 인정하는 쪽으로 인식의 변화를 보이고 있는 것으로 분석됐다.

이상의 연구 결과들을 보면 시민 저널리즘 프로젝트나 캠페인이 극적인 효과나 고무적인 결과를 가져온다는 뚜렷한 증거가 미진해 시민 저널리즘의 유효성에 대해 결정적인 답을 제시해 주지는 못하고 있다. 이 같은 연구 결과는 시민 저널리즘은 민주주의와 마찬가지로 하나의 거대한 사회적 실험으로 수많은 변인을 통제하기가 어렵고 일반 시민 혹은 공중에 미치는 영향이나 변화의 인과 관계를 측정하기도 어렵다는 것을 시사한다고 하겠다(최영 2002; Chaffe & McDevitt 1999). 시민 저널리즘을 비판적으로 보는 사람들은 이를 근거로 시민 저널리즘 운동이 사라질 것이라고 예견하기도 하다. 그러나 시민 저널리즘이 추구하고 있는 언론의 사회적 책임 혹은 공공성에 대한 모색은 저널리즘의 존재 가치에 대한 근본적인 물음과 함께 상업주의에 매몰된 기존 언론에 자기반성의 기회를 제공하면서 저널리즘에 새로운 변화를 불어넣고 있다는 점에서 여전히 학계와 언론계의 관심을 끌고 있는 주목의 대상이 되고 있다.

✪ 정리하기

- 독자나 기자에 대한 서베이 혹은 뉴스의 내용 분석 등을 바탕으로 시민 저널리즘의 효과 혹은 유효성을 평가하기 위한 많은 학문적인 평가 작업이 진행돼왔으나 시민 저널리즘에 대한 평가를 놓고 각기 다른 연구 방법과 결과를 제시하고 있어 시민 저널리즘의 효과에 대해 결정적인 답을 주지는 못하고 있다.
- 채리티(Arthur Charity)에 따르면 시민 저널리즘의 성공 여부는 일상적인 보도에 얼마나 다양한 시민 저널리즘적 요소가 스며들어 있느냐에 달려 있지만 연구 결과에 의하면 시민 저널리즘에 대한 일상적인 실천은 아직까지 만족할 만한 수준은 아닌 것으로 평가되고 있다.
- 시민 저널리즘 프로젝트나 캠페인이 극적인 효과나 고무적인 결과를 가져온다는 뚜렷한 증거는 부족하지만 시민 저널리즘이 추구하고 있는 언론의 사회적 책임 혹은 공공성에 대한 모색은 저널리즘의 존재 가치에 대한 근본적인 물음과 함께 상업주의에 매몰된 기존 언론에 자기반성의 기회를 제공하면서 저널리즘에 새로운 변화를 불어넣고 있다는 점에서 여전히 학계와 언론계의 관심을 끌고 있다.

제8장 한국 언론과 시민 저널리즘

1. 시민 저널리즘의 한국적 수용 필요성

1) 한국적 수용의 한계성

한국에서 시민 저널리즘에 대한 논의가 시작된 것은 1996년부터라고 할 수 있는데 지금까지 이루어진 국내 연구자들의 논의를 보면 시민 저널리즘은 미국의 특수한 정치적, 사회적 환경에서 탄생한 미국 언론의 산물이라는 점에서 이를 한국 사회에 그대로 적용시키는 데에는 무리가 따르지만 시민 저널리즘이 한국 사회와 언론 현실에 하나의 유용한 대안이 될 수 있음을 강조하고 있다(김민남, 1998; 황용석, 2001; 안병길, 2003). 즉 시민 저널리즘의 한국적 수용에는 몇 가지 한계점이 있지만 지방 언론의 경제적 위기와 공적 기능 상실 등 지역 언론의 정체성 위기, 선거 과정에서의 언론의 부적절한 역할 등 민주주의에 기여하지 못하는 국내 언론의 보도 양태 등을 고려할 때 시민 저널리즘이 표방하는 기본 이념과 가치를 국내 언론에 수용할 필요가 있다는 것이다. 시민 저널리즘은 그러나 미국의 언론 환경을 배경으로 태동된 미국의 언론 운동 내지 언론 사조라는 점에서 이를 국내 언론에 적용하기 위해서는 한국 사회와 한국 언론이 갖고 있는 특수성에 대한 고려가 필요하다.

(1) 한국 언론의 특수성

한국과 미국은 정치적으로 사회적으로 서로 다른 토양을 갖고 있을 뿐만 아니라 언론 환경에 있어서도 많은 차이를 보이고 있다. 한국과 미국은 우선 언론 시장 구조에 있어 차이가 있기 때문에 이를 한국 사회에 그대로 적용하는 것은 무리가 따를 수 있다. 즉 미국 언론은 지역지 중심의 시장 구조를 갖고 있고 민주주의의 뿌리가 되는 지역 공동체의 여론이 존중되고 있는 반면 한국은 전반적인 사회 구조가 중앙 중심으로 작동되고 있고 언론 역시 지방 여론보다는 중앙 뉴스에 비중을 두는 중앙 집중적 시장 구조를 갖고 있다. 우리나라의 경우 중앙 일간지를 표방하는 신문의 수가 10개가 넘지만 미국의 경우 전국지라고 부를 수 있는 신문은 <USA 투데이(USA Today)>, <월 스트리트 저널(Wall Street Journal)>, <뉴욕 타임스(New York Time)> 정도에 불과하다. 광고 시장 역시 미국의 경우 광역권의 도심 지역 일간지는 대형 광고주들의 광고가 게재되는 반면 외곽 지역의 소규모 지역 신문은 그 지역의 슈퍼마켓이나 상점들이 광고주 역할을 하고 있어 지역별로 나뉘어져 있다(김민남(1998), p. 278). 이처럼 미국 언론은 독자와 광고 시장이 각 지역에 따라 나뉘어져 있어 대부분의 신문이 특정 지역을 중심으로 독점적으로 운영되는 지방지 중심의 지역 분권적 시장 구조를 갖고 있는 반면 한국은 중앙지 중심의 중앙 집중적 시장 구조를 갖고 있기 때문에 구조적 차원에서 차이점을 갖고 있다. 시민 저널리즘이 캔자스 주 소재의 위치타 등 미국 중서부의 몇몇 중소 도시 신문을 중심으로 시작된 것은 미국 언론 시장의 이러한 구조적 특성과 무관하지 않다. 즉 지역 중심의 미국 언론 시장이 시민 저널리즘이 발전하게 된 토대가 됐다고 할 수 있다.

한국과 미국은 저널리즘 전통에 있어서도 큰 차이를 보이고 있다. 미국 언론은 로크(John Locke), 밀턴(John Milton), 스미스(Adam Smith) 등의 자유주의 사상을 바탕으로 다원주의에 입각한 자유로운 비판과 의견 개진을 존중하는 한편 객관성과 불편부당성의 원칙에 따른 객관주의 보도 방식을 견지해왔다. 반면 한국 언론은 구한말 개화파들이 국민 계몽을 위해 <한성순보>를 창간했고 독립 의식 고취를 목적으로 <독립신문>을 창간하는 등 초기 출발부터 계몽주의적 특성과 민족주의적 특성이 결합돼 객관주의적이고 불편부당한 보도보다는 계도적인 입장에서 시민 사회에 지나치게 개입하는 경향을 보여 왔다(김민남(1998), p.282). 한국 언론은 이처럼 언론이 지나치게 시민 사회에 간여하려는 것이 문제이기 때문에 어떻게 객관주의를 지킬 것인가가 관심사였으며 따라서 미국과 정반대의 전통을 가진 한국 언론에서 시민 저널리즘이 어떻게 적용될 수 있을 것인가에 대해서는 보다 신중한 접근이 필요하다고 할 수 있다(안병길(2003), p.113). 즉 미국의 시민 저널리즘은 기존 저널리즘이 고수해왔던 객관주의적 전통에 대한 반성과 회의를 통해 언론이 공공 생활과 민주주의의 회복을 위해 시민과의 연계를 통해 지역사회의 문제에 직접 간여해야 한다는 언론의 사회 참여적 입장에서 출발하고 있기 때문에 이를 한국 언론에 적용할 때는 저널리즘적 전통이 다른 한국 언론의 특수성을 감안할 필요가 있다.

(2) 한국 사회의 특수성

미국과 한국의 언론이 많은 차이점을 보이고 있는 것은 지리적 규모 면에서 큰 차이가 있기 때문이기도 하지만 정치적, 사회적 환경이 다르기 때문이기도 하다. 미국은 전통적으로 연방 정부의 정책과는 별개로 지방 자치 제도가 잘 발달된 지역 중심의 지방 분권적 사회 구조를 갖고 있다. 따라서 미국은 지역 사회 주민의 생활에 영향을 미치는 중요한 의사 결정이 지역 공동체 차원에서 논의되고 결정되는 구조를 갖고 있기 때문에 지역 공동체의 여론이 매우 중요시되며 언론과 시민 모두 지역 뉴스에 많은 관심을 기울이게 된다.

반면 한국은 지방 자치 제도를 실시하고는 있지만 전통적으로 중앙 정부의 정책이 주민들의 삶에 큰 영향을 미치는 중앙 집권적 사회 구조를 유지해 왔고 지금도 사회의 전반적인 작동 원리가 중앙 정치권의 변화에 많은 영향을 받는 중앙 집권적 구조로 이루어지고 있다. 뿐만 아니라 경제, 사회, 문화, 교육 등 삶의 전반적인 영역에 걸쳐 주민들의 의식 구조 및 생활 구조가 중앙 지향적인 경향을 띠고 있다. 따라서 지역 주민들이 지역 중심의 뉴스보다는 오히려 중앙의 뉴스에 더 민감하게 반응을 보이게 되고 언론 역시 중앙지는 물론이고 지방지도 지방의 소식이나 여론 보다는 중앙의 뉴스에 더 비중을 두는 획일적이고 중앙 지향적인 성향을 갖기 쉽다. 이는 우리가 미국보다 더 많은 중앙 일간지의 수를 갖고 있고 또 지방지들이 제 역할을 하지 못하고 있는 이유이기도 하다. 즉 지역보다는 중앙 지향적인 정치, 경제, 사회적 구조가 언론의 보도 성향 및 시장 구조에 그대로 반영되고 있는 것이다.

이처럼 시민 저널리즘은 미국의 정치 전통과 시민 사회의 토론 문화 및 참여 문화, 그리고 공동체 자치주의 등을 기반으로 진행돼온 언론 운동적 측면이 강하다는 점에서 미국과는 달리 자치 통치의 문화가 없고 또 시민이 참여하고 시민이 의사 결정을 하는 마을 공회 같은 토론 과정이 부재한 한국 사회에 그대로 적용시키는 데는 상당한 어려움이 따른다고 할 수 있다(황용석 2001).

2) 한국 언론의 시민 저널리즘 수용 필요성

그렇다면 미국의 시민 저널리즘은 오늘날의 한국 사회와 한국 언론에 어떠한 의미를 갖는 것일까. 시민 저널리즘은 분명 미국의 정치적, 사회적 환경에서 태동된 일종의 언론 운동내지 언론 사조라는 특수성을 갖고 있다. 그러나 시민 저널리즘이 주창하고 있는 공공 생활 혹은 민주주의 발전에 제대로 기여하지 못하고 있는 한국 언론의 현실, 그리고 갈수록 공중의 신뢰를 잃어가고 있는 한국 언론의 정치적, 경제적 위기 상황에 비추어볼 때 시민 저널리즘이 한국 언론이 처한 난맥상에 대한 근본적인 해결책은 제시해주지 못한다 하더라도 시민 저널리즘이 추구하고 있는 기본적인 이념과 가치는 한국 언론 특히 지역 언론에 적용 가능한 하나의 대안이 될 수 있다.

국내의 시민 저널리즘에 관한 초기 논의를 보면 주로 기존 언론 보도 혹은 언론인의 역할에 대한 비판과 함께 시민 저널리즘의 필요성 혹은 적용 가능성을 제시하는 논의가 주를 이루었는데 이들 논의를 보면 국내 언론 역시 미국과 마찬가지로 선거 혹은 정치 보도에 있어 우리 사회가 필요로 하는 공적 기능을 제대로 수행하지 못하고 있다는 점에서 시민 저널리즘의 도입과 적용이 필요하다는 지적을 하고 있다.

김택환과 이종수(1996)는 1996년에 치러진 4·11 총선 기간 동안 유권자들을 대상으로 실시한 인터뷰 조사 결과를 토대로 유권자들의 의식이 많은 부분에서 정치인과 언론인들을 앞서고 있으나 언론인이나 정치인들이 과거 관행을 답습하고 있어 공중과 언론, 정치 사이의 괴리 현상이 심화되고 있다는 점에서 언론의 적극적인 역할 즉 시민 저널리즘이 필요함을 역설하고 있다.

김민남(1998)은 한국 언론의 선거 보도가 첫째로 흥미 위주의 경마식 보도 등 피상적인 보도에 그치고 있어 선거에 대한 무관심과 불신을 갖게 하고 있다는 점, 둘째로 유권자의 의견과 견해를 참여성이라는 차원에서 측정해 보았을 때 민의가 배제된 보도 구조를 통해 언론으로서의 역할을 제대로 수행하고 있지 못하다는 점, 셋째로 불공정 보도 혹은 편파 보도를 통해 선거와 관련된 여론의 왜곡과 부실을 초래하고 있다는 점 등을 들어 유권자 중심, 시민 중심이어야 할 선거 보도가 유권자를 소외시키는 언론의 자기중심적 보도로 왜곡돼있는 등 문제점을 드러내고 있다고 지적하고 있다. 요컨대 한국 언론이 표면적으로는 객관성과 공정성을 가장 큰 언론 가치로 내세우고 있지만 이러한 가치들이 언론의 선거 보도를 비롯해 취재 보도 과정에서 실천적으로 준수되지 않는 등 민주주의 발전에 제대로 기여하지 못하고 있다는 것이다(김민남(1998), p.290-295).

다른 한편으로 시민 저널리즘은 지방 언론이 처한 경영난과 공적 기능 상실 등 지역 언론으로서의 정체성 위기를 고려할 때 우선적으로 혹은 실험적으로 지방 언론에 도입될 필요가 있다는 주장이 꾸준히 제기돼왔다. 안병길(2003)은 한국의 지방 언론이 중앙지의 침투는 물론 지역 중심의 지방지가 급속히 늘어나면서 치열한 생존 경쟁을 벌이고 있는 등 경영상 위기에 처해 있다는 점, 그리고 지방 언론의 보도가 중앙 지향적으로 흐르고 있고 지역 사회 이슈에 대한 해결책 제시보다는 단발적인 흥미 위주의 보도 경향을 보여 지역 사회의 공론의 장으로서의 공적 기능을 다하고 있지 못하다는 점을 들어 시민 저널리즘의 도입이 필요하다고 역설하고 있다. 즉 한국의 지방 언론이 처한 현실이 시민 저널리즘이 탄생할 무렵의 미국 언론의 상황과 많은 점에서 유사하다는 점에서 시민 저널리즘이 추진된다면 지방 언론이 바람직한 방향으로 개혁되고 참여 민주주의 문화가 실현되는 계기가 될 수 있을 것이라고 강조하고 있다(안병길(2003), p.109-111).

김민남(1998) 역시 시민 저널리즘이 갖고 있는 강한 지역성이 한국의 지역 언론에 가지는 함의를 고려해볼 때 제작과 경영 양면에서 어려움을 겪고 있는 한국의 지역 신문에 새로운 방향을 제시해줄 수 있다고 강조하고 있다. 즉 중앙지에 비해 열악한 취재 보도 환경과 지역 주민과의 애매한 연계 방식 등으로 민주적 여론화 과정에 기초가 되는 지역 언론의 정체성이 훼손되고 있다는 점에서 지역 언론 차원에서 시민 저널리즘을 수용할 필요가 있다고 강조하고 있다(김민남(1998), p.284).

✪ 정리하기

- 미국 언론은 지방지 중심의 지역 분권적 시장 구조를 갖고 있고 민주주의의 뿌리가 되는 지역 공동체의 여론이 존중되고 있는 반면 한국 언론은 전반적인 사회 구조가 중앙 중심으로 작동되고 있고 언론 역시 지방
- 여론보다는 중앙 뉴스에 비중을 두는 중앙지 중심의 중앙 집중적 시장 구조를 갖고 있다.
- 미국은 전통적으로 연방 정부의 정책과는 별개로 지방 자치 제도가 잘 발달돼 있어 지역 사회 주민의 생활에 영향을 미치는 중요한 의사 결정이 지역 공동체 차원에서 논의되고 결정되는 지역 중심의 지방 분권적 사회 구조를 갖고 있다. 한국은 지방 자치 제도를 실시하고는 있지만 전통적으로 중앙 정부의 정책이 주민들의 삶에 큰 영향을 미치는 중앙 집권적 사회 구조를 유지해왔고 지금도 정치, 경제, 사회, 문화, 교육 등 전반적인 사회 작동 원리가 중앙 지향적인 경향을 띠고 있다.
- 표면적으로는 객관성과 공정성을 가장 큰 언론 가치로 내세우고 있지만 언론의 선거 보도를 비롯해 취재 보도 과정에서 우리 사회가 필요로 하는 공적 기능을 제대로 수행하지 못하는 등 공중의 신뢰를 잃어가고 있는 한국 언론의 정치적, 경제적 위기 상황에 비추어볼 때 시민 저널리즘이 추구하고 있는 기본적인 이념과 가치는 한국 언론 특히 지역 언론에 적용 가능한 하나의 대안이 될 수 있다.

2. 시민 저널리즘의 한국적 수용 가능성

1) 한국적 수용을 위한 선결 과제

그렇다면 역사적으로 미국의 언론 및 사회 환경과는 다른 차이점을 갖고 있는 한국의 현 상황을 고려할 때 시민 저널리즘은 현실적으로 한국 언론에 수용 가능한 것일까. 앞서 얘기한 것처럼 시민 저널리즘은 1980년대 미국의 특수한 정치, 경제, 사회적 배경과 상황에서 태동된 일종의 언론 운동 내지 언론 사조라는 점에서 이를 한국 언론에 적용하기 위해서는 다음과 같이 몇 가지 선결 과제에 대한 검토가 필요하다(안병길(2003), p.114-117).

(1) 언론사 및 기자들의 인식 변화

시민 저널리즘이 한국 사회와 한국 언론에 뿌리내리기 위해서는 무엇보다도 언론사 소유주 및 경영진의 시민 저널리즘의 필요성에 대한 이해와 실천을 위한 인식의 변화가 필요하다. 아울러 일선 기자들 역시 시민의 삶을 우선시하고 시민의 목소리에 귀를 기울이는 시민 중심의 보도를 위한 인식의 전환이 필요하다. 즉 더 이상 사회적 선도자나 계몽가가 아니라 사회의 봉사자 혹은 연결자로서 시민의 삶을 우선시하는 방향으로 기자의 역할을 전환해야 한다.

(2) 시민의 관심과 참여

시민 저널리즘이 성공하기 위해서는 언론사 경영진 및 일선 기자들의 시민 저널리즘 실천을 위한 인식의 변화뿐만 아니라 시민들의 적극적인 참여가 필요하다. 전술한 것처럼 미국은 전통적으로 지역 사회 주민의 생활에 영향을 미치는 중요한 의사 결정이 지역 공동체 차원에서 논의되고 결정되는 지역 중심의 지방 분권적 사회 구조를 갖고 있다. 또 미국은 전통적으로 지역 사회 주민들이 모여 지역 사회의 주요 이슈를 논의하는 타운 홀 미팅(town hall meeting)과 같은 토론 문화가 활성화돼 있다. 반면 한국은 시민들의 사회 참여를 위한 공동체 의식이나 토론 문화가 성숙돼 있지 않아 시민 저널리즘을 수행하는데 걸림돌로 작용할 수 있다. 따라서 언론이 나서서 시민들의 참여와 관심을 이끌어낼 수 있도록 지역 사회의 시민 네트워크를 효과적으로 연결하고 조정해서 서로 유기적인 관계를 가질 수 있도록 도와주는 등 시민 네트워크를 활성화하고 조직화하는데 적극적인 노력을 기울일 필요가 있다.

(3) 시민 저널리즘 프로젝트 추진 비용

시민 저널리즘을 추진하는데 있어 가장 어려운 난제 가운데 하나는 비용 문제다. 시민 저널리즘 프로젝트를 수행하기 위해서는 포커스 그룹 혹은 토론 포럼을 개최하거나 여론 조사를 실시하는데 필요한 인적 자원과 경제적 비용을 감수해야 한다. 또 이러한 비용은 당장 지출을 필요로 하는 반면 시민 저널리즘의 효과가 명백하게 드러나기까지는 많은 시간을 필요로 할 수 있다. 따라서 시민 저널리즘 프로젝트를 추진하기 위한 막대한 재원을 어떻게 마련할 것인지가 고민거리가 아닐 수 없는데 미국의 경우처럼 언론사 차원의 적극적인 관심과 지원, 언론 관련 공익 재단 혹은 기금의 후원, 신문과 라디오, 텔레비전 방송사 등 이종 혹은 동종 매체 간의 공동 협력 체제 구축을 통한 경비 절감 등 다양한 방법을 모색할 필요가 있다.

2) 시민 저널리즘의 한국적 수용

뉴욕 대학의 로젠 교수는 한국의 한 일간지 특파원과의 인터뷰에서 "시민 저널리즘은 언론인들이 하기 나름이다. 시민 저널리즘의 방법론은 그 사회가 당면한 문제나 상황에 따라 달라질 것이다. 한국에서는 미국 것을 빌려가서 써선 안되고 한국형 모델이 필요하다"라고 피력한 바 있다. 즉 시민 저널리즘을 현실화하기 위해서는 한국 사회와 한국 언론의 특수성을 반영해서 고유의 실천 방법과 모델을 정립할 필요가 있다는 얘기인데 그렇다면 우리나라 실정에 맞는 한국형 시민 저널리즘 모델은 가능한 것일까. 이와 관련해 일본에서는 시민 저널리즘을 어떻게 이해하고 있고 실제 언론 현장에서는 이를 어떻게 받아들이고 있는지 일본의 현황을 살펴볼 필요가 있다.

(1) 일본의 시민 저널리즘 실천 사례

일본은 우리나라와 비슷하게 전국지의 공략과 독자 수 감소 등으로 고전하고 있는 지역 신문들을 중심으로 독자 확대를 위한 방안의 하나로 시민 저널리즘을 추진하는 신문들이 늘고 있다. 또 미국의 시민 저널리즘 개념을 한 단계 높은 수준의 것으로 끌어올리기 위한 다양한 노력과 시도를 하고 있다(Parry 2004).

가령 2002년 일본 도카이 소재의 <시즈오카 신문>은 2-3년 내에 도카이 지역에 지진이 발생할 가능성이 있다는 과학자들의 경고에 따라 지진이 발생한 뒤의 사후 보도 대신 사전 보도를 통해 지역 사회 주민들로 하여금 재난에 미리 대비해 사망자 수를 줄일 수 있도록 하기 위한 취지에서 '도카이 지진 캠페인'이라는 프로젝트를 추진했다. <시즈오카 신문>은 이 프로젝트를 통해 수차례에 걸쳐 광고가 없는 완전 컬러 보도와 함께 지역 초등학교에서 부모와 아이들을 대상으로 지진 발생 시의 대처 요령 등에 대한 교육을 위해 재난 예방 학교를 후원했다.

히로시마 소재의 <주고쿠 신문>은 히로시마 지역의 늘어나는 청소년 갱단 및 조직 범죄에 맞서 독자들과 함께 히로시마의 안전과 평화, 위엄을 되찾기 위한 방안을 모색하기 위한 취지에서 일련의 시리즈 보도를 통해 시민들의 협조를 촉구했다. 그 결과 시민 단체들이 청소년 갱 단원들을 설득하기 위한 캠페인에 나서 이들에게 자원 봉사 활동이나 일자리를 찾아주는 등 많은 성과를 거둬 갱단의 활동과 범죄가 극적으로 줄어드는 획기적인 반전을 가져왔다.

도호쿠 소재의 <가호쿠 신보>는 2003년 야마가타 현에서 농업 제품 공급업자가 등록되지 않은 화학 약품을 판매하다 체포된 사건 이후 일본 전역에 걸쳐 심지어 유기농에서조차 이러한 화학 약품을 사용하는 실태를 추적 보도하는 한편 온라인상에 '신선한 과일 및 야채 연구소'라는 가상의 싱크 탱크를 구축하는 등 시민들로 하여금 이 문제에 대처하기 위한 방법을 찾도록 도와주기 위한 시민 저널리즘 프로젝트를 추진했다. 농산물 생산업자와 소비자들이 이 웹 사이트에 자신들의 의견을 개진했고 이 문제와 관련해 완전히 새로운 차원의 토론이 계속됐다. 그 결과 도호쿠 지역의 경우 시민 저널리즘

〈시즈오카 신문〉

출처: http://www.shizushin.com

을 통해 생산자와 소비자를 연계하는 아이디어가 농업 관련 보도의 전형적인 하나의 취재 보도 방식이 되었다.

<시나노 마이니치 신문>은 일본의 출산율 하락, 아동 학대, 청소년 범죄 증가 등에 대한 일련의 보도와 함께 지역 사회 차원의 육아에 관한 토론을 위한 프로젝트를 추진했다. 이 프로젝트를 통해 <시나노 마이니치 신문>은 일련의 취재 보도와 함께 육아에 관한 아버지의 역할, 장애아 보육 등을 주제로 한 9개의 지역 사회 토론 포럼을 후원했다. <시나노 마이니치 신문>이 후원한 포럼에 참가했던 많은 시민들은 이후 육아에 관한 정기적 회합과 토론을 위한 그룹을 조직해 지속적인 토론을 가졌다.

(2) 한국 언론의 시민 저널리즘 적용 가능 분야

일본의 사례에서 보듯이 시민 저널리즘 도입과 관련해 한국 언론도 중앙지의 공략과 독자 수 감소 등으로 고전하고 있는 지역 언론을 중심으로 시민과의 연계를 통해 우리가 안고 있는 각각의 지역 사회 고유의 문제를 해결하는데 이를 적용함으로써 시민 저널리즘적 시각에서 언론 보도에 대한 접근 방식을 새롭게 하기 위한 창의적인 노력이 필요하다고 할 수 있다. 특히 한국 언론의 현실을 감안할 때 시민 저널리즘은 구체적으로 한국 언론의 선거 보도나 TV 토론, 지역 사회 문제 해결을 위한 보도 등에 있어 적극 활용하면 상당한 효과를 거둘 수 있을 것으로 보이며(김민남 1998), 특히 중앙지 점유율이 그 어느 나라보다 높은 한국 사회에서 시민 저널리즘은 지역 언론이 생존하는 핵심 전략이 될 수 있을 것으로 기대된다(황용석 2001).

① 지역 언론 및 지역 사회 문제 해결

앞서 얘기한 것처럼 시민 저널리즘이 탄생할 무렵의 미국 언론의 상황과 한국의 지방 언론이 처한 현실이 유사하다는 점에서 시민 저널리즘은 한국의 지역 언론 및 지역 사회의 문제 해결을 위한 하나의 유용한 대안이 될 수 있다. 즉 공적 기능 상실과 경영 위기 등으로 어려움에 처한 우리나라 지방지의 현실을 감안할 때 미국과 일본의 시민 저널리즘 사례에 대한 검증을 토대로 지역 사회 내에 존재하는 갈등 혹은 이슈와 관련된 지역 밀착형 보도 등을 통해 우리나라 실정에 맞게 잘 적용한다면 현재의 많은 문제점들을 해결하는데 상당한 도움이 될 수 있을 것으로 기대된다. 특히 지역 언론사들이 광역 및 기초 단체장 혹은 지방 의회 선거를 비롯한 지자체의 중요한 공적 이슈에 시민 저널리즘을 적용할 경우 주민들의 관심과 참여도를 높여 지방자치 활성화에 기여하게 되고 언론은 이러한 보도를 통해 신뢰성을 확보할 수도 있을 것이다(안병길(2003), p.121).

② 선거 보도

시민 저널리즘은 처음에 선거 취재 보도를 변화시켜 보려는 의지에서 시작됐다. 1990년 <위치타 이글(Wichita Eagle)>지와 1992년 <샬롯 옵저버(Charlotte Observer)>지가 추진했던 초기의 시민 저널리즘 프로젝트는 주로 선거 보도에 집중됐다. 시민 저널리즘은 이처럼 미국의 경우와 마찬가지로 한국에서도 언론의 선거 보도와 관련한 문제점들을 해결하는데 유용한 하나의 방법이 될 수 있을 것이다.

구체적으로 선거 보도 과정에 시민 저널리즘을 적용하기 위한 방법으로는 첫째, 선거 공약 혹은 정책의 내용에 대한 평가에 있어서 시민들이 시민 패널이나 시민 자문위원회 등의 형식을 빌려서 참여토록하고 언론이 이를 적극적으로 취재 보도함으로써 선거 보도 과정에 시민이 직간접적으로 참여하는 시민 중심의 선거 취재 및 보도를 생각해볼 수 있다. 둘째, 한국의 경우 대규모 토론 조직이나 지역 사회까지 세밀하게 접촉하는 수준의 토론 조직은 현실적으로 상당한 어려움이 따를 수도 있지만 지방 의회 선거나 국회의원 선거와 같이 지역성이 강한 선거에서 시민과 후보자들 간의 토론 모임 등 공공 토론 조직을 활성화시켜 이를 적극적으로 활용하는 방법을 생각해볼 수 있다(김민남(1998), p.296-297).

③ TV 토론

최근 선거 과정에서 중요한 역할을 수행하고 있는 TV 토론은 시민 저널리즘을 적용할 수 있는 가장 현실적이고 가시적인 연결점이 될 수 있다. 우리나라의 경우 신문과 방송은 물론 인터넷을 비롯한 다양한 매체들이 대통령 선거나 광역 단체장 선거 등에서 후보자들을 초청해서 토론을 갖고 있는 것이 일반화되고 있는데, TV 토론이 선거 과정에서 중요한 역할을 수행하고 있으며 TV 토론이 시민 저널리즘을 가장 현실적으로 구현할 수 있는 연결고리가 될 수 있다는 점에서 시민 저널리즘과 TV 토론을 연결짓는 몇 가지 구체적인 방법을 생각해 볼 수 있다. 첫째는 TV 토론에 직접 시민을 참여시키는 방법이다. 둘째는 TV 토론을 유권자들이 관심을 갖는 이슈 중심으로 진행시키는 것이다. 셋째는 토론회를 보다 비판적이고 효율적으로 시청하도록 교육하는 것이다. 넷째는 토론회 주관 단체인 토론 위원회에 반드시 시민단체 및 일반 유권자의 의견이 반영되도록 하는 것이다(이종수 1997).

이러한 TV 토론은 선거뿐만 아니라 교육, 환경, 노동 등 우리 사회가 갈등을 겪고 있는 다양한 분야의 사회적 쟁점 혹은 공적 이슈에 폭넓게 확대 적용함으로써 시민 저널리즘을 적용하기 위한 구체적인 실천의 장으로 활용될 필요가 있다.

(3) 인터넷을 활용한 한국형 시민 저널리즘 모델

다른 한편으로 한국의 경우 인구가 밀집해 있고 IT 산업의 발전 속도가 매우 빠른 IT 강국으로서의 장점을 살려 이를 시민 저널리즘과 접목함으로써 인터넷을 적극 활용한 한국형 시민 저널리즘 모델의 정립을 모색해볼 필요가 있다. 한국은 초고속 인터넷 보급률 세계 1위 등 이른바 IT 강국으로써 인터넷 자체가 거대한 사회 공간으로 자리잡아가고 있고 인터넷 문화의 급속한 확산으로 사이버 공간에서 활발한 토론과 논쟁이 이루어지면서 오프라인 공간에서 충분히 활성화되지 못했던 공공의 문제에 대한 시민적 참여와 공론의 형성이 가상공간을 통해 가히 폭발적으로 분출되는 현상을 보이고 있다. 따라서 우리나라의 경우 국내의 이러한 기술적, 사회적 환경을 적극 활용할 필요가 있는데 이와 관련해 인터넷을 비롯해 첨단 정보 통신 기술을 활용한 한국형 시민 저널리즘 모델 정립을 위한 몇 가지 방안을 정리해보면 다음과 같다.

첫째, 국내 인터넷 신문이 도입하고 있는 시민 기자 제도는 잘 활용할 경우 시민 저널리즘을 보다 쉽고 효율적으로 또 저렴한 비용으로 실시할 수 있다는 점에서 무한한 잠재력을 갖고 있다고 할 수 있다. 시민 저널리즘 프로젝트를 실시하는데 있어 가장 큰 난제 가운데 하나는 비용의 문제다 (Meyer 1998; 안병길 2003). 시민 저널리즘 프로젝트를 추진하기 위해서는 시민 포럼 개최나 이슈 여론 조사에 막대한 비용이 소요되기 마련이며 시민 저널리즘이 이러한 비용을 감수할 만큼의 가치가 있는지에 대해서 의문이 제기되고 있는 게 사실이다. 이런 점에서 국내 인터넷 신문이 도입하고 있는 시민 기자 제도의 경우 거의 비용을 들이지 않고 아주 저렴하게 시민 저널리즘을 추진할 수 있다는 점에서 유용한 시민 저널리즘 도구로 정착될 수 있다. 또 이러한 시민 기자 제도는 기사 작성의 주체가 전문적인 직업 기자에게만 주어지고 있는 미국식 시민 저널리즘과는 달리 직접 시민이 기사 작성 과정에 참여하는 아래로부터의 시민 저널리즘이라는 한국형 시민 저널리즘 모델 정립을 위한 하나의 실험이 될 수 있다. 따라서 시민 기자 제도는 한국형 시민 저널리즘 구현을 위한 효과적인 방법이 될 수 있다는 점에서 이러한 제도를 적극 활용해 기자 주도의 미국식 시민 저널리즘과는 다른 차원의 한국적 시민 저널리즘 모델을 정립시키기 위한 다양한 노력이 필요하다고 하겠다.

둘째, 단순히 시민 기자 제도를 도입했다고 해서 시민 저널리즘이 충분할 만큼 제대로 실현되는 것은 아니라는 점에서 시민 저널리즘 구현을 현실화하기 위한 보다 다양한 노력과 접근이 요구된다고 할 수 있다. 시민 기자 제도를 도입하고 있는 우리나라 인터넷 신문의 경우 각기 나름대로 시민 저널리즘을 표방하면서 어느 정도 시민의 목소리를 기사에 반영하고 있기는 하지만 공공의 문제에 대한 다양한 해결책을 모색하거나 성공 사례 제시 등을 통해 문제가 해결될 수 있음을 강조하는 등의 이슈 중심적 보도는 취약하다고 할 수 있다. 즉 우리나라 인터넷 신문이 표방하고 있는 시민 저널리즘은 대체적으로 시민에 초점이 맞추어지고는 있지만 아직까지는 이슈 중심적 보도가 미흡하다는 점에서 일종의 시민 참여 저널리즘적인 성격을 띠고 있다고 할 수 있다. 따라서 진정한 의미의 시민 저널리즘 구현을 위해서는 시민의 입장 혹은 견해를 기사에 반영하는 것뿐만 아니라 공공의 문제 해결을 위한 다양한 해결책이나 대안을 제시하기 위한 이슈 중심적 보도를 위한 노력이 필요하다고 할 수 있다. 이를 위해서는 인터넷 신문 경영자는 물론 일선 현장에서 일하는 기자들 스스로가 시민 저널리즘의 중요성과 필요성에 대한 확고한 인식을 갖고 이를 실천하기 위한 구체적인 노력과 의지를 보여주는 것이 필요하다. 또 시민 기자들로 하여금 아무런 제약 없이 자유롭게 자신이 직접 기사를 쓰게 하는 것도 중요하지만 이들을 대상으로 온라인 혹은 오프라인 상에서 시민 저널리즘에 관한 교육을 실시하는 것도 하나의 방법이 될 수 있다. 기사 작성 권한을 전적으로 시민들에게만 맡길 경우 시민에 의한 시민의 저널리즘이라는 외형적 형식은 갖추게 될지 몰라도 진정한 의미에서 시민을 위한 저널리즘이 구현되고 있는가는 별개의 문제라는 점에서 시민 기자들을 위한 교육이 중요하며 더불어 시민 저널리즘에 대한 확고한 의식을 가진 전문적인 직업 기자와 시민이 공동으로 기사를 작성하는 것도 하나의 대안이 될 수 있을 것으로 보인다.

셋째, 시민 저널리즘의 한국적 수용을 위해서는 시민 기자 제도뿐만 아니라 IT 강국으로서의 한국의 장점을 최대한 살려 인터넷과 모바일 혹은 유비쿼터스 미디어를 활용한 다양한 시민 저널리즘 실천 방법을 개발하는 등 보다 적극적인 노력을 기울일 필요가 있다. 즉 시민 기자 제도뿐만 아니라 온라인 투표나 여론 조사, 토론 포럼, 채팅룸 등과 같은 다양한 형태의 상호작용 커뮤니케이션 기제와 각종 뉴 미디어를 시민 저널리즘 실천을 위한 도구로 발전시킴으로써 공공의 문제에 대한 시민들의 참여와 토론을 극대화할 필요가 있다. 한국의 눈부신 정보 통신 기술의 발전과 그에 따른 각종 뉴미디어의 확산은 시민 저널리즘과 접목될 경우 지금까지 취약했던 한국의 시민 공동체 혹은 시민 사회 기반을 강화할 수 있는 획기적인 계기가 될 수도 있다.

넷째, 온라인 토론 공간의 경우 자신과 의견이 다를 경우 욕설과 반말로 자신의 주장만을 강변하는 부정적인 토론 문화가 팽배해 있다는 점에서 시민 저널리즘 구현을 극대화하기 위한 차원에서 이러한 역기능을 극복하기 위한 다양한 노력이 필요하다. 시민 저널리즘의 실천은 기사에 시민들의 목소리를 반영하는 단순한 뉴스 내용의 변화만으로는 불충분하다. 시민에 초점을 맞추는 시민 중심의 보도는 시민 저널리즘의 필요조건은 될 수 있어도 진정한 의미에서 시민 저널리즘을 위한 충분조건은 되지 못한다는 얘기다. 따라서 온라인 토론 공간이 의미 있는 공론장으로서의 역할을 수행할 수 있도록 바람직한 토론 문화를 정착시켜 나가기 위한 노력이 필요하다고 할 수 있다. 아울러 온라인 이용자들의 경우 특정 연령 혹은 계층에 한정돼 있을 수 있다는 점에서 다양한 계층의 의견 반영을 위해 소외 계층이나 여성층 혹은 노년층을 온라인 토론 공간으로 끌어들이기 위한 다각적인 방법을 모색할 필요가 있다.

✪ 정리하기

- 시민 저널리즘은 1980년대 미국의 특수한 정치, 경제, 사회적 배경에서 태동된 미국의 언론 운동 내지 언론 사조라는 점에서 이를 한국 언론에 적용하기 위해서는 언론사 및 기자들의 인식 변화, 시민의 관심과 참여, 시민 저널리즘 프로젝트 추진 비용 마련 등 몇 가지 선결 과제에 대한 검토가 필요하다.
- 한국의 언론 현실을 감안할 때 시민 저널리즘은 한국 언론의 선거 보도나

TV 토론, 지역 사회 문제 해결을 위한 보도 등에 있어 이를 적극 활용하면 상당한 효과를 거둘 수 있을 것으로 보이며, 특히 중앙지 점유율이 그 어느 나라보다 높은 한국 사회에서 시민 저널리즘은 지역 언론이 생존하는 핵심 전략이 될 수 있을 것으로 기대된다.

- 한국의 경우 인구가 밀집해 있고 IT 산업의 발전 속도가 매우 빠른 IT 강국으로서의 장점을 살려 이를 시민 저널리즘과 잘 접목함으로써 인터넷을 활용한 한국형 시민 저널리즘 모델을 정립할 필요가 있다.

제9장 온라인 시민 저널리즘

1. 왜 온라인 시민 저널리즘인가?

1) 인터넷 신문과 시민 저널리즘

인터넷 신문은 온라인 저널리즘이라는 새로운 저널리즘 현상의 등장과 함께 기존의 전통적 저널리즘에 혁신적인 변화를 가져오고 있는데 그 중 주목할만한 현상 가운데 하나가 시민 저널리즘의 실천 가능성이다. 특히 우리나라의 일부 인터넷 신문은 시민 기자 제도의 도입을 통해 시민이 직접 뉴스 생산에 참여토록 함으로써 뉴스를 시민의 시각에서 접근하는 새로운 실험을 하고 있다. 예를 들면 <오마이뉴스>와 같이 처음부터 인터넷에서 시작한 종합 일간지 형태의 일부 독립형 인터넷 신문의 경우 직간접적으로 시민 저널리즘을 표방하면서 시민 기자 제도를 통해 일반 시민에게도 취재권을 부여함으로써 기존 제도권 언론과는 차별화되는 독특한 뉴스 생산 및 수용 방식을 보여 주고 있다.

이처럼 우리나라 일부 인터넷 신문의 경우 현대 사회의 주인인 시민이 언론의 주체가 되도록 하자는 취지에서 기존 매스 미디어와는 달리 인터넷을 이용하는 일반 시민 가운데 자발적으로 뉴스 생산 과정에 참여하고자 하는 시민 기자들을 통해 뉴스를 제공하고 있다. 한국의 인터넷 신문은 이를 바탕으로 시민에 의한 의제(agenda) 형성은 물론 시민의 자발적 토론 참여를 통해 우리 사회에 바른 여론이 형성되도록 하고자 하는 새로운 저널리즘을 지향하고 있다.

〈오마이뉴스〉

출처: http://www.ohmynews.com

일본에도 2003년에 창간된 <잔잔(JanJan)>이라는 인터넷 신문이 있는데 한국의 <오마이뉴스>처럼 '시민 한사람 한사람이 기자가 돼 진정한 언론을 만들자'는 취지 하에 시민 기자 제도의 도입을 통해 회사원, 학생 등 일반 시민들을 기자로 참여시키고 있으며 정치, 경제, 생활 정보 등 다양한 기사를 취급하고 있다.

이처럼 인터넷 신문의 등장은 지금까지 기존 매스 미디어의 전문적인 직업 기자들에 의해 사회적 의제가 형성돼온 전통적 저널리즘과는 달리 시민이 의제 형성의 주체가 되는 새로운 시민 저널리즘의 가능성을 보여주고 있다는 점에서 주목을 끌고 있다. 나아가 인터넷 신문이 도입하고 있는 시민 기자 제도는 아래로부터의 시민 저널리즘 즉 진정한 의미에서 시민이 언론의 중심에 서는 시민에 의한 시민을 위한 저널리즘을 구현할 수 있다는 점에서 기존의 시민 저널리즘을 보다 효과적으로 확장 혹은 강화할 수 있을 것이라는 기대감을 낳고 있다. 지금까지의 시민 저널리즘은 기존 언론 매체에 종사하고 있는 현직 기자들이 주도해온 위로부터의 시민 저널리즘 즉 기자가 언론의 중심에 서서 시민을 계도해온 일종의 계몽주의적 시민 저널리즘이었다고 할 수 있다. 기존 매스 미디어의 엘리트 중심적인 언론 관행을 지양하고 시민이 언론의 주체가 되는 시민 중심적인 보도를 주창해왔지만 기사의 취재권과 편집권은 여전히 기자가 독점함으로써 기자가 시민의 우위에 서는 기자 주도적인 시민 저널리즘이었다고 할 수 있다. 그러나 일부 인터넷 신문의 경우처럼 시민 기자 제도의 도입을 통해 일반 시민이 시민의 시각에서 직접 시민의 목소리를 반영해 제작한 기사나 논평은 기사의 취재권과 편집권이 기자뿐만 아니라 일반 시민에게도 있다는 것을 보여주는 새로운 실험이라고 할 수 있다.

〈잔잔(JanJan)〉

출처: http://www.janjan.jp

요컨대 인터넷 신문의 시민 저널리즘으로서의 가능성은 뉴스 보도 과정에 주로 정부 관료나 전문가 등·엘리트의 입장을 반영해온 기존의 전통적 저널리즘과는 달리 시민 기자 제도의 도입을 통해 일반 시민의 입장 혹은 견해를 적극 반영할 수 있다는 데 있다. 즉 뉴스 소비자가 이제는 뉴스 생산자로 변모함으로써 진정한 의미에서 시민이 뉴스 생산의 주체가 되는 시민에 의한 시민을 위한 시민의 저널리즘을 구현할 수 있다는 데 기반하고 있다.

이러한 뉴스 생산 측면에서의 변화와 함께 인터넷 신문은 기사에 대한 독자 의견 달기나 게시판, 토론 포럼 등과 같은 토론 공간을 통해 일반 시민으로 하여금 자발적으로 자신의 의견을 교환하고 토론하도록 함으로써 시민 저널리즘의 일상적 실천을 위한 새로운 공론장(public sphere)으로서의 역할을 수행할 가능성이 있다. 이는 지금까지 소비자 혹은 수동적 수용자의 위치에 머물러왔던 시민으로 하여금 사회적 이슈나 공공의 문제 해결을 위한 토론에 주체적으로 참여토록 하는 적극적 참여자로 변모시키고 있다는 점에서 주목을 끌고 있다. 즉 기존의 전통적인 매스 미디어와 차별화 되는 중요한 특징 가운데 하나인 상호작용성(interactiv ity)을 바탕으로 인터넷 신문 이용자들을 공공의 문제와 사회적 쟁점에 적극적으로 참여하는 능동적 주체 즉 참여적 시민으로 변모시킴으로써 시민 저널리즘으로서의 새로운 가능성을 보여주고 있는 것이다. 인터넷 신문은 누구나 자유롭게 해당 사이트에 접속해 시민의 입장에서 직접 기사도 작성할 수 있고 또 자신의 의견이나 주장을 개진할 수 있다. 따라서 인터넷 신문은 일반 시민이 관심을 갖고 있는 사회적 쟁점이나 이슈를 중심으로 기자와 독자 혹은 독자와 독자 간의 상호작용 커뮤니케이션이 활발하게 이루어지도록 함으로써 시민 저널리즘의 일상적 실천을 극대화하기 위한 최적의 환경을 갖추고 있다고 볼 수 있다. 나아가 인터넷 신문은 인터넷의 이러한 기술적 특성을 활용함으로써 기존 매스 미디어 보다 훨씬 더 시민 저널리즘의 실천을 강화할 수 있는 잠재력을 갖고 있다. 가령 게시판이나 토론 포럼과 같은 토론 공간뿐만 아니라 이메일이나 온라인 투표 혹은 설문 조사와 같은 다양한 상호기제를 통해 보다 효율적으로 시민과의 대화 혹은 듣기를 위한 수단으로 활용할 수 있다. 온라인 투표나 설문 조사의 경우 한사람이 두 번 이상 투표에 참가함으로써 결과를 조작하거나 왜곡시킬 가능성도 있고 과학적인 통계 기준을 만족시켜주지 못한다는 단점이 있기도 하지만 사전에 이러한 점들에 대해 충분히 주지시켜준다면 온라인 투표나 설문 조사 역시 일반 시민들의 참여를 유도할 수 있는 유용한 시민 저널리즘의 도구가 될 수 있다. 가령 온라인 투표나 설문 조사 결과를 토론이나 포럼의 주제로 삼을 경우 단순한 여론 조사 혹은 이슈 조사에 그치지 않고 사회의 중요한 문제들에 대한 토론의 장으로 연결될 수도 있다.

요컨대 국내 인터넷 신문이 도입하고 있는 시민 기자 제도와 게시판, 토론 포럼, 채팅룸, 기사에 대한 의견 달기 등과 같은 토론 공간은 시민의 목소리가 반영된 뉴스 보도와 함께 공공의 관심사에 대한 일반 시민의 참여 및 토론의 폭을 넓혀 공공의 정책 결정에 시민의 의사가 반영될 수 있도록 하는 통로가 될 수 있다는 점에서 시민 저널리즘의 실천과 관련해 상당한 위력을 발휘할 수 있다는 점에서 주목을 끌고 있다.

다른 한편으로 인터넷 신문이 시민 기자 제도의 도입과 토론 공간의 제공을 통해 시민 저널리즘이 지향하고 있는 공공 생활의 향상 혹은 민주주의 발전에 기여할 수 있을 것이라는 낙관적 기대와는 달리 인터넷에서 이루어지는 토론은 매우 즉흥적이고 비이성적인 말다툼에 지나지 않는다(Poster 1997; 윤영철 1998)는 점을 들어 그 실현 가능성에 의문을 제기하고 있기도 하다. 특히 인터넷 토론 공간은 이용자들의 익명성으로 인해 실제 세계에서의 자신의 정체성이 드러나지 않기 때문에(Turkle 1995; Erickson 1997; Danet 1998), 아무런 책임감이나 윤리 의식 없이 인신 공격이나 욕설, 비방 등과 같은 언어 폭력이 난무할 수 있다(Katz 1997; Thompsen 1997; 윤영철 2000)는 점에서 인터넷 신문에서 이루어지고 있는 토론 역시 의구심을 가질 수밖에 없다는 것이다.

인터넷 웹 사이트를 통해 시민 저널리즘 프로젝트를 수행한 적이 있는 <세인트 루이스 포스트-디스패치(St. Louis Post-Dispatch)>의 편집인 채리티(Arthur Charity)는 '웹 페이지는 상호작용적이기 때문에 시민들의 의견을 청취하는데 매우 유용하다. 그러나 웹 페이지를 통해 시민 저널리즘이 원하는 소리를 전부 들을 수는 없다. 웹 사이트에 접근할 수 없고 접근하기를 원하지 않는 사람들의 참여를 위해 토론 조직 활용 등 오프라인을 통한 방법과 함께 진행돼야 한다'고 강조하기도 했다(안병길(2003), p.99 재인용).

이 같은 비판은 국내 인터넷 신문이 시민 기자 제도의 도입을 통해 직간접적으로 추진하고 있는 시민 저널리즘을 구현하는데 있어 부정적인 요인으로 작용할 수 있다는 점에서 국내 인터넷 신문의 시민 저널리즘 구현 가능성에 대한 실증적인 분석과 논의가 필요하다고 하겠다. 즉 시민 기자 제도를 도입하고 있는 국내 인터넷 신문 기사에 나타나는 시민 저널리즘적인 요소는 물론 해당 기사의 독자 의견란과 같은 토론 공간에서 이루어지는 토론 내용에 대한 구체적 분석을 통해 인터넷 신문이 갖고 있는 시민 저널리즘으로서의 가능성과 한계를 규명하고 이를 토대로 토론 참여자들 사이에 실제적으로 의미 있는 토론을 통해 공공의 문제 해결을 위한 구체적인 노력과 행동으로 이어지도록 하기위한 다양한 시도와 노력이 필요하다고 하겠다.

2) 인터넷 신문의 시민 기자 제도

시민 기자는 신문마다 그 명칭이 네티즌 리포터, 생활인 기자, 유포터, 넷포터 등 매우 다양할 뿐더러 지속적으로 확장 발전 단계에 있기 때문에 한마디로 정의를 내리기가 쉽지 않고 또 뚜렷하게 합의된 개념 정의도 없다. 전반적으로 국내 인터넷 신문에서 활동하고 있는 시민 기자의 역할과 위상을 종합해 볼 때 시민 기자는 '특정 언론 매체에 고용된 전문적인 직업 기자와는 달리 자신이 직접 정치 경제 사회 문화 시사 등에 관한 보도, 논평 및 여론을 전파할 목적으로 자발적으로 실명 혹은 필명의 기자 회원으로 가입해 소속 언론 매체를 위해 유료 혹은 무료로 언론 활동을 하는 비직업적 기자'라고 정의할 수 있다. 대체적으로 이들 시민 기자는 자신이 직접 작성한 기사가 채택될 경우 해당 기사에 대해 소정의 고료를 받기도 하지만 특정 언론 매체와의 고용 계약에 의해 전문적인 언론 활동을 하면서 정기적으로 급여를 받는 전문적인 직업 기자와는 다르다. 또 정식으로 자신이 원하는 언론 매체에 회원으로 가입해 자발적인 언론 활동을 한다는 점에서 특정 언론 매체에 소속되지 않은 채 인쇄 신문 혹은 인터넷 신문의 독자 투고란이나 게시판에 글을 올리는 일반 독자나 원고 청탁을 받아 글을 게재하는 자유 기고가와도 구별된다.

시민 기자 제도의 대표적인 사례 가운데 하나로 <오마이뉴스>를 들 수 있는데 <오마이뉴스>는 2000년 2월 창간과 함께 뉴스 게릴라로 불리는 시민 기자 제도의 도입을 통해 지금까지 뉴스 소비자의 위치에 머물러왔던 일반 시민으로 하여금 직접 뉴스 생산 과정에 참여토록 하는 새로운 실험을 해오고 있다. <오마이뉴스> 외에도 <시민의 신문> 등 많은 인터넷 신문들이 다양한 방식의 시민 기자 제도를 도입했는데 인터넷 신문에서 활동하고 있는 이러한 시민 기자는 2000년 이후 급격한 양적 팽창을 보이면서 인터넷 신문의 일상적인 뉴스 생산 과정을 담당하는 하나의 중심축으로 성장했다. <오마이뉴스>의 경우 2000년 2월 출범 당시 700여명에 불과했던 시민 기자가 지금은 수만 명에 달하는 등 비약적인 성장을 거듭하고 있다. 시민 기자들의 이러한 양적 팽창은 그들이 생산하는 기사의 양적 증대로 이어져 <오마이뉴스>의 경우 이들 시민 기자들이 올리는 기사가 전체 기사의 상당수를 차지하고 있다.

이 같은 개방적이고 민주적인 시민 기자 제도의 도입은 정보 생산자와 소비자의 구분을 없애고 시민이 직접 뉴스 생산의 주체가 되도록 함으로써 시민 저널리즘 구현을 위한 유용한 도구로 활용될 수 있다. 시민 기자 제도가 보여주고 있는 뉴스 생산자와 소비자의 수평적 구조 즉 신문사가 자체 인력으로 만들어낼 수 없는 다양한 정보와 의견을 수용, 일정한 가공 과정을 거쳐 이를 다시 소비자에게 제공하는 생산자와 소비자의 수평적 관계는 적절하게 활용될 경우 시민 저널리즘적 기능을 수행하는 중요한 조건이 될 수 있는 것이다(윤태진·강내원 2001).

미국 오하오주 <신시내티 인콰이러(Cincinnati Inquirer)>지의 편집인인 구드로(Rosemary Goudreau)는 '시민 저널리즘이란 지금까지 언론의 입장에서 결정하던 의제 설정을 시민의 입장에서 하려는 운동'이라는 견해를 피력한 바 있다(안병길 2003). 시민 기자 제도의 도입은 일반 시민이 자기가 판단해서 중요한 사회적 이슈라고 생각하는 것들을 직접적으로 기사화해 여론화시킬 수 있는 통로가 되고 있다는 점에서 시민이 의제 설정의 주체가 되도록 하는 시민 저널리즘의 가능성을 보여주고 있다. 즉 시민 기자 제도는 일반 시민이 관심을 갖고 있는 의제를 중심으로 시민의 시각에서 보도할 수 있는 시민 참여의 길을 열어 놓고 있다는 점에서 뉴스 보도 과정에 시민의 견해와 입장을 적극 반영하는 시민 중심적인 보도를 통해 기존 언론에서 소외돼온 일반 시민의 목소리를 극대화시킬 수 있다. 특히 사회 각계각층에 퍼져 있는 시민 기자들의 폭넓은 뉴스 생산력은 사회 곳곳에서 공유 가치가 높고 진솔한 일반 시민들의 이야기를 기사로 이끌어내 이를 공론화할 수 있는 무한한 잠재력을 갖고 있다. 이처럼 시민 기자 제도는 시민 이슈 발굴을 위한 일종의 시민 생활권 비트 시스템으로 기자들이 일반적으로 중요하게 생각하지 않는 일반 시민의 목소리를 더욱 주의 깊게 듣게 만드는 시민 저널리즘의 취재 방식이라고 할 수 있다(이종수 2002).

다른 한편으로 시민 기자 제도는 1차적으로 의제 설정 단계에서 시민이 직접 기사를 작성토록 해 기존 언론에서 미처 제기되지 못했던 다양한 시민 의제들을 이슈화함으로써 일반 시민을 2차적인 의제 토론 단계 즉 공론장의 영역으로 끌어들일 수 있는 가능성을 갖고 있다. 즉 시민 기자 제도에 의한 시민 중심적인 보도는 일반 시민의 사회적 이슈 혹은 쟁점에 대한 관심과 토론을 활성화시켜 공공의 문제 해결을 위한 참여의 폭을 넓힘으로써 시민을 사회의 방관자가 아니라 참여자가 되도록 할 수 있다. 실례로 <오마이뉴스>는 시민기자 제도의 도입을 통해 기존 언론이 접근하기 어려운 내용을 정면으로 조명하는 새로운 접근 방식과 함께 뉴스의 내용에 있어서 일반 수용자 즉 시민이 관심을 갖는 내용을 위주로 구성함으로써 일반 독자들의 큰 관심을 끌고 있다. <오마이뉴스>가 도입하고 있는 ‘이 기사 의견 쓰기’라는 독자 의견란은 독자들이 자유롭게 해당 기사에 대해 자신의 의견이나 주장, 반론 등을 직접 제기할 수 있다는 점에서 일반인들의 큰 호응을 얻어 수많은 독자 의견이 올라오는 등 게시판이나 토론, 포럼, 채팅룸과 같은 토론 공간이 일반 시민들을 위한 새로운 공론장으로서의 가능성을 보여주고 있다.

그러나 시민 기자 제도의 도입은 근거 없는 허위 기사나 특정 견해 혹은 가치관에 편중된 주관적 기사가 난무할 수도 있다는 점에서 논란이 될 수 있다. 가령 자신이 촛불 시위에 대한 제안을 게시판에 올려놓고 마치 제3자의 글을 인용한 것처럼 자작 기사를 써서 논란을 불러일으킨바 있는 이른바 앙마 사건은 기존 언론으로부터 여론 자작극이라는 비난을 받을 만큼 인터넷 언론이 도입하고 있는 시민 기자 제도의 신뢰성과 관련해 심각한 문제를 노출하기도 했다. 이는 시민 기자 제도의 도입이 앞서 얘기한 시민 저널리즘으로서의 다양한 가능성과 함께 언론의 신뢰성 혹은 윤리성을 위협하는 요인으로 작용할 수도 있다는 점에서 이러한 역기능을 최소화하기 위한 보다 체계적인 검증 시스템의 도입이 필요하다는 것을 시사한다고 하겠다. 그러나 인터넷 언론이 도입하고 있는 시민 기자 제도의 특성상 이러한 제도적 검증 장치 역시 수많은 시민 기자들이 송고하는 모든 기사를 소수의 인원이 검증하기에는 일정한 한계가 있을 수밖에 없다는 점에서 시민 기자들 스스로 책임 의식을 갖고 기사의 신뢰성과 질적 향상을 위한 적극적인 시민 의식이 필요하다고 하겠다.

3) 인터넷 신문의 시민 저널리즘 모델

시민 기자 제도를 도입하고 있는 우리나라 인터넷 신문의 시민 저널리즘 모델은 커파이어스(Kurpius)의 분류에 따르면 일상적인 보도 과정에 시민 저널리즘을 완전 통합시킨 통합(integrated) 모델에 가깝다고 할 수 있다(Kurpius 2000). 즉 프로젝트별로 시민 저널리즘을 추진하는 특별 프로젝트(special projects) 모델이나 일종의 홍보 혹은 마케팅의 방편으로 시민 저널리즘을 이용하는 퍼블리시티(publicity) 모델과는 달리 시민 기자 제도의 도입을 바탕으로 일상적인 보도 과정에 시민의 목소리를 적극 반영하고 있다는 점에서 커파이어스가 언급한 통합 모델과 유사하다고 할 수 있다. 또 시민 저널리즘 실천 정도에 따라 시민 저널리즘을 3개 모델로 유형화한 어데이(Aday)의 분류에 따르면 시민 기자 제도 도입을 토대로 한 통합형 시민 저널리즘 모델이라 하더라도 각각의 시민 저널리즘 실천 정도에 따라 최상위 단계인 동반자 모델(Prominent Partnership Model), 중간 단계인 권력 이양 모델(Enhanced Empowerment Model), 최하위 단계인 정보 제공자 모델(Integrated Information Provider Model) 등 세 가지 모델로 세분화할 수 있을 것이다(Aday 1999). 또 램베스(Lambeth)의 분류를 기준으로 시민 혹은 공중의 목소리에 대한 경청을 강조하는 모델, 공공의 문제 및 그 해결책에 관한 지역 사회의 토론 촉진을 강조하는 모델, 첫 번째 모델과 두 번째 모델을 포괄하면서 공공의 문제에 관한 해결책을 찾기 위한 언론의 참여를 강조하는 모델 등 세 가지 모델로 구분해볼 수도 있을 것이다(Lambeth 1995). 그러나 커파이어스의 지적처럼 시민 저널리즘의 실천 정도는 연속적인 성격을 갖고 있고 각각의 시민 저널리즘 모델 간에 서로 중복되는 부분이 있을 수 있다는 점에서 국내 인터넷 신문의 시민 저널리즘 모델을 시민 저널리즘 실천 정도에 따라 특정 모델로 유형화하기는 쉽지 않다는 한계점을 갖고 있다. 따라서 우리나라 인터넷 신문의 시민 저널리즘 모델은 형식적 측면에서 기자와 시민이라는 두 중심축을 기준으로 기사 작성 과정에서 누가 시민 저널리즘을 주도하느냐에 따라 크게 세 가지 모델로 구분해서 생각해볼 수 있다. 즉 누가 취재권을 갖고 있느냐에 따라 시민 기자 제도를 도입하지 않고 전문적인 직업 기자들만이 기사를 작성하는 기자 주도형 시민 저널리즘, 시민 기자 제도의 도입을 통해 전문적인 직업 기자와 시민 기자가 공동으로 기사를 작성하는 기자·시민 공동 주도형 시민 저널리즘, 전문적인 직업 기자 없이 일반 시민들만이 기사를 작성하는 시민 주도형 시민 저널리즘 등 세 가지 모델로 유형화해볼 수 있다.

(1) 기자 주도형 시민 저널리즘

기자 주도형 시민 저널리즘은 대외적으로 시민 저널리즘을 표방하면서 시민의 관점에서 시민이 관심을 갖는 시민 중심의 보도가 이루어진다는 측면에서 기존의 전통적인 저널리즘과 차별화된다. 그러나 시민 기자 제도의 도입 없이 전문적인 직업 기자가 모든 보도 과정을 독점한다는 점에서 기존 시민 저널리즘과 별다른 차이가 없다.

〈기자 주도형 시민 저널리즘 모델〉

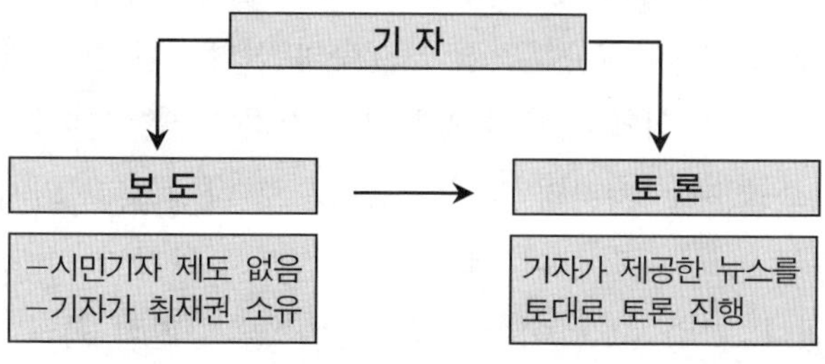

기자 주도형 시민 저널리즘은 시민 저널리즘을 표방하면서 일반 시민의 관심사를 적극적으로 뉴스에 반영하기는 하지만 1차적인 기사 작성은 물론 2차적인 뉴스의 취사선택 과정 역시 모두 전문적인 직업 기자들에 의해서만 이루어진다는 특징을 갖고 있다. 즉 취재 및 편집권이 모두 신문을 운영하는 쪽에 귀속돼 있고 토론 과정 역시 전문적인 직업 기자가 제공한 뉴스를 중심으로 이루어진다는 점에서 기자의 영향력이 매우 강하게 작용한다고 할 수 있다.

(2) 기자·시민 공동 주도형 시민 저널리즘

기자 · 시민 공동 주도형 시민 저널리즘 모델은 전문적인 직업 기자뿐만 아니라 시민기자 제도의 도입을 통해 일반 시민도 뉴스 생산 과정에 직접 참여케 함으로써 뉴스 보도 즉 의제 설정 과정을 기자와 시민이 공동으로 주도한다는 점에서 제1유형의 기자 주도형 시민 저널리즘과 차별화된다. 즉 시민 기자 제도의 도입을 통해 직간접적으로 시민 저널리즘을 표방하면서 기존 언론과는 차별화되는 독특한 뉴스 생산 및 수용 방식을 보이고 있고 의제에 대한 토론 역시 당연히 전문적인 직업 기자뿐만 아니라 일반 시민이 작성한 기사들을 대상으로 이루어진다는 점에서 기자 주도형 시민 저널리즘과 차별화된다.

제2유형의 기자 · 시민 공동 주도형 시민 저널리즘 모델은 기자와 시민이 의제 설정 및 토론 과정에 동등하게 영향력을 행사한다는 점에서 시민 저널리즘을 수행함에 있어 양자가 수평적 관계를 유지하는 이상적인 형태의 시민 저널리즘 모델로 발전할 수 있는 잠재력을 갖고 있다. 그러나 기사 작성 과정에서 전문적인 직업 기자와 일반 시민 기자가 동등한 자격으로 참여하고 있기는 하지만 뉴스의 취사 선택 과정 즉 의제를 선택하거나 배제하는 게이트키핑(gate-keeping) 과정은 본사 편집국 소속의 직업 기자들이 관장한다는 점에서 여전히 전문적인 직업 기자의 영향력이 강하게 작용한다는 일정한 한계를 갖고 있다. 즉 취재는 기자와 시민이 공동으로 나눠 갖고 있지만 편집권은 여전히 언론을 운영하는 쪽에 귀속돼있다는 점에서 완전한 의미의 시민 참여에는 한계가 있다. 가령 <오마이뉴스>의 경우 '공개 편집 회의' 제도를 통해 편집 과정에서의 쌍방향성을 시도하고 있으나 대부분 단순한 오자나 사진 수정과 같은 소극적인 의미의 편집회의에 머물고 있어 기사의 취사 선택과 같은 편집 기능 보다는 교열 기능에 그치고 있다고 할 수 있다.

〈기자·시민 공동 주도형 시민 저널리즘 모델〉

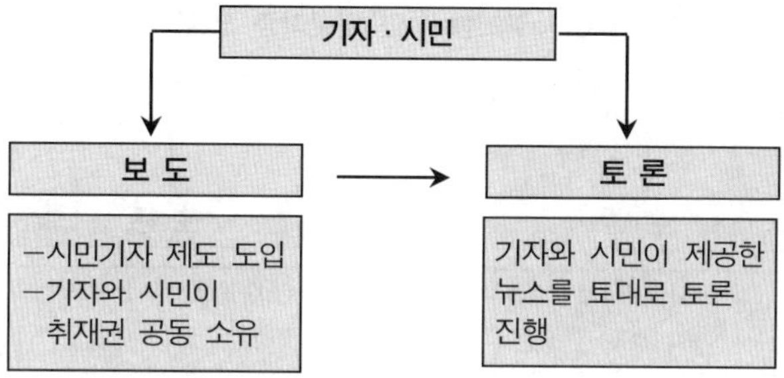

제2유형의 시민 저널리즘 모델로는 뉴스 게릴라로 불리는 시민 기자들과 제도권 출신의 전문적인 직업 기자들이 공동으로 뉴스를 생산하고 있는 <오마이뉴스>가 대표적이라고 할 수 있다. <오마이뉴스>의 경우 '모든 시민은 기자다'라는 철학을 바탕으로 시민이 기사의 소비뿐만 아니라 생산의 주역이 되는 시민 언론을 표방하고 있다. 또 '시민의 목소리와 시민 사회의 주요 이슈를 부각, 정책에 반영하는 시민의 입장에 서있는 언론'을 지향하고 있는 <시민의 신문> 역시 제2유형 시민 저널리즘 모델의 전형적인 예라고 할 수 있다. 그러나 <오마이뉴스>의 경우 제도권 출신 기자들이 기사를 작성하고 있는 반면 <시민의 신문>은 비제도권 출신 직업 기자들이 뉴스를 제작하고 있다는 점에서 동일한 제2유형 시민 저널리즘 모델이긴 하지만 <오마이뉴스>와 또 다른 차이점을 보이고 있다. 즉 <오마이뉴스>가 제도권 출신 직업 기자와 시민 기자가 공동으로 뉴스를 제작하는 제2-1 유형 시민 저널리즘 모델이라면 <시민의 신문>은 비제도권 출신 직업 기자와 시민 기자가 공동으로 뉴스를 제작하는 제2-2 유형 시민 저널리즘 모델이라고 할 수 있다.

(3) 시민 주도형 시민 저널리즘

시민 주도형 시민 저널리즘 모델은 전문적인 직업 기자를 두지 않고 일반 시민만이 기사 작성에 참여하고 있다는 점에서 기존의 전통적인 저널리즘은 물론 제1유형 및 제2유형의 시민 저널리즘 모델과도 차별화 된다. 즉 시민이 주도하는 시민 저널리즘은 시민이 기사 작성을 주도하면서 토론 역시 일반 시민이 제공한 뉴스를 중심으로 이루어진다는 특징을 갖고 있다.

〈시민 주도형 시민 저널리즘 모델〉

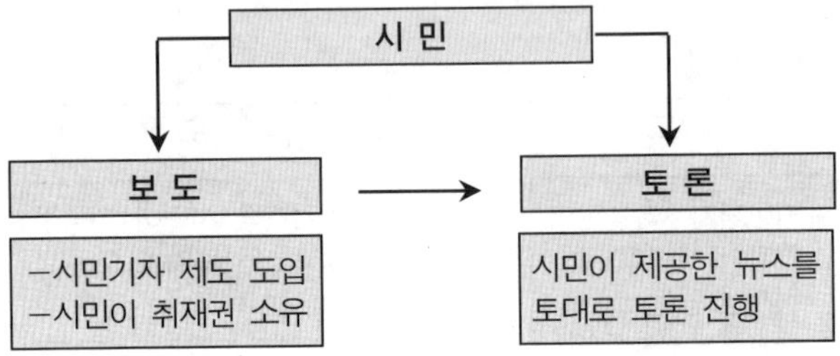

이 같은 제3유형의 시민 주도형 시민 저널리즘 모델로는 이른바 '현대 사회의 주인인 시민이 언론의 주체가 되는 새로운 개념의 시민 저널리즘'을 표방한 <넷피니언>을 들 수 있다. <넷피니언>은 1999년 9월 국내는 물론 세계에서 처음으로 실명 확인 절차를 거쳐 전문적인 직업 기자 없이 오직 시민 기자들만이 뉴스를 제작하는 순수 네티즌 언론으로 선보였다. <넷피니언>은 당시 기존 언론이 갖고 있는 편집국이나 그와 관련된 부서가 전혀 없이 단지 한사람의 운영자가 이른바 사이트 키퍼(site-keeper)로서 신문 사이트를 운영하는 방식을 채택했다. 또 시민 기자들이 올린 기사에 대해 맞춤법과 띄어쓰기, 문단 구분 등과 같은 교열 작업 외에는 원고에 대해 일체 손을 대지 않는다는 방침을 추구했다. 따라서 <넷피니언>과 같은 이러한 시민 주도형 시민 저널리즘 모델은 일반 시민들이 활동할 수 있는 최소한의 사이트 운영 기능만 있을 뿐 실질적인 운영자는 시민들이라고 할 수 있다.

✪ 정리하기

- 인터넷 신문은 시민 기자 제도의 도입과 토론 공간의 제공을 통해 시민 저널리즘이 지향하고 있는 공공 생활의 향상 혹은 민주주의 발전에 기여

함으로써 기존의 시민 저널리즘을 보다 효과적으로 확장 혹은 강화할 수 있을 것이라는 기대감을 갖게 하고 있다.

- 시민 기자 제도는 지금까지 기존 매스 미디어의 전문적인 직업 기자들에 의해 사회적 의제가 형성돼온 전통적 저널리즘과는 달리 시민이 의제 형성의 주체가 되는 새로운 시민 저널리즘의 가능성을 보여주고 있다는 점에서 주목을 끌고 있다.
- 인터넷 신문은 기사에 대한 독자 의견 달기나 게시판, 토론 포럼 등과 같은 토론 공간을 통해 일반 시민으로 하여금 자발적으로 서로 의견을 교환하고 토론하도록 함으로써 시민 저널리즘의 일상적 실천을 극대화하기 위한 공론장(public sphere)으로서의 역할을 수행할 가능성이 있다.
- 인터넷 신문의 시민 저널리즘 모델은 기사 작성 과정에서 누가 시민 저널리즘을 주도하느냐에 따라 시민 기자 제도를 도입하지 않고 전문적인 직업 기자들만이 기사를 작성하는 기자 주도형 시민 저널리즘, 시민 기자 제도의 도입을 통해 전문적인 직업 기자와 시민 기자가 공동으로 기사를 작성하는 기자시민 공동 주도형 시민 저널리즘, 전문적인 직업 기자 없이 일반 시민들만이 기사를 작성하는 시민 주도형 시민 저널리즘 등 크게 세 가지 모델로 유형화해볼 수 있다.

2. 온라인 공론장으로서의 인터넷 신문

1) 온라인 공론장의 의미

인터넷은 개인과 개인이 의사소통하고 정보를 교환하는 사적인 공간인 동시에 불특정 다수를 대상으로 방대한 정보가 유통되고 그 안에서 다양한 의견 교환을 바탕으로 여론이 형성되는 공적 공간이기도 하다. 인터넷은 또 대인 커뮤니케이션과 매스 커뮤니케이션의 속성을 모두 갖고 있으며 일방향 커뮤니케이션과 쌍방향 커뮤니케이션, 상호작용 커뮤니케이션 등을 모두 포괄하는 다차원 커뮤니케이션이 이루어지기도 한다. 인터넷 신문은 인터넷의 이러한 기술적 특성을 살려 이메일이나 게시판, 토론 포럼, 온라인 투표, 독자 투고 등과 같은 상호작용 기제들을 활용해 수용자들로 하여금 서로 공공의 문제에 대해 토론하고 해결책을 찾도록 유도하는 한편 여론 형성을 통해 정책 입안자들에게 일정한 영향을 미칠 수 있다. 인터넷의 이러한 특성으로 인해 1990년대 중반 이후 인터넷의 대중화가 본격적으로 이루어지는 과정에서 많은 학자들이 정치 과정에서의 시민적 참여와 공적 숙의의 구현이 가능한 새로운 영역으로서 사이버 공간에 대한 관심을 갖기 시작했다. 인터넷에 의해 형성되는 사이버 공간이 합리적 숙의와 공적 시민을 형성할 수 있는 새로운 공론장(public sphere)으로서의 가능성이 있다는 점에 주목한 것이다(강상현 2002).

2) 온라인 공론장의 특성

인터넷 신문과 같은 온라인 미디어가 민주주의 발전에 기여할 수 있는 새로운 공론장으로서의 역할을 수행할 수 있는 잠재력과 가능성을 갖고 있다는 낙관적 기대는 무엇보다도 온라인 미디어가 갖고 있는 기술적 특성을 근거로 하고 있다. 그런데 인터넷 신문과 같은 온라인 미디어에서 이루어지고 있는 공론장은 구체적인 물리적 장소와는 성격이 다른 가상의 공간에서 이루어지는 온라인 토론장이라는 점에서 기존 공론장과는 다른 특징을 갖고 있다.

(1) 개방성

인터넷 신문과 같은 온라인 미디어는 인터넷에 대한 접근권이 누구에게나 개방되어 있으므로 통신망 접속이 가능한 불특정 다수의 이용자들이 자유롭게 온라인 미디어가 제공하고 있는 가상의 토론 공간을 통해 자신의 의견을 개진할 수 있도록 참여의 기회를 확대시킴으로써 모든 사람에게 폭넓게 개방된 열린 공간으로서의 기능을 수행할 수 있다. 기존의 공론장은 토론에 참여하는 사람들이 대면 접촉을 위해 한 곳에 모일 수 있는 물리적인 공간이 선행돼야 했다. 즉 시민 회관이나 회의실 등과 같은 물리적 공간이 공론장 형성을 위한 하나의 전제 조건으로 간주되었다. 그러나 온라인 미디어 이용자들은 물리적 장소에 구애받지 않고 누구나 자유롭게 언제 어디서나 자신이 편리한 시간에 사이트에 접속해서 온라인 미디어가 제공하고 있는 토론 공간에 참여해 정보와 의견을 교환하고 의사소통을 하게 된다. 즉 온라인 미디어에서 이루어지는 온라인 공론장은 구체적인 물리적 장소와는 성격이 다른 가상의 공간에서 이루어지는 토론장이라는 점에서 불특정 다수의 이용자들이 언제든지 자유롭게 토론에 참여해 자신의 의견을 개진할 수 있는 개방성의 특징을 갖고 있다.

(2) 익명성

인터넷 신문과 같은 온라인 미디어가 제공하고 있는 토론 공간에 참여하고 있는 온라인 이용자들은 자신의 실제 이름을 사용하지 않고 등록된 ID에 의해서 서로 만남을 갖고 토론을 하기 때문에 익명성이 보장된다. 이러한 익명성은 지금까지 현실 세계에서의 정치적, 사회적 차별이나 제약에 의해 커뮤니케이션에서 소외되었던 계층들이 평등한 주체로서 자유롭게 토론에 참여할 수 있는 새로운 커뮤니케이션의 장을 형성할 수 있는 토대가 되고 있다. 에릭슨(Erickson 1997)은 온라인 토론 참여자는 컴퓨터 앞에 앉아 스크린 상의 텍스트만을 읽게 되며 참여자의 유일한 신호는 참여자가 키보드로 타이핑해서 올리는 메시지라는 점에서 참여자는 면대면 커뮤니케이션 상황에서의 사회적 압력으로부터 자유롭다고 설명한다. 온라인 공론장은 따라서 기존 매스 미디어로부터 소외돼온 다양한 계층의 시민들이 현실 세계에서 규정된 사회적 지위나 신분, 연령, 성별 등 기존의 가치 판단적 요인들이 제거된 비교적 평등한 주체로서 수평적인 관계에서 토론에 참여하면서 다양하고 솔직한 의견들을 교환할 수 있는 장점을 갖고 있다. 그러나 이러한 익명성의 보장은 이용자의 정체성을 은폐함으로써 아무런 책임감이나 윤리 의식 없이 비이성적이고 즉흥적인 형태의 글이나 인신 공격, 욕설, 비방 등과 같은 폭력적인 메시지가 난무할 수도 있다는 부정적인 측면을 갖고 있기도 하다. 카츠(Katz 1997)가 지적하고 있듯이 면대면 커뮤니케이션 상황에서처럼 언어 폭력이 갖는 사회적 파급 혹은 영향력이 제거될 경우 다른 사람을 공격하는 것이 훨씬 더 용이해지며 따라서 이러한 익명성이 보장된 커뮤니케이션은 오히려 언어 폭력을 조장할 수도 있다. 포스터(Poster 1997) 역시 면대면 토론에서는 개인의 정체성이 육체에 기반을 두고 있지만 인터넷에서는 정체성이 매일 혹은 수시로 변할 수 있기 때문에 안정적인 정치 공동체를 형성하거나 합의를 도출하는 것과는 거리가 멀다고 주장하고 있다.

(3) 상호작용성

인터넷 신문과 같은 온라인 미디어가 새로운 시민 저널리즘으로서의 가능성을 보여주는 가장 중요한 기술적 특징 가운데 하나는 상호작용 커뮤니케이션이다. 기술적 측면에서 기존 언론은 정보의 일방성, 송신자 중심의 정보 유통과 피드백의 부재로 송수신자간의 불균형 상태를 유지해왔으나 인터넷과 같은 새로운 커뮤니케이션 기술은 쌍방향 커뮤니케이션과 상호작용성의 강화, 동시성과 비동시성으로 인한 참여의 용이성 등 기존 언론의 한계를 극복한 쌍방향적이고 참여적인 언론의 가능성을 제공하고 있다(박선희 2001).

구체적으로 인터넷 신문과 같은 온라인 미디어는 기존의 전통적인 매스 미디어와는 달리 전자 게시판이나 채팅룸, 토론 포럼, 이메일 등과 같이 기자와 이용자 혹은 이용자와 이용자 간의 상호작용이 가능한 다양한 상호작용 기제들을 제공함으로써 불특정 다수의 이용자들이 토론 공간을 통해 자유롭게 정보와 의견을 교환하고 여론을 형성할 수 있는 잠재력을 갖고 있다. 즉 인터넷 신문은 이용자들로 하여금 상호작용이 가능하도록 해주는 전자 게시판이나 채팅룸, 토론 포럼과 같은 상호작용 기제를 통해 저널리즘 영역에서 상호작용성을 증대시킴으로써 공론장의 활성화라는 시민 저널리즘의 목표를 실현할 수 있는 많은 가능성을 갖고 있다. 인터넷 신문과 같은 온라인 미디어는 이처럼 다양한 상호작용 기제를 통해 공공 토론을 유도함으로써 일반 시민들로 하여금 사회적 이슈 혹은 공적 이슈에 대한 심의 능력을 증진시켜 민주 시민으로서의 역량을 강화하는데 일정한 역할을 할 수 있다. 이러한 공공 담론을 위한 공동체의 건설은 시민 저널리즘의 주요 목표이며 미래의 시민 저널리즘 구현의 핵심이라고 할 수 있다(최영 2002).

3) 온라인 공론장과 여론

(1) 온라인 공론장 모델

카츠(Katz 1992)에 따르면 하버마스의 공론장 개념의 토대를 제공한 프랑스의 사회학자 가브리엘 타르드(Gabriel Tarde)는 공론장을 (1) 신문이 대화를 촉진하고 (2) 대화가 의견을 형성하고 (3) 의견이 행동을 유발하는 선형 모델로 설명하고 있다.

여기서는 이러한 선형 모델 대신 라파엘리(Rafaeli 1997)의 상호작용 커뮤니케이션(interactive communication) 모델을 토대로 인터넷 신문과 같은 온라인 미디어의 여론 형성 과정을 설명할 수 있는 다음과 같은 온라인 공론장 모델을 생각해보고자 한다.

〈온라인 공론장 모델〉

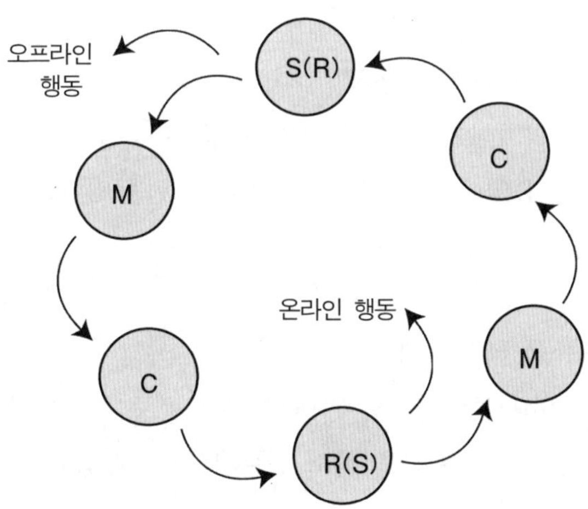

S : 송신자 M : 메시지 C : 채널 R : 수신자

이 모델은 송신자(S)인 동시에 수신자(R)인 커뮤니케이션 주체가 언제 어디서나 자신이 편리한 시간과 장소에서 원하는 상호작용 기제를 클릭해 끊임없이 메시지와 정보를 반복적으로 주고받는 상호작용 커뮤니케이션을 통해 서로 간에 합의 혹은 상호 공유된 의미(shared meaning)를 창출해가면서

온라인상에서 혹은 가상공간 밖의 오프라인 공간에서 결집된 여론을 실제적인 행동으로 표출하는 순환 개념을 적용한 것이다.

이러한 온라인 공론장이 형성되기 위해서는 첫째, 온라인 미디어 이용자들이 무엇보다도 온라인 미디어에 접속해 메시지를 주고받으며 토론을 할 수 있는 상호작용 기제가 제공돼야 한다. 둘째, 단순히 기술적 차원의 상호작용 기제를 제공하는 것만으로는 불충분하며 이용자들이 실제적으로 상호작용 기제를 통해 서로 메시지를 주고받음으로써 온라인 이용자들 간에 실제적인 상호작용 커뮤니케이션이 이루어져야 한다.

(2) 온라인 공론장의 여론 형성을 위한 기본 요소

인터넷 신문과 같은 온라인 공론장을 통해 이용자들 간에 실제적인 상호작용 커뮤니케이션 이루어져 여론이 형성되기 위해서는 기본적으로 다음과 같은 요소들이 필요하다.

① 논쟁이 될 수 있는 문제의 존재

말 그대로 공중의 의견이라고 할 수 있는 여론은 우선 논쟁이 될 수 있는 어떤 문제 혹은 쟁점이 있어야 하다. 즉 여론은 사람들의 관심을 끄는 어떤 논쟁적인 문제를 중심으로 형성된다.

② 쟁점과 관련된 공중의 존재

여론이 형성되기 위해서는 쟁점과 관련이 있는 공중이 있어야 한다. 즉 주어진 쟁점에 대해 공통적인 관심을 갖고 있는 특정한 사람들의 집단이 있어야 한다.

③ 쟁점에 대한 의견의 존재

온라인 여론이 형성되기 위해서는 특정 문제 혹은 쟁점에 대해 사람들의 다양한 선호 성향 즉 쟁점과 관련된 각 개인들의 서로 다른 의견들이 있어야 한다.

④ **의견의 현재적 표현**

여론은 의견의 현재적 표현이 있어야 한다. 여론은 자유로운 커뮤니케이션을 전제로 하고 있기 때문에 의견의 표현은 여론의 중요한 요소이자 특성이라고 할 수 있는데 온라인 공간에서의 이러한 의견의 표현은 텍스트 혹은 이모티콘과 같은 상징의 형태를 취할 수 있다.

⑤ **관련된 공중의 규모**

여론은 쟁점과 관련된 상당한 수의 사람들이 있어야 한다. 여론은 개인 혹은 소수의 몇몇 사람들에 의해 형성될 수 없다.

(3) 온라인 공론장의 여론 형성 과정

인터넷 신문과 같은 온라인 토론 공간에서 참여자들 사이에 주고받는 상호작용 커뮤니케이션 즉 대화와 토론을 통해 형성되는 온라인 여론은 본질적으로 헤네시(Hennesy 1981)의 견해처럼 '어떤 쟁점에 대해 관심이 있는 상당수의 사람들이 표현한 의견의 집합으로서 측정할 수 있거나 추론할 수 있는 것'이라고 정의할 수 있다. 이러한 여론 형성 과정과 관련해 헤네시를 비롯한 많은 학자들이 몇 단계의 과정으로 나누어 설명하고 있는데 학자들 간에 다소의 차이는 있으나 대체적으로 인터넷 신문과 같은 온라인 공론장에서 이루어지는 여론 형성 과정은 다음과 같이 쟁점의 제시, 토론, 합의, 사회적 영향력 행사와 같은 몇 가지 기본적인 단계를 거친다고 할 수 있다.

① **쟁점의 제시**

온라인 토론을 통한 여론 형성의 첫 번째 단계는 쟁점이 되는 문제 혹은 이슈가 있어야 하며 그에 관한 정보가 다수의 온라인 이용자들에게 인지돼야 한다.

② **토론**

댓글 달기 등과 같이 온라인 미디어가 제공하고 있는 다양한 상호작용 기제들은 전통적인 의미의 기자와 수용자는 물론 수용자와 수용자들 간의 활발한 상호작용 커뮤니케이션을 통해 사회적 이슈 혹은 공적 이슈에 대한 공공 토론 혹은 심의 능력을 증진시켜 민주 시민으로서의 역량을 강화하는데 기여할 수 있는 잠재력을 갖고 있다.

③ 합의

인터넷 신문과 같은 온라인 공론장에서 이루어지는 상호작용 커뮤니케이션은 이용자들 간의 활발한 의견 교환을 통해 상호 공유된 의미를 창출하게 된다. 즉 온라인 미디어가 제공하고 있는 토론 공간 참여자들은 서로 간에 다양한 의견을 주고받는 과정에서 자신의 생각이나 태도에 변화가 일어나 상대방의 주장이나 의견에 대해 수긍 또는 동조하거나 상호간에 합의가 이루어지기도 한다.

④ 사회적 영향력 행사

온라인 토론 공간 참여자들 사이에 다양한 형태의 상호작용 커뮤니케이션을 통해 합의 혹은 의미의 공유가 이루어지게 되면 일종의 연대 의식 혹은 공동체 의식이 형성되고 이는 실제적인 행동으로 표출될 수 있다. 이러한 행동 표출은 온라인 서명이나 항의 메일 보내기, 항의 배너 달기 등과 같은 다양한 형태의 온라인 행동으로 전개될 수 있다. 또 경우에 따라서는 온라인상의 행동으로만 끝나지 않고 오프라인에서의 서명 운동이나 시위 혹은 집회 등 오프라인 행동으로 연결될 수 있다. 즉 온라인상에서 결집된 힘은 참여자의 수와 의사소통의 양이 늘어나는 과정에서 사회적 압력으로 작용하게 되고 오프라인으로까지 행동을 확장할 수 있다. 이처럼 온라인 공론장에서 이루어지는 상호작용 커뮤니케이션은 온라인 혹은 오프라인의 실천적 행동으로 연결돼 공공의 문제 해결을 위한 실제적인 힘으로 작용할 수 있으며 정책 결정 과정에도 영향을 미침으로써 시민 저널리즘이 목표로 하고 있는 공공 생활과 민주주의를 활성화하는데 기여할 수 있는 잠재력을 갖고 있다.

✪ 정리하기

- 인터넷 신문과 같은 온라인 미디어에서 이루어지고 있는 온라인 공론장은 개방성, 익명성, 상호작용성 등의 특징을 갖고 있다.
- 온라인 공론장을 통해 여론이 형성되기 위해서는 ① 논쟁이 될 수 있는 문제의 존재, ② 쟁점과 관련된 공중의 존재, ③ 쟁점에 대한 의견의 존재, ④ 의견의 현재적 표현, ⑤ 관련된 공중의 규모 등 몇 가지 기본적인 요소가 필요하다.
- 온라인 공론장에서 이루어지는 여론 형성 과정은 쟁점의 제시, 토론, 합의, 사회적 영향력 행사와 같은 몇 가지 기본적인 단계를 거친다고 할 수 있다.

제10장 시민 사회와 시민 미디어

1. 시민 사회와 매스 미디어

1) 시민 사회란 무엇인가?

시민 미디어(civic media)에 대한 이해를 위해서는 우선 시민 미디어의 토대가 되고 있는 시민 사회에 대한 이해가 필요하다. 시민 사회의 개념은 서구의 근대화 과정에서 출현한 역사적 산물로 18세기 후반부터 19세기 말까지 서유럽은 경제적으로는 산업 혁명, 정치적으로는 프랑스 대혁명과 같은 시민 혁명을 거치면서 근대 시민 사회를 확립했다고 할 수 있다. 16세기 이후부터 상공업을 발판으로 크게 성장한 서유럽의 시민 계급이 시민 사회의 확대를 요구하며 일으킨 시민 혁명과 영국을 중심으로 확산된 산업 혁명의 결과로 정치적으로는 의회 민주주의, 경제적으로는 자본주의가 빠르게 확산되면서 이전과는 다른 근대적 시민의 삶이 보편화된 것이다. 절대 왕정으로부터 해방된 시민 사회는 더 이상 국가의 절대 권력에 예속돼 있지 않고 자유로운 경제 행위와 종교 및 사상의 자유, 표현 및 언론의 자유 등을 누리는 자율성을 확보했다. 사회 경제적으로는 농노의 신분 제약에서 벗어나 계약을 통한 직업 선택의 자유를 얻었고 정치적으로는 자유로운 정당 가입과 투표를 통한 정치 참여의 기회를 얻게 되었다(이종성(2004), p.209). 이러한 시민 사회에 대한 이론적 성찰은 홉스, 로크, 루소 등 18세기 유럽의 근대 정치 사상가들에서 비롯돼 칸트, 헤겔, 마르크스 등의 논의를 거쳐 한동안 퇴조했다가 20세기말에 와서 그람시(A. Gramsci)와 하버마스(J. Habermas) 등을 통해 다시 사회 과학계의 관심을 끌게 된 것으로 알려져 있다.

근대 시민 사회의 의미를 둘러싼 논의는 토크빌(A. Tocquville)로 대표되는 토크빌적 전통의 시민 사회론과 마르크스(K. Marx), 그람시(A. Gramsci), 하버마스(J. Habermas) 등으로 이어지는 마르크스적 전통의 시민 사회론 등 두 가지 큰 흐름으로 전개돼왔다. 토크빌적 전통의 시민 사회론은 개인과 국가 사이에 위치한 중간 영역인 자발적 결사체와 시민적 특성으로 이루어진 시민 사회를 제시하고 있다. 즉 토크빌적 전통은 국가와 시민 사회를 대립 관계로 보고 있으며 국가주의와 국가 권력의 확대에 의한 위험성을 견제하고 민주주의를 발전시켜 나가기 위해 필수적인 자발적인 시민 조직의 영역으로서의 시민 사회를 내세우고 있다.

반면 마르크스적 전통의 시민 사회론은 시민 사회에 내재돼 있는 계급적이고 헤게모니적인 성격을 강조하고 있다. 특히 마르크스적 전통을 이어받고 있는 그람시와 하버마스의 이론은 20세기 시민 사회론을 부활시키면서 현대적 시민 사회 개념에 지대한 영향을 미쳤다. 그람시에게 있어 시민 사회는 헤게모니를 둘러싸고 계급 지배와 갈등이 전개되는 정치적 영역이자 시민들의 문화생활이 이루어지는 사적인 활동 공간을 의미한다. 하버마스는 체계(system)와 생활 세계(life world)라는 개념을 도입해 시민 사회는 체계 즉 행정 체계와 경제 체계에 의한 생활 세계의 식민화를 억제하고 방지하기 위해 필요한 생활 세계의 하위 영역으로서의 사적 영역을 의미한다고 설명하고 있다.

한국에서 근대적 시민 사회가 형성된 것은 20세기 전후부터라고 할 수 있다. 그러나 한국의 시민 사회는 서구와 같이 아래에서부터 위로 자연스럽게 확산되지 못하고 외세에 의해 왜곡된 형태로 진행됐다. 이러한 한국의 시민 사회 발전에 있어 중대한 분기점은 1987년의 민주화 운동이라고 할 수 있다. 두 차례에 걸친 군부의 정치 개입과 강압적인 권위주의 체제하에서 발육 부진의 상태를 면치 못했던 한국의 시민 사회는 유신 체제하에서의 반독재 투쟁과 언론인, 종교인, 지식인, 학자, 학생들을 주축으로 계속된 1970년대와

1980년대의 민주화 운동을 거치면서 지속적으로 세력을 확장해왔으며 특히 1987년 6월 민주화 항쟁이후 한국의 시민 사회가 크게 확장되는 전환점을 맞게 됐다. 1987년 이후 한국의 시민 사회는 정치, 경제, 환경, 여성, 소비 및 문화 등 다양한 분야의 시민운동이 급속히 활성화되면서 폭발적인 성장과 함께 한국 사회의 변화 과정에 지대한 영향을 미치게 됐으며 1990년대 들어서는 다양한 분야로 시민운동이 확산됐다. 이러한 시민 사회의 성숙은 언론 영역에서도 많은 변화를 가져와 커뮤니케이션의 한 축을 담당하는 시민들의 위상 변화와 함께 일방적 정보 수신자였던 시민이 능동적 수용자를 넘어 적극적 참여자이자 제작자로 나서는 변화를 겪게 됐다

한국은 이러한 정치적, 사회적 변화와 함께 특히 1990년대 중반 이후 인터넷 이용자가 급격히 늘어나면서 사이버 시민 사회의 등장이라는 새로운 사회적 현상을 낳게 됐다. 초고속 인터넷 가입자와 인터넷 이용자 수가 급격히 늘어나면서 인터넷 자체가 하나의 거대한 사회 공간으로 자리매김하게 된 것이다. 이에 따라 인터넷 공간에서 활발한 토론과 논쟁이 이루어지면서 이전에는 볼 수 없었던 사이버 시민 사회가 형성되고 있고 기존의 오프라인 공간에서 충분히 활성화되지 못했던 시민적 담론이 사이버 공간을 통해 급속히 확산되는 경향을 보이게 됐다. 나아가 인터넷의 확산과 함께 인터넷 이용자들이 형성하는 온라인 여론의 파급력이 커지기 시작하면서 온라인 공간이 민주적 공론 영역의 확장을 통해 정보사회의 시민 권력을 강화하는데 크게 기여할 수 있을 것이라는 낙관적 기대감을 낳고 있다. 인터넷이 등장함에 따라 시민 사회 내에서 혹은 시민 사회와 국가 간의 커뮤니케이션 형태가 급격하게 변화하기 시작했으며 시민 사회에서의 약자들도 인터넷을 이용하면 국가의 간섭이나 검열을 거치지 않고 또한 엘리트의 여론 통제 기제인 매스 미디어를 거치지 않고 손쉽고 빠르게 정보를 확산시키거나 여론을 동원할 수 있게 된 것이다(윤영철 2000).

시민 사회의 입장에서 볼 때 이러한 정보화 추세는 시민적 편익을 극대화하고 시민적 권능을 제고할 수 있는 새로운 기회를 줄 수 있는 과정이자 흐름이기도 하다. 정보 통신 기술의 발전과 각종 뉴미디어의 보급, 그리고 그러한 미디어간의 광범위한 네트워크 형성은 기존 미디어에 자신의 목소리를

전달할 수 있는 미디어적 환경을 조성할 수 있고 자기 미디어를 갖는 시민운동을 가능하게 하며 시간과 공간의 제약을 넘어 다양한 목소리를 확산시킬 수 있는 무대를 마련해주고 있는 것이다(강상현 2000).

2) 시민 사회와 매스 미디어

앞서 얘기한 것처럼 시민 사회의 개념은 서구의 역사적 산물로 대중 사회와는 다른 의미를 갖고 있다. 대중 사회에서는 대중이 구성원이 되듯이 시민 사회에서는 시민을 상정하고 있고 기존의 매스 미디어의 한계를 극복하기 위한 새로운 시민 미디어를 필요로 하게 된다(이종성(2004), p.209-214). 매스 미디어로 이루어지는 커뮤니케이션 환경은 이성을 바탕으로 합리적인 판단을 요구하는 시민을 비합리적이고 감성적인 대중으로 만드는 역할을 한 측면이 있다. 특히 영상 매체인 방송을 비롯해 대중문화 혹은 대중 사회와 밀접한 연관을 갖고 있는 매스 미디어는 원자화돼 있고 고립돼 있어 상호간 커뮤니케이션이 원활히 이루어지지 않는 대중의 의식을 지배해 자율적이고 주체적인 시민으로서의 삶을 약화시켜온 측면이 있다. 다른 한편으로 공적인 문제에 대해 비판적 담론의 장이 돼야할 매스 미디어가 공적 영역에 적극적으로 개입해 막강한 영향력을 행사함으로써 시민 사회의 자율적 의사 결정권이 권한을 위임받지 않은 매스 미디어에 의해 지배되고 그것이 정당화됨으로써 시민은 의사 결정 과정에서 소외되고 마는 측면이 있다. 시민이 이처럼 매스 미디어에 의해 지배되고 사회의 커뮤니케이션 과정에서 소외되는 배경에는 매스 미디어의 객관주의(objectivity)와 전문주의(professionalism)의 신화가 작용하고 있다고 할 수 있다(이정춘(2003), p.333-334).

사실과 의견의 분리를 전제로 하는 객관주의는 언론인들이 가장 중요하게 생각해온 언론 보도의 원칙 가운데 하나지만 이를 부정적으로 보는 학자들은 객관주의가 시민이 매스 미디어에 의해 지배되고 사회의 커뮤니케이션 과정에서 소외되는 이데올로기로 작용하고 있다고 비판하기도 한다. 역사적으로 객관주의는 1830년대 미국 저널리즘의 혁명기에 독자가 정치 및 경제 분야의 소수 엘리트에서 일반 대중으로 전환되는 과정에서 출현했는데 그

이면에 숨어 있는 정치, 경제적 이유는 첫째, 최대 다수의 만족을 통해 시장을 확대하고, 둘째, 심층 취재에 들어가는 인력과 시간을 줄임으로써 비용을 절감하고, 셋째, 심층 분석과 판단으로 인한 논란의 부담과 명예 훼손의 위험부담에서 벗어나 언론 조직의 안전을 도모하기 위한 것으로 지적되고 있다(강준만(2001), p.125). 요컨대 객관성이란 기자들이 자신들의 직업 활동에서 일어날 수 있는 어떤 위험이나 공격으로부터 자신을 보호, 옹호하기 위한 슬로건이자 최대 독자를 확보하기 위한 언론의 판매 전략이라고 할 수 있다는 것이다(Tuchman 1978; 최영묵(2005), p.91 재인용).

이처럼 기존의 신문이나 방송과 같은 매스 미디어가 추구하고 있는 객관주의라는 신화의 이면에는 시민을 단순한 소비자로 규정해 상품성 있는 기사와 프로그램의 양산을 통해 자본의 이해관계와 다수주의에 충실하게 기여하도록 하는 정치, 경제적 논리가 작용함으로써 시민들을 구조적으로 소외시키는 요소로 작용하는 부정적 결과를 낳는 측면이 있다.

언론의 전문주의 또한 시민을 매스 미디어와 분리시키는 이데올로기로 작용하는 요소가 있다. 슈드슨(M. Schudson)과 같이 비판적인 시각을 갖고 있는 학자들은 언론의 전문주의가 언론 작업의 본질적 특성 즉 메시지의 완성도를 향상시키기 위한 과정이 아니라 작업 자체에 대한 배타적 통제권을 확보하기 위한 방편으로 이용될 수 있다고 지적한다. 쉴러(D. Schiller), 투크만(G. Tuchman), 존슨(T. Johnson)과 같은 학자들은 전문주의란 첫째, 보다 높은 사회적 지위를 누리기 위한 방편이라고 할 수 있고, 둘째, 객관주의를 근간으로 해 공정하다고하는 신뢰를 얻기 위한 후광 효과의 전술이며, 셋째, '동료 집단 통제'와 '동료 집단 평가'를 앞세운 조직 필요의 산물이고, 넷째, 언론인들의 조직에 대한 종속을 은폐하고 자율성을 과시하기 위한 수단으로서의 성격을 갖는 것이라고 비판하고 있다(강준만(2001), p.129).

매스 미디어의 이러한 객관주의와 전문주의라는 장벽은 현대 사회의 미디어의 주체가 시민이 아니라 미디어 기업이 되도록 굴절시킴으로써 매스 미디어는 더 이상 시민을 위한 표현의 수단이 아니라 지배 계급의 이데올로기적 도구 내지 자본주의적 기업의 이윤 추구를 위한 기관이 된다(김은규(2003), p.9). 이에 따라 기존 매스 미디어에서 소외된 시민은 자신들의 자유로운 의사소통을 위한 커뮤니케이션 수단을 보유하지 못한 채 대중으로 전락하게 되고 시민 사회는 매스 미디어에 의해 지배되는 대중 사회에서 벗어나지 못하게 되는 것이다.

매스 미디어가 사회적 담론을 지배하고 정당화하는 것에 대한 문제점은 1947년에 발표된 미국 언론자유위원회(Commission on Freedom of the Press)의 보고서로 거슬러 올라갈 수 있다(김택환(2001), p.25-26). 일명 허친스 위원회(Hutchins Commission)로 알려져 있는 언론자유위원회의 당시 보고서에 따르면 첫째, 언론의 발전은 사회의 커뮤니케이션 도구로서 사회적 영향력은 컸지만 그와는 반대로 언론을 통해 의견과 사상을 표현할 수 있는 시민의 비율은 오히려 크게 감소시켰고, 둘째, 커뮤니케이션 수단인 매스 미디어에 접근할 수 있는 소수가 사회 전체의 이익을 위해 사회가 필요로 하는 적절한 서비스를 제공하지 않고 있으며, 셋째, 언론인들이 이를 체화하고 관행화해 무감각해지는 매너리즘에 빠졌다는 것이다.

이와 같이 매스 미디어의 발전이 시민 사회를 무력화시킴으로써 드러난 시민 생활공간의 황폐화는 시민 미디어에 대한 사회적 요구를 정당화하게 된다. 시민 사회를 이끌어가는 주체는 당연히 그 사회를 구성하는 자율적이고 능동적인 개인으로서의 시민이다. 그러나 현존하고 있는 매스 미디어 환경은 사회의 커뮤니케이션 과정에서 시민을 소외시킴으로써 능동적인 참여적 주체로서의 시민의 정체성을 상실하게 만들었다. 따라서 지배 집단의 입장을 반영하거나 재생산하는 기존 매스 미디어의 불합리한 환경을 개선하고 시민의 권리를 되찾으려는 의도에서 시민이 주체가 되고 참여할 수 있는 수평적이고 개방적인 커뮤니케이션 수단과 공간으로서의 시민 미디어에 대한 필요성을 주장하게 되는 것이다.

이처럼 매스 미디어가 지배하는 현대 사회에서 시민 미디어의 필요성이 제기되는 이유를 보면 다음과 같다(최영묵 · 김동규(2000), p.220). 첫째, 민주주의 발전에 기여할 수 있는 공공 영역으로서의 미디어의 필요성이 점차 증대하고 있다. 민주주의는 표현의 자유와 이성적 토론을 근거로 한다고 할 수 있으며 현대 사회에서 대중의 의견과 관심은 미디어를 통해서 표출될 수밖에 없다는 점에서 시민 미디어는 표현의 자유를 실현하기 위한 최소한의 조건이라고 할 수 있다. 둘째, 정치권력과 자본에 의해 소유, 운영되는 기존 제도 언론의 대안적 수단으로서 시민 미디어가 필요하다는 점이다. 셋째, 여성이나 노약자와 같은 사회적 약자나 소수자의 권익 옹호를 위한 미디어가 필요하다는 점이다. 넷째, 정치권력이나 자본은 물론 조직 이기주의 등 외부의 어떠한 힘에도 굴복하지 않는 자유롭고 독립적인 미디어가 필요하다는 점이다.

✪ 정리하기

- 시민 사회의 개념은 서구의 근대화 과정에서 출현한 역사적 산물로 18세기 후반부터 19세기 말까지 서유럽은 경제적으로는 산업 혁명, 정치적으로는 프랑스 대혁명과 같은 시민 혁명을 거치면서 근대 시민 사회를 확립했다.
- 한국에서 근대적 시민 사회가 형성된 것은 20세기 전후부터라고 할 수 있는데 특히 1987년의 민주화 운동 이후 정치, 경제, 환경, 여성, 소비 및 문화 등 다양한 분야의 시민운동이 급속히 활성화되면서 한국 사회의 변화 과정에 지대한 영향을 미치게 됐다.
- 시민이 매스 미디어에 의해 지배되고 사회의 커뮤니케이션 과정에서 소외되는 배경에는 매스 미디어의 객관주의(objectivity)와 전문주의(profession alism)라는 신화가 작용하고 있다고 할 수 있는데 기존 매스 미디어에서 소외된 시민은 자신들의 자유로운 의사소통을 위한 커뮤니케이션 수단을 보유하지 못한 채 대중으로 전락하게 되고 시민 사회는 매스 미디어에 의해 지배되는 대중 사회에서 벗어나지 못하게 되는 측면이 있다.

2. 시민 사회와 시민 미디어

1) 시민 미디어의 개념

시민 미디어(civic media)는 시민의 접근을 보장하고 시민의 관심에 부응하는 주제를 다루며 참여적이고 주체적인 시민의 육성에 초점을 맞추게 된다. 이러한 시민 미디어는 형식적 측면에서 넓은 의미의 시민 미디어와 좁은 의미의 시민 미디어 등 두 가지 개념으로 구분해 볼 수 있다(김은규(2003), p.1-5; 최영묵(2005), p.61-62).

먼저 넓은 의미에서의 시민 미디어는 소유 주체와 무관하게 시민이 운영과 제작, 편성에 일정한 범위에서 직간접적으로 참여할 수 있는 다양한 유형의 시민 참여 미디어라고 정의할 수 있다. 즉 소유 및 운영에 시민이 직접 관련돼 있지 않더라도 내용이나 제작에 있어 일정한 범위에서 시민의 직접적인 참여가 가능한 미디어를 말한다. 시민 혹은 시민 사회가 소유하고 있지 않더라도 공영 방송의 액세스 프로그램이나 케이블 TV의 액세스 채널 등과 같이 공공성과 공익성이 강조되는 방송 영역에서 시민의 직접적인 참여를 보장하고 있는 시민 참여 프로그램 혹은 채널이 대표적인 예라고 할 수 있다.

좁은 의미에서의 시민 미디어는 시민 사회내의 시민이 주체가 되어 직접 소유, 운영하는 대안 미디어(alternative media)적 성격의 미디어를 말한다고 할 수 있다. 즉 대중 사회에서 매스 미디어가 정치권력의 수단으로 작용하거나 경제 자본에 예속되었던 한계를 극복하기 위한 대안적 성격을 가진 미디어로써 정치권력과 자본으로부터 상대적으로 자유로운 미디어라고 할 수 있다. 이러한 협의의 의미에서 볼 때 국가가 직접 소유하거나 개입이 제도화돼 있는 미디어나 기업에서 소유하고 있는 미디어는 시민 미디어라고 할 수 없다. 그러나 커뮤니케이션 기술의 발전에 따라 시민이 직접 소유하지 않더라도 인터넷 신문이나 인터넷 방송처럼 시민이 자유롭게 참여해 직접 자신의 의견을 개진할 수 있는 다양한 커뮤니케이션 수단과 공간이 확대되고 있기 때문에 소유권 중심의 시민 미디어 개념은 보다 폭넓게 확장될 필요가 있다고 하겠다. 또 형식적 측면에서 운영 주체가 시민 사회내의 시민이라고 하더라도 내용적 측면에서 진정으로 시민의 입장에서 시민의 목소리를 대변하는 시민을 위한 미디어로 기능하고 있는가 하는 것은 별개의 문제일 수 있다는 점에서 미디어에 담기는 실제적인 내용물이 어떠한 성격의 것이며 시민과 어떻게 커뮤니케이션하고 있는가하는 실천의 문제가 보다 중요할 수 있다. 따라서 시민 미디어에 대한 소유권적 측면의 형식적 차원의 개념 정의와 더불어 제5장에서 언급한 시민 저널리즘의 실천적 모델처럼 시민 저널리즘의 실질적인 측면 즉 내용적 측면을 고려한 다차원의 포괄적인 이해가 필요하다고 하겠다.

2) 시민 미디어의 이론적 배경

기존 매스 미디어의 문제점을 극복하고 미디어에 대한 시민의 권리를 되찾으려는 시민 미디어의 움직임을 정당화하는 이론적 근거로는 시민의 알권리, 미디어 액세스권, 수용자 주권론 등을 들 수 있다(최영묵·김동규(2000), p.222).

(1) 시민의 알권리

알권리(right to know)란 통상적으로 일반 시민 혹은 언론 기관이 일반적으로 접근할 수 있는 모든 정보원(source)으로부터 아무런 방해를 받지 않고 자유롭게 정보를 취득할 수 있는 권리를 의미한다. 즉 어떠한 것을 알기 위해 정보 수집, 정보 제공이나 전파, 정보 접수 등 모든 정보 유통 과정에 참여하는 권리를 의미한다고 할 수 있다. 구체적으로 위긴스(J. Wiggins)는 알권리란 방해 없이 정보를 입수하고, 사전 검열이나 부당한 보복 없이 인쇄 또는 방송하고, 커뮤니케이션을 위해 필요한 시설이나 자료에 접근하고, 정부나 개인의 방해를 받지 않고 정보를 전달하는 권리를 의미한다고 보았다(Wiggins(1964), p.3-4). 알 권리는 이처럼 정보 유통의 모든 과정을 포괄한다고 할 수 있다.

알권리는 처음에는 자유로이 보고 듣고 읽을 수 있는 소극적이며 수동적인 자유권적 권리에서 시작해 정부나 공공 기관에 대해 정보의 공개를 요구하는 적극적이고 능동적인 사회권적 권리로 확대됐다. 자유권적 성격이 강했던 알권리가 이처럼 사회권으로 권리 해석이 확대된 것은 1966년 미국에서 제정된 정보자유법(Freedom of Information Act)에 의해서다.

서구 사회에서 시민의 알권리가 강력하게 주창된 이유는 크게 두 가지를 들 수 있다(최영묵(2005), p.84-85). 첫째는 매스 미디어가 자본주의의 발전과 더불어 독과점화 됨으로써 언론과 시민이 분리되었다는 점이다. 송신자와 수신자가 명백하게 구분되는 일방향적인 매스 미디어 중심의 커뮤니케이션 환경에서 표현의 자유는 송신자만의 자유가 될 가능성이 크다. 둘째, 국가의 기능이 복잡해짐에 따라 국가의 질서와 안전 보장이라는 명분으로 시민의 알권리에 대한 제한이 날로 심화되고 있다는 점이다. 특히 제2차 세계대전이후 전쟁 중에 진행된 국가의 언론 통제에 대한 사회적 비판이 고조됐으며 이에 따라 언론 자유 이념을 새롭게 정립하려는 움직임 속에서 시민의 알권리 개념이 강력하게 대두했다.

우리나라의 경우 알 권리에 대해 헌법에 명문화하지는 않았지만 헌법 제1조의 국민 주권의 원리, 제10조의 인간 존엄과 행복추구, 제21조의 표현의 자유, 제34조의 인간다운 생활을 할 권리 등을 근간으로 알권리를 헌법적 권리로서 인정하고 있다. 이처럼 헌법이 보장하는 표현의 자유를 확보하기 위한 최소한의 전제로서 알권리는 언론사만을 위한 것이 아니라 궁극적으로 시민을 위한 권리라는 점에서 시민 미디어를 요구하는 근거가 되고 있다.

(2) 미디어 액세스권

시민 미디어의 또 다른 이론적 배경으로 액세스권(right of access)이 있는데 액세스권이란 매스 미디어로부터 소외된 공중이 자기의 의견을 표명하기 위해 매스 미디어에 필요한 지면이나 시간을 요구해 그것을 이용할 수 있는 접근권이라고 할 수 있다(팽원순(1984), p.114). 이러한 액세스권은 일반 시민 즉 수용자가 매스 미디어에 접근해서 의견이나 사상, 정보 등을 표현할 수 있는 표현의 자유와 연결되어 이해할 수 있다. 액세스권은 수용자의 적극적인 참여를 통해 자신의 의사 표현을 할 수 있는 참여 공간으로서의 미디어 접근 이용권과 더불어 자신과 관련 있는 기사나 프로그램에 대해 반론이나 해명의 기회를 요구할 수 있는 반론권 등을 포함한다고 할 수 있다.

미디어 액세스권은 1967년 미국의 헌법학자인 배런(Jerome A. Barron)이 언론 자유를 보장하고 있는 미국 수정 헌법 제1조와 전통적인 언론 자유에 대한 재평가를 주장하면서 제시한 권리다(원우현(1994), p.575). 배런(Jerome A. Barron)은 매스 미디어가 거대화 혹은 독점화하면서 소수 계층이나 집단의 전유물로써 절대적 영향력을 행사함으로써 언론의 자유가 변질돼 본질적인 언론 자유의 주체인 시민이 매스 미디어로부터 소외되고 있는 현실적인 문제를 지적하면서 미디어 액세스권을 인정해야 한다고 주장했다.

액세스권에 기초한 시민 미디어의 제도화된 형태는 특히 액세스 프로그램이나 액세스 채널과 같은 방송의 영역에서 찾을 수 있다. 액세스 프로그램은 앞서 얘기한 액세스권에 기반해 수용자 즉 시민이 직접 제작한 내용을 갖고 방송에 참여할 수 있는 프로그램을 의미한다. 여기서 액세스 프로그램이 말하는 참여는 시청자가 프로그램의 구성물로써 단순히 방청객 등으로 선택 동원되거나 시민이 제작한 비디오가 방송 프로그램의 내용에 맞춰 적당하고 알맞은 구성물로 편집되는 시청자 참여 프로그램과는 다르다. 국제방송협회(IBC)는 방송에 대한 '참여(participation)'와 '액세스(access)'를 분명하게 구분해서 규정하고 있는데 참여는 '그들이 초대하고 그들이 조정하며 그들의 시스템이 당신을 이용하는 것(they invite, they control, the system make use of you)'인 반면, 액세스는 '당신이 응하고 당신이 조정하며 당신이 시스템을 이용하는 것(you apply, you control, you make use of system)'이다(이정춘(2003), p.339). 액세스 채널은 시민들이 직접 그리고 자체적으로 제작한 이러한 액세스 프로그램들로만 이루어지는 방송 채널을 말한다.

(3) 수용자 주권론

수용자 주권이란 신문의 독자와 방송의 시청자, 즉 미디어 수용자들이 자신들의 알권리 충족을 위해 언론과 관련된 정책 과정에 참여하고 언론이 현실을 왜곡할 때 이를 감시할 권리를 가리킨다(강명구(1999), p.37-38; 김은규(2003), p. 32 재인용).

현대 사회에서 수용자의 주권을 찾고자 하는 움직임은 매스 미디어의 공익성과 공공성에 기반을 두고 있다. 공익성이란 특정 개인이나 집단의 사적 이익을 추구하기에 앞서 공공의 이익이 우선돼야 한다는 것이고 공공성이란 자원의 희소성으로 인해 본질적으로 특정 개인이나 집단의 전유물이 될 수 없다는 것이다. 수용자 주권론은 특히 전파의 희소성으로 인해 미디어의 공공성이 강조되는 방송의 영역에서 더욱 힘이 실린다. 전파는 그 자체가 한정돼 있기 때문에 공적 자원인 공공재(public goods)의 지위를 부여받게 된다. 방송사는 국민의 소유인 전파에 대해 한시적 이용권을 위임받아 일정 기간 국민을 위해 활용하고 있을 뿐이다. 지상파 방송 등에 대해 일정 기간의 허가 기간을 두고 그 기간이 만료되면 심의를 거쳐 재허가를 받도록 하고 있는 것은 이 같은 근거에서다.

수용자 주권이라는 용어는 방송의 경우 시청자 주권이라는 개념으로 구체화되는데 방송에서 시청자 주권이 강조되는 것은 첫째, 시청자인 국민이 공공재인 전파의 실질적 소유자라는 점, 둘째, 시청자가 방송의 소비자라는 점, 셋째, 수신료 형태로 직접 지불하든 광고비 형태로 간접 지불하든 시청자가 방송사 재원의 실질적 납부자라는 점에 근거하고 있다. 그리고 이러한 시청자 주권은 시청자의 방송 참여와 관련해 세 가지 권리 즉 방송에 참여해 자신의 의견을 개진할 수 있는 방송 접근권, 살아가는데 필요한 정보를 얻을 수 있는 정보 접근권, 방송으로부터 사생활을 침해받거나 명예 훼손을 입을 경우 피해 구제를 받을 권리 등으로 나타난다(최영묵(2005), p.87).

요컨대 수용자 주권이란 수용자가 언론의 주인으로서 주체적인 권리를 갖고 미디어의 제작과 생산에 직접 참여하고자 하는 것으로 올바른 언론 정책이 정립될 수 있도록 시민들의 권리 회복을 위한 자발적인 노력과 더불어 구체적인 실천 방안으로서 다양한 형태의 시민 미디어를 통해 미디어에 대한 시민의 참여를 확대하는 것이 필요하다고 하겠다.

✪ 정리하기

- 넓은 의미에서의 시민 미디어(civic media)는 소유 주체와 무관하게 시민이 운영과 제작, 편성에 직간접적으로 참여할 수 있는 다양한 유형의 시민 참여 미디어라고 정의할 수 있다. 좁은 의미에서의 시민 미디어는 시민 사회내의 시민이 주체가 되어 직접 소유, 운영하는 대안 미디어(alternative media)적 성격의 미디어를 말한다고 할 수 있다.
- 미디어에 대한 시민의 권리를 되찾으려는 시민 미디어의 움직임을 정당화하는 이론적 근거로는 시민의 알권리, 미디어 액세스권, 수용자 주권론 등을 들 수 있다. 알권리란 통상적으로 일반 시민 혹은 언론 기관이 일반적으로 접근- 할 수 있는 모든 정보원으로부터 아무런 방해를 받지 않고 자

유롭게 정보를 취득할 수 있는 권리를 의미한다.

- 액세스권이란 매스 미디어로부터 소외된 공중이 자기의 의견을 표명하기 위해 매스 미디어에 필요한 지면이나 시간을 요구해 그것을 이용할 수 있는 접근권이라고 할 수 있다. 수용자 주권이란 미디어 수용자들이 자신들의 알권리 충족을 위해 언론과 관련된 정책 과정에 참여하고 언론이 현실을 왜곡할 때 이를 감시할 권리를 가리킨다.

제11장 세계의 시민 미디어

1. 세계 시민 미디어의 유형

세계 각국은 다양한 형태의 시민 미디어를 통해 언론에 대한 시민의 참여를 보장하고 있다. 시민 역시 언론 활동에 적극 참여하면서 단순한 참여자의 수준을 넘어서서 언론의 한 중심축을 담당하는 미디어의 주체로 부상하고 있다. 가령 영국 BBC는 2005년 런던 지하철 테러 사건 때 시민들이 보내온 이메일과 문자 메시지, 사진, 동영상 등을 적극 활용해 시민들을 방송 제작에 본격 참여시키는 새로운 방송 모델을 추구해 전 세계 언론계의 주목을 끌었다. 당시 테러범들이 런던의 지하철과 버스에 폭탄을 터뜨린 사건이 발생했을 때 BBC는 일반 시민들로부터 1,000장에 달하는 사진과 아마추어 동영상 20편, 문자 메시지 4,000통, 이메일 2만 통을 받았다. BBC는 이튿날부터 저녁 TV 메인 뉴스를 전적으로 시청자들이 보내온 비디오를 편집해 만든 화면으로 시작했다.

1) 시민의 액세스 수준에 따른 시민 미디어의 유형

시민 미디어의 활성화는 시민 사회의 역량과 맥을 같이한다고 볼 수 있다. 일찍부터 시민 사회가 정착된 서구를 비롯해 세계 각국의 시민 미디어 사례를 보면 시민 미디어에 대한 개념과 의미는 대체로 비슷하면서도 상당히 다양한 유형이 존재함을 알 수 있다. 세계 각국의 시민 미디어는 본질적으로 일반 시민의 생활과 유리돼 있는 기존 매스 미디어에 대한 비판과 함께 이를 극복하기위한 실천 방식의 하나로 미디어에 대한 시민의 직접적인 참여를 통해 표현의 자유와 절차적 민주주의를 완성하고자 하는 공통된 인식이 내재해있다. 이들 시민 미디어는 그러나 그 지역 또는 국가의 역사와 전통에 따라 형성된 사회 문화적 제도와 언론 구조에 따라 다소간의 차이를 보이고 있다. 가령 스웨덴의 경우 방송사 소유 구조를 다원화함으로써 시민의 참여를 제도적으로 보완하고 있다면 미국의 케이블 TV는 소유 구조와 무관하게 액세스 채널에 대한 시민들의 운영을 통해 시민들의 참여를 보장하고 있다. 또 독일의 개방 채널은 법에 의해 시민의 참여가 강제되는 대안적 성격을 갖고 있다.

〈영국 BBC 뉴스 웹 사이트의 런던 지하철 테러 관련 뉴스〉

출처:
http://news.bbc.co.uk/1/hi/in_depth/uk/2005/london_explosions/default.stm

이처럼 각국의 사회 문화적 전통에 따라 다소간의 차이를 보이고 있는 시민 미디어는 신문 보다는 방송 영역에서 더 다양한 유형을 보이고 있는데 시민의 액세스(access) 수준을 기준으로 시민 미디어의 유형을 정리해보면 다음과 같이 소유구조 액세스, 채널 액세스, 프로그램 액세스, 대안적 액세스, 시민 저널리즘 액세스 등 크게 다섯 가지로 구분할 수 있다(이정춘(2003), p.341-343).

〈시민의 액세스 수준에 따른 시민 미디어 유형〉

유형	주요 사례	비 고
소유 구조 액세스	네덜란드: NOS 스웨덴: STV(TV), SR(라디오)	회원제에 기반한 방송사
채널 액세스 1 (사회 제도화)	미국: 퍼블릭 액세스 채널 독일: 개방 채널 캐나다: 커뮤니티 채널	케이블 PEG 액세스 지역 TV 및 라디오 케이블 사업자 자율
채널 액세스 2 (공공 단체)	미국: 딥 디쉬 TV 미국: FSTV 네덜란드: SALTO	위성 네트워크 다원적 네트워크 케이블 네트워크
프로그램 액세스	영국: BBC 이탈리아: RAI	일반 시민 참여 노조, 정당, 사회단체 참여
대안적 액세스 (전문 대안 방송)	쿠르드족 방송: MED TV 캐나다: WETV	소수 민족 방송 환경 전문 채널
시민 저널리즘 액세스	미국: 시민 저널리즘 프로젝트	시민 참여 보도 진행

출처: 이정춘(2003). 〈미디어와 사회〉, p.341.

(1) 소유구조 액세스

여기서 '소유 구조 액세스'는 미디어의 소유와 운영에 시민이 직접 참여하는 유형을 말한다. 네덜란드의 NOS(Nederlandse Omroep Stichting: 네덜란드 방송재단)와 같은 국가 국영 방송사와 AVRO(Algemene Vereniging Radio Omroep), NCRV(Nederlandse Christelijke Radio Vereniging)와 같은 민간 공영 방송사, 그리고 스웨덴의 SVT(Sveriges Television)로 불리는 공영 TV 방송사와 SR(Sveriges Radio)로 불리는 공영 라디오 방송사가 대표적인 예라고 할 수 있다. 네덜란드는 종교적, 사상적으로 다양한 성격의 협회들이 방송사를 소유하고 있다. 네덜란드는 회원제에 기반한 이러한 다원적 방송사 소유 구조를 토대로 회원 수에 따라 TV와 라디오 등에 대해 연간 방송 시간을 할

당함으로써 상호 공존하는 시간 할당제 방식의 방송 참여를 제도화하고 있다. 스웨덴은 강력한 사회 민주주의적 전통에 따라 사회단체, 신문사, 기업 등 각계각층이 방송사에 참여할 수 있도록 공영 방송사의 소유 구조를 다원화하고 있다.

(2) 채널 액세스

'채널 액세스'는 독자적인 채널을 확보해서 시민들이 직접 제작한 프로그램을 방송하는 독립 채널을 말한다. 이러한 채널 액세스 유형은 정책적으로 제도적 차원에서 시민들의 참여가 가능한 액세스 채널을 보장하고 있는 경우와 공공 단체 혹은 미디어 단체가 자발적인 노력을 통해 방송 사업자의 특정 채널을 액세스 채널로 확보하고 있는 경우 등 두 가지 경우로 나누어볼 수 있다. 케이블 TV 내에 시민 영역을 확보하려는 시도로 1970년대 이후 급속히 확산된 미국의 퍼블릭 액세스 채널, 지역 TV 및 라디오를 중심으로 실시되고 있는 독일의 개방 채널, 그리고 케이블 TV 사업자가 자율적으로 개인과 단체의 방송 참여 기회를 제공하고 있는 캐나다의 커뮤니티 채널은 전자의 대표적인 예라고 할 수 있다. 반면 위성 네트워크를 이용한 미국의 딥디쉬(Deep Dish) TV와 FSTV, 케이블 네트워크를 이용한 네덜란드의 SALTO(암스테르담권방송협회) 등은 후자의 대표적인 예라고 할 수 있다. 이처럼 미국을 비롯해 대부분의 서유럽 국가와 캐나다, 호주 등지에서 운영되고 있는 액세스 채널은 시민 미디어의 핵심을 이루고 있다고 할 수 있는데 지상파, 위성, 케이블 등 다양한 형태가 있지만 대개 케이블 방송에 집중돼 있다.

(3) 프로그램 액세스

'프로그램 액세스'는 시민이 제작한 프로그램을 공영 방송 혹은 상업 방송의 기존 방송 편성에 반영하는 유형을 말한다. 이러한 프로그램 액세스는 방송사의 기획 혹은 제작 의도에 따라 시청자들이 프로그램에 동원되는 단순한 시청자 참여 프로그램과는 다르다. 즉 액세스 프로그램은 시민이 단순히 프로그램의 구성물로써 방청객 등으로 선택 혹은 동원되는 것이 아니라 일반 시민이 주체적으로 직접 기획하고 제작한 프로그램을 말한다. 이러한 프로그램 액세스의 대표적인 사례로는 영국의 BBC, 이탈리아의 RAI 등을 들 수 있다.

(4) 대안적 액세스

'대안적 액세스'는 공영 혹은 민영 방송 등 방송 제도에 상관없이 기존의 방송 구조 하에서는 현실적으로 수용하기 어려운 프로그램을 제공하는 대안적 제작 및 편성 구조를 갖는 미디어 유형을 말한다. 가령 쿠르드족 방송인 MED TV와 환경 전문 채널인 캐나다의 WETV처럼 기존 미디어에서 소외된 소수 민족이나 성적 소수자 혹은 환경이나 교육 문제 등을 주로 다루는 대안 방송이 대표적인 예라고 할 수 있다. 이러한 대안적 미디어는 시민 일반을 대상으로 하고 있지 않다는 점에서 엄밀한 의미에서 시민 미디어라고 하기에는 미흡한 측면이 있지만 기존 미디어의 인식 틀을 뛰어넘어 시민 사회의 다양성 확보를 위한 토대가 되고 있다는 점에서 넓은 의미에서 시민 미디어의 한 유형으로 포괄될 수 있다고 하겠다.

(5) 시민 저널리즘 액세스

'시민 저널리즘 액세스'는 기존 언론 혹은 저널리즘의 문제점에 대한 자성을 토대로 공공의 문제에 대한 시민의 참여를 통해 공공 생활과 민주주의를 활성화시키는 것을 지향하고 있는 시민 저널리즘에 기반하고 있는 유형을 말한다. 시민 저널리즘은 실천적 차원에서 언론 보도에 시민의 참여를 높이고 시민의 생활과 밀접한 의제를 발굴해 보도하는 시민 중심의 보도 방식을 중요시한다. 또 언론이 지역 사회 문제에 적극 개입해 공공의 문제 해결을 위한 대화와 토론의 장을 제공하고 시민들이 적극 참여하도록 유도함으로써 궁극적으로 공공의 문제에 대해 숙의하고 이를 함께 해결해 나가는 참여적 시민을 창출하는 것을 목표로 하고 있다.

✪ 정리하기

- 세계 각국의 시민 미디어는 일반 시민의 생활과 유리돼 있는 기존 매스 미디어에 대한 비판과 함께 이를 극복하기위한 실천 방식의 하나로 미디어에 대한 시민의 직접적인 참여를 통해 표현의 자유와 절차적 민주주의를 완성하고자 하는 공통된 인식이 내재해있다. 이들 시민 미디어는 그러나 지역 또는 국가의 역사와 전통에 따라 형성된 사회 문화적 제도 또는 언론 구조에 따라 다소간의 차이를 보이고 있다.
- 시민의 액세스(access) 수준을 기준으로 세계 각국의 시민 미디어의 유형을 정리해보면 소유 구조 액세스, 채널 액세스, 프로그램 액세스, 대안적 액세스, 시민 저널리즘 액세스 등 크게 다섯 가지로 구분해 볼 수 있다.
- 채널 액세스는 독자적인 채널을 확보해서 시민들이 직접 제작한 프로그램을 방송하는 독립 채널을 말하는데 미국을 비롯해 대부분의 서유럽 국가와 캐나다, 호주 등지에서 운영되고 있는 액세스 채널은 시민 미디어의 핵심을 이루고 있다고 할 수 있으며 지상파, 위성, 케이블 등 다양한 형태가 있지만 대체적으로 케이블 방송에 집중돼 있다.

2. 세계 시민 미디어의 유형별 사례

1) 소유 구조 액세스

(1) 네덜란드의 회원제 방송 제도

네덜란드는 고유의 사회 문화적 전통인 필라(pillar) 주의에 입각해 누구든지 일정한 회원을 확보해 필요한 조건만 갖추면 공영 방송의 시간을 할당받을 수 있도록 시민의 방송 참여를 제도화하고 있다. 필라주의는 종교, 이념 등이 같은 사람들을 지칭하는 용어인 필라에 기인하는 네덜란드의 독특한 사회 현상을 말한다. 1870년대부터 형성되기 시작한 네덜란드의 필라주의는 종교, 정치, 사상적으로 유사한 성향을 갖는 사람들끼리 교회, 학교, 정당, 전문 직종이나 거래 협회, 신문, 방송 조직 등을 자신들의 입장에 따라 설립하고 운영하는 형태로 구체화되었다. 이에 따라 특정 필라에 속한 사람들은 교육, 경제, 문화 및 여가 활동까지 소속 필라의 사람들끼리 해결하는 등 생활의 대부분의 영역을 소속 필라 속에서 영위하는 특성을 보여 왔다. 네덜란드에서 필라 주의는 다른 필라에 대한 배타성이나 적대감을 표출하는 것이 아니라 사회의 다원성이나 다양성을 나타내는 것으로 이해되고 있고, 또 사회세력 간의 형평을 강조하는 근원이 되고 있다고 할 수 있다(한국방송광고공사(1995); p.35-36; 강준만(2001), p.194 재인용).

네덜란드의 이러한 필라 문화는 19세기에 오랫동안 지속된 종교 분쟁의 아픈 경험으로부터 나온 것으로 신문이나 방송 같은 언론 체제에도 그대로 반영되고 있다. 네덜란드 방송은 공영 방송과 상업 방송이라는 이원적 구조로 이루어져 있다. 공영 방송의 경우 3개의 공영 TV 채널과 5개의 공영 라디오 채널이 존재하는데 네덜란드 공영 방송의 특징은 한 방송사가 특정 채널을 독점적으로 사용하는 것이 아니라 하나의 방송 채널을 여러 공영 방송사들이 공동으로 사용한다는 것이다. 공영 방송의 채널은 단지 방송 프로그램이 전송되는 통로의 기능만 담당하고 있으며 방송 프로그램은 필라에 입각해 방송 시간을 할당받은 다수의 공영 방송사들에 의해 제작된다. 공영 채널을 사용하는 공영 방송사들은 크게 국가 공영 방송사와 민간 공영 방송사로 구분되는데 국가 공영 방송사로는 네덜란드 방송 재단(NOS)과 네덜란드 프로그램 재단(NPS)이 있다. 민간 공영 방송사는 네덜란드 특유의 필라 주의에 의해 설립된 방송사들로 다수의 회원을 확보한 방송 단체에 의해 운영되며 각기 회원수에 맞게 방송 시간을 배분받아 자신들의 가치관에 기초해 문화, 교육, 정보, 오락 등의 프로그램을 방송한다. 민간 공영 방송사들로는 AVRO(Algemene Vereniging Radio Omroep), NCRV(Nederlandse Christelijke Radio Vereniging), KRO(Katholieke Radio Omroep) 등이 있는데 네덜란드는 2000년 방송법을 개정하면서 공영 방송을 NOS로 단일화하고 그 산하에 기존의 민간 공영 방송사들을 소속시키는 형태로 방송 제도를 대폭 손질했다(김은규(2003), p.62-70).

(2) 스웨덴의 다원적 방송 소유 제도

스웨덴은 강력한 사회 민주주의적 전통에 따라 신문이나 방송과 같은 미디어에 대해 시민 사회의 참여를 제도적으로 보장하고 있다. 방송 시간 할당제 형식의 방송 시간 다원화를 통해 시민의 참여를 보장하고 있는 네덜란드와는 달리 스웨덴 공영 방송은 소유 구조를 다원화함으로써 각계각층의 시민의 참여를 보장하고 있다. 스웨덴 공영 방송의 가장 큰 특징은 노동조합과 종교 단체, 소비자 단체 등의 사회단체와 신문사, 공기업 등 재계가 각각 일정 비율로 방송사의 지분을 나누어 갖는 소유 구조의 다원화를 통해 사회집단의 다양한 목소리가 공영 방송을 통해 전달될 수 있도록 하고 있다. 스웨덴 공영 방송은 1993년 구조 재편을 통해 기존의 스웨덴방송공사(SBC)를 해체하고 SVT(Sveriges Television)로 불리는 공영 TV 방송사와 SR(Sveriges Radio)로 불리는 공영 라디오 방송사, UR(Sveriges Utbil dningsradio)로 불리는 교육 방송사 등 서로 완전히 분리된 3개의 독립적인 방송사로 개편했다. 이렇게 3개의 영역으로 구성된 스웨덴의 공영 방송은 광고 방송을 못하도록 규정하고 있으며 정부가 거둬들이는 특별 수신료와 국가 예산의 보조를 통해 운영되고 있다(김은규(2003), p.70-75).

2) 채널 액세스

(1) 미국의 퍼블릭 액세스 채널

퍼블릭 액세스 운동은 1960년대 말 캐나다영화진흥기구(National Film Board of Canada: NFB)가 '변화를 위한 도전(Challenge for Change)'이라는 프로그램을 제작할 당시 일반 시민들을 참여시키면서 시작된 것으로 알려져 있다. 이처럼 1960년대 말 캐나다에서 전개된 퍼블릭 액세스 운동에 기원을 두고 있는 미국의 퍼블릭 액세스 채널은 1970년대 이후 사회 운동가, 독립미디어 제작자, 진보적 미디어 연구자들의 노력에 의해 급속도로 확산됐다. 미국에서 퍼블릭 액세스 채널이 법률적으로 확실하게 보장된 것은 연방통신위원회(FCC)가 1972년 케이블 방송에 대해 공공(public), 교육(educational), 정부(governmental) 채널 등 비영리 목적의 공공 채널을 반드시 두고 이를 위해 최소한의 시설과 장비를 갖추도록 규정하면서부터라고 할 수 있다.

FCC는 케이블 TV의 퍼블릭 액세스 채널의 성격과 운영 방향에 대해 다음과 같이 강제하고 있다. 첫째, 케이블 TV 사업자는 최소한 한 개의 비상업적인 채널을 유지해야 한다. 둘째, 최소한 하나 이상의 퍼블릭 액세스 채널을 항상 무료로 개방해야 한다. 셋째, 케이블 TV 액세스 프로그램 제작에 필요한 최소한의 장비와 시설이 공적으로 이용될 수 있도록 유지해야 한다. 넷째, 케이블 TV 사업자는 5분 이하의 생방송에 대해 제작비를 부과할 수 없다. 다섯째, 케이블 TV 사업자는 프로그램 내용에 대해 어떠한 통제도 가할 수 없다. 여섯째, 케이블 TV 사업자는 채널의 운영에 관한 규칙을 제정해야 한다. FCC는 또한 퍼블릭 액세스 채널 운영을 위한 최소한의 규칙으로 다음과 같이 규정하고 있다. 첫째, 액세스는 무차별 선착순 원칙에 따라야 한다. 둘째, 상업적 상품 서비스의 판매를 목적으로 하는 광고 방송을 금지한다. 셋째, 복권 정보 방송을 할 수 없다. 넷째, 음란하거나 외설스러운 내용의 방송은 금지한다. 다섯째, 액세스 시간을 요구하는 모든 개인과 집단의 이름과 주소는 공공 열람을 허용해야한다(최영묵(2005), p.112-113).

케이블 TV의 퍼블릭 액세스 채널에 대한 이러한 법적 강제는 언론의 자유를 보장하는 수정 헌법 제1조의 위배 여부와 관련해 많은 논란을 빚어 1984년 케이블 정책법(Cable Communications Policy Act)에서는 규제 완화의 방향으로 개정됐다. 이에 따라 규제의 주체가 FCC에서 지방 정부로 바뀌면서 지방 정부의 프랜차이즈 위원회로 권한이 이관됐다. 그러나 규제 완화 정책에도 불구하고 모든 지역에서 케이블 TV 사업자들이 케이블 TV 사업권을 놓고 경합할 뿐만 아니라 지방 정부의 프랜차이즈 위원회가 지역 사업권 심사에서 공공 채널의 시설과 기금 지원을 강력하게 요구하였고 또 지역의 시민 사회 단체들이 액세스 채널을 위해 지방 정부에 보다 강력하게 압력을 행사할 수 있게 되었기 때문에 액세스 채널 자체는 더욱 확대됐다. 미국의 액세스 채널은 공공, 교육, 정부 등 세 가지 유형으로 이루어져 있는데 일부 소도시에서는 이 세 영역의 프로그램이 동일한 채널에서 방송되기도 한다. 액세스 채널의 수와 사용 가능한 장비 및 시설의 규모는 케이블 TV 회사와 지방 정부 간의 프랜차이즈 즉 지역 독점 사업권 협정을 통해 결정되는데 액세스 채널의 운영 비용은 주로 지방 정부와 프랜차이즈 협약을 맺은 케이블 TV 사업자가 지역 독점 사업권의 대가로 부담하게 된다(최영묵(2005), p.106-110).

(2) 독일의 개방 채널

독일은 각 주마다 따로 미디어 법(media law)이 규정돼 있어 시민 미디어도 주에 따라 다양한 형태를 취하고 있는데 가장 일반적인 것이 케이블을 이용한 개방 채널(Offener Kanal)이다. 개방 채널은 1980년대 중반 케이블의 보급과 함께 독일에서 처음으로 상업 방송이 등장하면서 그에 대한 시민 단체의 우려와 비판을 무마하기 위한 정책적 타협을 통해 도입됐다. 1984년 케이블 방송 사업의 도입을 위해 루드비히스하펜에서 시범 사업을 추진하면서 처음 시도된 개방 채널은 1985년 도르트문트와 베를린에도 도입됐으며 이후 연방 각주로 확산됐다. 독일은 각 주마다 방송법이 다르기 때문에 같은 개방 채널이라 하더라도 주에 따라서 운영 주체나 참가 자격, 방법, 방송 내용 등이 조금씩 다르다. 그러나 기본적으로 일반 시민들이 자기 책임 하에 자신들의 다양한 의견을 표현하고 발표하는 기회를 제공함으로써 언론과 표현의 자유를 보장한다는 취지 하에 이를 법률상 제도로 보장하고 있다는 점이 특징이다.

개방 채널에 관한 사항들을 조정하고 협의하는 '개방 채널/시민방송협회(Arbei tskreis Offene Kanale/Burgerrundfunk: AKOK)'는 개방 채널을 '모든 사람에게 자유롭고 공평한 이용이 보장되어 있는 지역 라디오와 텔레비전'으로 정의하고 있다(김은규(2003), p.81). 따라서 독일의 개방 채널은 그 지방에 거주하는 18세 이상의 주민이면 누구나 자유롭게 참여할 수 있으며 방송 프로그램의 주제나 구성도 자유롭고 사전 검열이 없어 내용에 대해선 일절 간섭하지 않는다. 또 문화의 다양성과 공존을 위해 독일어뿐만 아니라 다른 언어로도 방송할 수 있도록 하고 있다. 독일의 개방 채널은 주 방송위원회에서 시민들이 납부하는 공영 방송 수신료의 2%를 받아서 일부를 개방 채널에 지원할 수 있도록 하는 등 재정 지원이 법적으로 보장돼 있다. 따라서 방송 프로그램 제작을 위한 스튜디오와 기본 장비는 물론 원할 경우 기술적인 조언이나 교육 등 각종 지원도 무료로 제공된다. 프로그램 편성도 기본적으로 신청 순서대로 선착순 원칙에 따라 실시하고 있다. 그러나 상업용 광고 프로그램이나 그런 의도가 다분한 상업적 프로그램은 금지되며 프로그램의 내용에 대한 법적 책임도 제작자 개인 혹은 단체가 지도록 하고 있다. 이처럼 독일의 개방 채널은 이용의 개방성, 공공성, 비상업성, 지역성, 매체 능력의 향상, 국제성 등을 중요한 특징으로 하고 있다.

가장 대표적인 개방 채널 가운데 하나인 베를린 개방 채널(Offener Kanal Berlin: OKB)의 경우 1985년 8월 케이블 TV로 시작한 이후 베를린 방송법에 따라 외국인을 포함해 누구나 자신이 직접 만든 프로그램을 편집이나 삭제 없이 내보낼 수 있도록 하고 있다. 심사를 거쳐 방영할 프로그램을 선정하기는 하지만 정해진 법규에 저촉되는지 여부를 심사할 뿐이며 일단 선정된 작품은 내용을 마음대로 편집할 수 없다. 또 문화의 다양성과 공존을 중시하는 개방 채널의 취지를 반영해 독일어가 아닌 다른 언어로도 방송할 수 있도록 하고 있다. 베를린 개방 채널은 주로 케이블을 통해 시민이 직접 만든 프로그램을 방송하고 있으며 라디오 방송도 내보내고 있는데 프로그램의 상당수가 독일어가 아닌 외국어로 제작되고 있다. 시민들의 호응도 높아 한 달 평균 300편 가량의 작품이 들어오고 있다.

(3) 미국의 딥 디쉬 TV(Deep Dish TV)

미국의 퍼블릭 액세스 채널이나 독일의 개방 채널은 국가에 따라 정책적으로 주로 케이블 방송에 대한 의무 규정이나 자율 규정 등을 통해 일반 시민의 참여가 가능하도록 액세스 채널을 제도화하고 있는 경우라고 할 수 있다. 그러나 이처럼 제도화된 액세스 채널과는 달리 공공 단체 혹은 미디어 단체가 자발적인 노력을 통해 액세스 채널을 운영하고 있는 경우도 있는데 미국의 진보적인 미디어 활동가 등을 중심으로 활동하고 있는 딥디쉬 TV(Deep Dish TV)와 비영리법인인 공공 커뮤니케이션사(Public Communication, Inc.)에 의해 운영되는 프리스피치 TV(FSTV), 네덜란드의 SALTO(암스테르담권방송협회) 등이 대표적인 예라고 할 수 있다.

1985년에 설립된 미국의 딥디쉬 TV(Deep Dish TV)는 케이블 TV를 중심으로 퍼블릭 액세스 운동을 전개하던 대표적인 케이블 TV 액세스 프로그램 제작 단체인 페이퍼타이거 TV(PTTV)를 모태로 하고 있다. PTTV는 1981년부터 미국 맨해튼 지역에서 신문, 잡지, 방송 등 각종 주류 미디어에 대해 비판적 시각을 담은 퍼블릭 액세스 프로그램들을 제작해왔다. 이러한 미디어 비평 활동이 큰 호응을 얻자 PTTV는 미디어 운동가들을 중심으로 1985년부터 방송 위성의 채널을 임대해 딥 디쉬 TV라는 이름으로 군국주의, 농업, 인종주의, 중남미 문제, 아동 문제 등을 다룬 프로그램을 내보내면서 전국적인 위성 네트워크로 발전하게 됐다. 이에 따라 지역에 한정돼 있던 시민 미디어 운동의 성과를 위성을 통해 미국 전역에 그리고 전 세계적으로 공유하게 됐다.

딥 디쉬 TV의 프로그램은 위성 방송 채널과 케이블 TV 액세스 채널 등 두 가지 경로를 통해 시청자들에게 전달된다. 이러한 딥 디쉬 TV의 프로그램 내용은 기존 미디어에서 소외된 다양한 계층의 시각을 반영하는 다양성과 개방성, 창조성을 모토로 하고 있기 때문에 퍼블릭 액세스, 노동, 여성, 청소년, 인종차별, 대중문화, 농업, 주택, 중동 문제 등 매우 다양하다. 그러나 딥 디쉬 TV의 재정은 각종 공공 단체의 후원금, 제작된 프로그램의 판매 및 대여, 개인 후원자들의 기부금에 의존하고 있어 딥 디쉬 TV의 활동을 제약하는 요인이 되고 있기도 하다.

(4) 네덜란드의 SALTO(암스테르담권방송협회)

1985년 네덜란드에서는 케이블 TV에 대한 시민의 참여를 보장하는 지역방송 조직으로 SALTO(암스테르담권방송협회)가 발족됐다. SALTO는 TV 3개 채널, 라디오 6개 채널을 운영하고 있는데 이 가운데 2개의 TV 채널과 5개의 라디오 채널은 오픈 채널로 200여개의 시민 단체 및 개인들이 제작한 다양한 프로그램을 내보내고 있다. 방송 제작에 참여하는 단체는 자신들의 성격과 주장에 따라 정치, 문화, 연예 등 다양한 장르의 프로그램을 제작해 방영하고 있다. 이 가운데 이민 TV(Migranten TV)는 SALTO에서 제작력이 가장 큰 중심적인 단체 가운데 하나로 이민자들을 대상으로 학교, 병원 등의 지역 사회 정보와 오락, 문화 정보를 3개 국어로 방송하고 있다.

SALTO가 운영하는 채널은 케이블 방송사들이 무료로 제공하고 있는데 방송을 원하는 시민과 단체는 원칙적으로 시간당 일정한 방송료를 SALTO에 지불하게 돼있다. SALTO의 재정은 방송료 외에 자치단체와 국가로부터 지원금을 받고 있으며 이를 다시 개인이나 단체의 프로그램 제작비로 지원하고 있다(김은규(2003), p.98-100).

3) 프로그램 액세스

(1) 영국의 BBC

프로그램 액세스는 일반 시민이 독자적인 채널을 가지고 제작 방송하는 채널 액세스와는 달리 기존 체제 즉 제도화된 방송사의 채널을 이용해 시민이 제작한 프로그램을 내보낸다는 점에서 차이가 있다. 프로그램 액세스의 대표적인 사례로는 영국의 공영 방송인 BBC(British Broadcasting Corpor ation)의 오픈 도어(Open Door)를 들 수 있다.

BBC는 1973년 4월 여성 및 소외 계층의 방송 참여를 위해 오픈 도어라는 이름으로 방송 시간의 일부를 일반 시민에게 개방하는 액세스 프로그램을 시작했다. 오픈 도어는 이후 1983년의 오픈 스페이스(Open Space), 1992년의 비디오 다이어리(Video Diaries), 1993년부터 시작된 비디오 네이션(Video Nation) 등 새로운 유형의 액세스 프로그램으로 이어졌다. 오픈 도어에서 시작해 비디오 네이션으로 이어진 영국 BBC의 액세스 프로그램은 점차 쇠퇴하고 있는 경향을 보이고 있지만 BBC의 네트워크를 이용해 지상파 방송 시간의 일부를 시민들에게 개방하는 의미 있는 실험이었다는 점에서 의의를 갖고 있다.

4) 대안적 액세스

(1) 쿠르드족의 MED TV

대안적 액세스는 기존 방송사들이 현실적으로 수용하기 어려운 소수자를 위한 프로그램을 제공하는 대안적 성격의 제작 및 편성 구조를 갖는 미디어 유형을 말한다. 이러한 대안적 액세스의 대표적인 사례로는 소수 민족인 쿠르드족을 위한 MED TV와 캐나다의 환경 전문 채널인 WETV를 들 수 있다.

MED TV는 국가가 없이 중동과 북부 아프리카, 유럽 등 세계 각지에 흩어져 살고 있는 쿠르드족을 대상으로 하는 위성 방송으로 1994년 영국 방송위원회(ITC)의 허가를 얻어 영국 런던을 근거지로 방송 시스템을 구축해 1995

년 3월부터 쿠르드 언어로 첫 방송을 시작했다. MED TV의 프로그램은 정치, 역사, 문화, 언어, 예술, 종교, 교육, 음악, 영화, 다큐멘터리, 뉴스 등 쿠르드족의 문화와 정체성을 유지하고 쿠르드족의 실상을 전 세계에 알리기 위한 다양한 내용을 담았다. 그러나 MED TV는 복잡한 국제 관계 속에서 2000년 4월 ITC의 허가가 취소됨으로써 방송이 중단되는 사태를 맞았지만 위성을 이용해 중동과 북아프리카, 유럽 등을 가시청권으로 해서 국제적으로 소수민족을 위한 대안 방송의 역할을 했다는 점에서 의의가 있다고 할 수 있다.

(2) 캐나다의 WETV

1996년 10월부터 방송을 시작한 캐나다의 WETV는 환경, 인권, 여성, 윤리, 인간 개발 등 인류의 미래 세계에 영향을 미칠 수 있는 중요 이슈를 집중적으로 다루는 대안 방송이다. WETV의 이러한 프로그램은 WETV에 가맹한 세계 각국의 협력 방송사 및 국제기구들과의 파너트십을 통해 제작과 공급이 이루어진다.

WETV는 세계 각국의 다양한 비정부기구들이 새로운 국제적 텔레비전 네트워크를 구축하고 정보와 프로그램을 교환하기 위한 지속적인 노력의 결과로 출범하게 됐는데 WETV가 출현한 배경은 다음의 두 가지를 들 수 있다. 첫째, 인간 발전을 위해 노력해 온 국제적인 기구들이 전 세계의 정보를 공유할 창구를 마련하고 문화적 다양성을 반영하기 위해 노력한 결과라는 점이다. 둘째, 개발도상국을 포함해 방송 사업자와 독립 텔레비전 제작자들이 그들의 제작물을 유통시킬 시장과 통로를 확보하고자 노력한 결과라는 점이다(최영묵(2005), p.287).

WETV는 2001년 10월 캐나다 케이블 TV의 디지털 서비스를 이용해 그린채널(Green Channel)이라는 환경 전문 채널을 구축했다. 캐나다의 시청자들을 주 대상으로 하고 있는 그린 채널은 환경 관련 뉴스, 환경 다큐멘터리, 환경 개선을 위해 노력하는 사람들의 모습 등 환경 관련 내용을 중점적으로 다루고 있다. 이처럼 WETV를 모태로 하고 있는 캐나다의 그린 채널은 하루 18시간씩 환경 프로그램을 내보내는 WETV의 핵심 방송사라고 할 수 있다(김은규(2003), p.104-108).

✪ 정리하기

- 네덜란드는 고유의 사회 문화적 전통인 필라(pillar) 주의에 입각해 누구든지 일정한 회원을 확보해 필요한 조건만 갖추면 공영 방송의 시간을 할당받을 수 있도록 시민의 방송 참여를 제도화하고 있다.
- 스웨덴은 강력한 사회 민주주의적 전통에 따라 노동조합과 종교 단체, 소비자 단체 등의 사회단체와 신문사, 공기업 등 재계가 각각 일정 비율로 공영 방송의 지분을 나누어 갖는 소유 구조의 다원화를 통해 사회 집단의 다양한 목소리가 공영 방송을 통해 전달될 수 있도록 하고 있다.
- 독일의 개방 채널은 각 주마다 방송법이 다르기 때문에 주에 따라서 운영 주체나 참가 자격, 방법, 방송 내용 등이 조금씩 다르긴 하지만 일반 시민들이 자기 책임 하에 자신들의 다양한 의견을 표현하고 발표하는 기회를 제공함으로써 언론과 표현의 자유를 보장한다는 취지 하에 이를 법률상 제도로 보장하고 있다는 점이 특징이다.
- 오픈 도어(Open Door)에서 시작해 비디오 네이션(Video Nation)으로 이어진 영국 BBC의 액세스 프로그램은 BBC의 네트워크를 이용해 지상파 방송 시간의 일부를 시민들에게 개방한 의미 있는 실험이었다는 점에서 의의를 갖고 있다.

제12장 한국의 시민 미디어

1. 한국 시민 미디어의 유형

1) 한국 시민 미디어의 유형 및 운영 구조

우리나라의 시민 미디어는 최소한의 표현의 자유와 미디어 접근권을 쟁취하기 위한 시민 단체와 학계 등 시민 사회의 끊임없는 노력의 결과로 2000년 새로운 통합 방송법이 통과되면서 등장하게 됐다. 통합 방송법과 시행령은 KBS와 케이블 TV에 대해 시청자가 직접 제작한 액세스 프로그램을 편성하도록 법적 조항을 두었다. 아울러 2002년 3월 위성방송인 스카이라이프(SkyLife)가 출범하면서 시민 방송(RTV)이라는 이름의 액세스 채널이 등장하게 됐다. 이에 따라 우리나라의 경우 지상파 TV, 라디오 방송, 케이블 방송은 액세스 프로그램을 통해서, 위성 방송은 액세스 채널을 통해서 본격적인 시민 참여가 이루어지게 됐다.

2) 한국 시민 미디어의 유형별 사례

(1) 프로그램 액세스

우리나라 방송에 시민들이 직접 제작한 액세스 프로그램이 등장한 것은 지난 2000년 시민의 제작 참여를 제도적으로 의무화한 통합 방송법이 발효

되면서부터다. 통합 방송법은 대표적인 지상파 공영 방송인 KBS에 대해 시청자가 제작한 시청자 참여 프로그램 즉 액세스 프로그램을 편성하도록 강제하는 시민 액세스 관련 조항을 두었다. 또 케이블 TV와 위성 방송에 대해서도 시청자가 요청할 경우 특별한 사유가 없는 한 지역 채널 또는 공공 채널을 통해 시청자가 자체 제작한 프로그램을 방송하도록 규정한 법적 조항을 두었다. 아울러 방송 발전 기금에서 시청자가 제작한 방송 프로그램과 시청자 단체의 활동을 직접 지원할 수 있도록 명시함으로써 재정 지원을 통한 시민 미디어의 활성화를 유도하고 있다. 이에 따라 지상파 공영 방송인 KBS와 케이블 TV의 경우 액세스 프로그램이 법적으로 강제되거나 의무화됐고 마산 MBC, 전주 MBC 등 법적 의무가 없는 일부 지역 텔레비전 방송과 라디오 방송에서도 자발적으로 시민이 제작한 액세스 프로그램을 편성하는 등 시민 단체의 협력 하에 자율적으로 시민의 참여가 이루어지고 있다.

〈한국 시민 미디어의 유형 및 운영 구조〉

<table>
<tr><th>유형</th><th>매체</th><th>운영 주체</th><th>참여 구조</th><th>강제 형태</th></tr>
<tr><td rowspan="4">프로그램 액세스</td><td rowspan="2">지상파 TV</td><td>KBS
(시청자 참여 프로그램 운영 협의회)</td><td>액세스 프로그램
(시청자참여 프로그램)</td><td>법적 강제</td></tr>
<tr><td>지역 방송</td><td>액세스 프로그램</td><td>방송사 자율</td></tr>
<tr><td>라디오 방송</td><td>지역 라디오 방송</td><td>액세스 프로그램
(청취자참여 프로그램)</td><td>방송사 자율
(시민 단체 요구)</td></tr>
<tr><td>케이블 방송</td><td>케이블 TV 사업자</td><td>지역 채널
액세스 프로그램
(시청자제작 프로그램)</td><td>법적 의무
(강제 사항 아님)</td></tr>
<tr><td>채널 액세스</td><td></td><td>채널 사용 사업자</td><td>액세스 채널
(시청자제작 프로그램)</td><td>위성방송 사업자
법적 의무</td></tr>
</table>

출처: 이정춘(2003). 〈미디어와 사회〉, p.347.

한편 통합 방송법과 시행령에 대한 대응으로 시민 단체들은 2000년 3월 언론, 노동, 농민, 교육, 보건의료, 문화 등 각 분야의 시민 단체들이 참여해 시청자 참여 프로그램 시민 사회 단체 협의회(시청자 참여 협의회)를 구성했다. 시민 참여 협의회는 첫째, 각 분야별 참여 단체들의 프로그램 기획 논의

및 제작 준비, 둘째, KBS에 시청자 참여 프로그램 편성 기준에 대한 시민사회안 전달, 셋째, KBS와 시청자 참여 프로그램 편성 교섭 및 제작 지원 요청, 넷째, KBS 및 방송 유관 기관 시설 이용 교섭, 다섯째, 시청자 참여 프로그램 지원을 위한 방송 발전 기금 등 공익 자금 확보에 대한 공동 노력, 외국 액세스 프로그램 시사회 개최 등을 당면 활동 계획으로 제시했다. 그리고 장기적으로는 각 단체가 시청자 참여 프로그램을 자체 제작할 수 있도록 교육 및 지원 등의 활동을 계획했다(이종성(2004), p. 225-226).

〈KBS의 열린 채널〉

출처: http://www.kbs.co.kr/1tv/sisa/openchannel

① KBS의 열린 채널

KBS는 2000년 1월에 발효된 통합 방송법에 따라 '열린 채널'이라는 이름으로 KBS 1TV를 통해 2001년 5월 5일 한국여성단체연합이 제작한 '호주제 폐지, 평등 가족으로 가는 길'이라는 액세스 프로그램을 처음으로 내보낸 이후 매주 1회씩 개인 혹은 단체가 직접 제작한 시청자 참여 프로그램을 방영해왔다.

통합 방송법 시행령 제51조에서는 KBS가 편성 기준을 정해서 매월 100분 이상 시청자가 직접 제작한 시청자 참여 프로그램을 편성토록 규정하고 있다. 또 시행령에 따른 방송위원회 규칙에 의해 KBS 시청자 위원회가 시청자 참여 프로그램의 운영을 담당하고 필요에 따라 프로그램 제작비를 지원하도록 하고 있다. KBS는 이 같은 규정에 따라 2000년 7월 시청자 참여 프로그램 관리부를 신설하는 한편 시청자 프로그램의 원활한 운영을 위해 KBS 시청자 위원회 산하 기구로 시청자 참여 프로그램 운영 협의회를 두었다. 이후 시청자 참여 프로그램 운영 협의회를 중심으로 2001년 4월 운영 지침을 발표한데 이어 2001년 5월 처음으로 시청자 참여 프로그램을 내보냈다. KBS는 첫해인 2001년 9편에 이어 2002년 26편, 2003년 39편, 2004년 51편, 2005년 51편 등 열린 채널을 통해 다양한 주제의 시청자 참여 프로그램을 전국에 방영해 다소의 논란에도 불구하고 시민 액세스의 대중화에 기여했다.

KBS는 시청자 참여 프로그램에 대해 '일반 시청자 혹은 시민, 시청자 단체, 영리를 목적으로 하지 않는 비영리 단체 등이 직접 기획, 제작한 프로그램'이라고 규정하고 있다. 또 '사회 저변의 개혁 문제, 노동자, 농민, 인권, 환경, 장애인, 여성, 소외 계층 등과 관련된 내용들을 시청자의 눈과 귀로 직접 듣고 본 내용을 KBS를 비롯하여 누구의 간섭도 받지 않고 시청자 스스로가 만드는 방송 프로그램'이라고 밝히고 있다. 그러나 '시청자 참여 프로그램은 KBS 시청자 위원회로부터 '방송 심의에 관한 규정'에 의거한 방송 프로그램 심의와 KBS로부터 기술적 적합성에 대한 검토를 받아야 한다'는 편성 기준 때문에 갈등과 논란의 불씨가 되고 있기도 하다.

시청자 참여 프로그램의 내용을 보면 대체로 지상파 방송들이 다루지 않는 소재들로 구성된 다큐멘터리가 주종을 이루고 있다. 그러나 드라마나 영화, 쇼, 오락 등과 같은 프로그램도 가능하며 구성 형식에 대해 어떠한 제한을 두고 있지는 않다.

② 케이블 TV의 지역 채널

우리나라 방송법은 케이블 TV의 경우 지역 채널이나 공공 채널을 통해 시청자가 제작한 액세스 프로그램을 방송하도록 규정하고 있다. 즉 미국이나 캐나다와 같은 액세스 채널에 대한 규정은 없고 단지 시청자가 제작한 프로그램에 대해 방송을 요청하는 경우 특별한 사유가 없는 한 지역 채널이나 공공 채널을 통해 이를 방송해야한다고 규정하고 있다. 여기서 공공 채널이란 '국가가 공공의 목적으로 이용할 수 있는 채널'(방송법 70조 3항)을 말하며 지역 채널이란 종합유선방송사업자(SO)가 '지역 정보 및 방송 프로그램 안내와 공지 사항 등을 제작, 편성 및 송신하는 채널'(70조 4항)을 지칭한다.

이 같은 방송법에 따라 케이블 TV의 경우 SO가 직접 운용하는 지역 채널을 통해 나름대로 시민들이 만든 액세스 프로그램을 편성해서 내보내고 있지만 케이블 TV의 액세스 프로그램을 통한 시민 참여는 미미한 실정이다. 이처럼 케이블 TV의 시민 액세스가 활성화되지 못하고 있는 것은 케이블 TV의 경우 액세스 프로그램을 강제하지 않는 법 규정의 문제점, 케이블 방송사의 무관심, 제작 장비의 부족, 제작 주체의 부재, 제작자간의 취약한 연대 활동, 지역 주민의 무관심, 액세스 프로그램의 다양성 부족 등을 들 수 있다(최영묵(2005), p.186).

③ 지역 TV 방송의 액세스 프로그램

지역 TV 방송의 액세스 프로그램은 방송법에 의해서 강제되거나 의무화돼있는 KBS나 케이블 TV와는 달리 방송사의 필요에 의해서 혹은 시민 단체의 요구에 의해서 자율적으로 시행되고 있다. 대표적인 예로 지역 민영 방송인 경인방송(iTV)의 '당신의 채널'과 '게릴라 리포트', 전주 MBC의 'VJ 리포트' 등을 들 수 있다.

경인방송의 '당신의 채널'은 통합 방송법이 마련되기 이전인 1999년 1월부터 시청자가 직접 제작한 프로그램을 내보냄으로써 국내에서 처음으로 지상파를 통해 시민 액세스 프로그램을 시도했다는 점에서 의미를 갖고 있다. '당신의 채널'은 1999년부터 2000년까지 2년 가까이 방송사가 발굴하거나 공모를 통해 선정한 다양한 시청자 제작 프로그램을 매월 2-4편씩 방송했다. 프로그램 내용을 보면 쓰레기나 야생 동물과 같은 환경 문제, 장애인이나 탈북자 혹은 외국인 노동자와 같은 우리 사회의 소외된 이웃이나 약자의 이야기, 보통 사람들의 일상적인 삶의 이야기 등 주류 미디어에서 찾아보기 힘든 다양한 소재의 영상물이 소개됐다.

경인방송에서 2003년 6월부터 2004년 12월까지 방영했던 '게릴라 리포트'는 뉴스 게릴라 즉 시청자들이 직접 제작하는 새로운 뉴스 형식의 시사 프로그램을 통해 시민 참여 영역을 보다 확장했다. '게릴라 리포트'는 사회 각계 각층의 사람들이 참여해 현장의 다양한 이야기를 들려주었으나 경인방송이 방송사업자 재허가 추천을 받지 못해 종영됐다.

전주 MBC는 2002년 '인사이드 전북'이라는 프로그램의 한 코너로 'VJ 리포트'를 통해 시민들이 직접 제작한 영상물을 내보낸바 있다. 'VJ 리포트'는 지역 TV 방송을 이용한 시민 액세스 프로그램으로 경인방송과 같은 공모 방식 대신 방송사의 사전 심의 없이 시민 단체들의 자율적인 기획과 제작을 통해 지역 사회의 주요 이슈와 문제에 대한 시민의 목소리를 전달해왔다는 점에서 주목을 끌었다. 전주 MBC는 이후 2005년 4월 신설한 '열려라 TV'를 통해 '우리 동네 소식', '주위의 일상적이고 소박한 풍경' 등의 내용으로 구성된 액세스 프로그램을 방영해왔다.

④ 지역 라디오 방송의 액세스 프로그램

지역 라디오 방송의 경우에도 청취자가 직접 제작한 라디오 액세스 프로그램을 통해 각계 시민들이 참여하는 시민 참여 미디어로서의 가능성을 보여주고 있다. 지역 라디오를 통한 액세스 프로그램의 대표적인 예로 마산 MBC의 '여론중계실'을 들 수 있는데 마산 MBC는 2000년 10월부터 2002년 5월까지 AM 라디오 방송을 통해 진행되던 '여론 중계실'에 매주 1회씩 총 76회에 걸쳐 시민 단체가 제작한 액세스 프로그램을 방송한 바 있다.

'여론 중계실'의 액세스 프로그램은 많은 시민 사회 단체들이 환경, 노동, 인권, 언론 등 다양한 주제를 가지고 참여했으며 프로그램 형식도 단순한 인터뷰 형태에서 벗어나 드라마 형식을 이용하는 등 다양하게 진행됐다. 방송사의 역할은 제작에 필요한 조언과 기술적 지원에만 한정시켰고 프로그램의 내용에 대해서는 일체 간섭하지 않는 등 시민 단체들의 자율적인 제작을 보장했다. 그러나 '여론 중계실'의 라디오 액세스 프로그램은 2002년 5월 민예총에서 제작한 '5.18 광주 이야기'의 내용이 문제가 되면서 방송이 중단됐다.

이후 마산 MBC의 액세스 프로그램은 '라디오 광장' '보물 상자' '열려라! 라디오' 등의 프로그램으로 옮겨져 지역 밀착형 주제와 독창적인 구성을 통해 시민의 관심과 참여를 유도해왔다.

(2) 채널 액세스

케이블과 위성 방송 등 뉴미디어의 등장으로 부족하던 채널이 풍부해지면서 서구에서는 액세스 프로그램뿐만 아니라 액세스 채널에 대한 시민 사회의 요구가 받아들여져 일반 시민들이 독립 채널을 통해 자신들이 직접 제작한 프로그램을 방송하는 채널 액세스가 활발하게 이루어지고 있다. 우리나라의 경우에도 2002년 3월 위성방송 사업자인 한국 디지털 위성 방송(KDB)의 스카이라이프(SkyLife)가 출범하면서 시민들이 제작한 액세스 프로그램을 전문적으로 방송하는 액세스 채널이 첫선을 보였다. 2001년 9월 스카이라이프의 시민 채널 위탁 사업자로 선정된 재단법인 시민 방송이 2002년 9월 RTV라는 이름으로 정식 개국하면서 국내 최초의 액세스 채널이 탄생한 것이다.

〈시민 방송 RTV〉

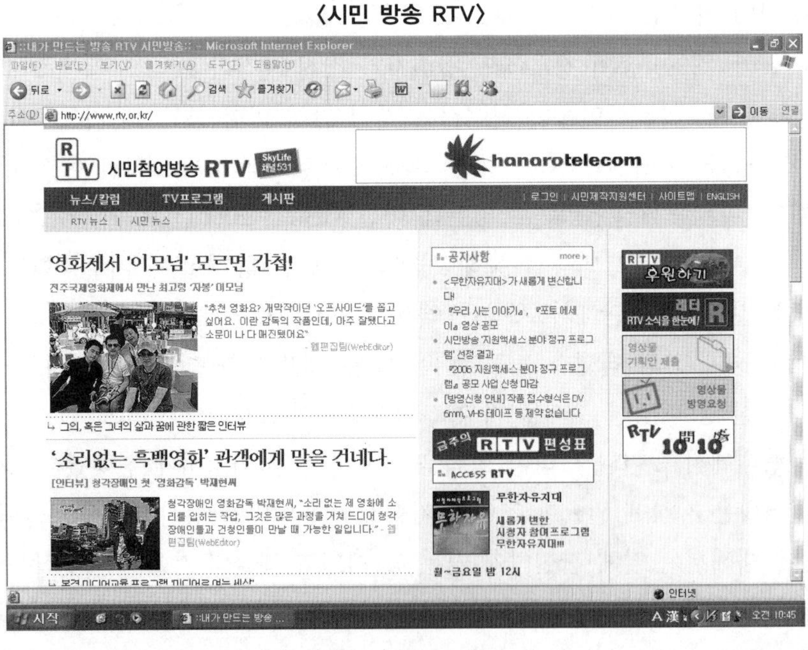

출처: www.rtv.or.kr

RTV는 모든 프로그램의 제작에 시민이 참여하는 것을 원칙으로 하고 있는 본격적인 액세스 프로그램 전문 방송 채널로 일반적인 액세스 채널과는 달리 위성 채널로 출발해 소단위 지역이 아닌 전국 방송으로서의 잠재력을 갖고 있다는 특징을 갖고 있다. RTV는 이처럼 전국 규모의 디지털 위성 방송으로는 국내 최초이자 세계 최초의 퍼블릭 액세스 채널이라는 점에서 의의를 갖고 있다. RTV는 스카이라이프 위성 채널 531을 통해 방송되고 있으며 2003년부터는 위성뿐만 아니라 지역 케이블 방송을 통해서도 전송이 되고 있다.

RTV의 프로그램 제작 방식을 보면 시민들이 직접 제작하는 방식, 시민이 기획하고 RTV가 직간접적으로 제작을 지원하는 공동 제작 방식, RTV가 직접 제작하는 방식 등으로 구분할 수 있다. RTV는 이 가운데 자체 제작 프로그램은 10% 수준으로 최소화하고 시민 제작 프로그램에 대한 지원 확대를 통해 전체 편성에서 시청자 제작 프로그램이 차지하는 비율을 90% 정도로 유지함으로써 일반 시민의 실질적인 방송 참여를 확보하는 것을 지향하고 있다. 이와 관련해 RTV는 영상물 제작 경험이 부족한 시민들을 위해 스튜디오와 각종 촬영 기자재, 편집 장비 등을 갖춘 시민 제작 지원 센터(Citizen's Network Center: CNC)를 통해 다양한 기술 지원과 함께 방송 편집 및 제작 교육을 하고 있다.

RTV는 그러나 방송법이 RTV와 같은 독립적인 액세스 채널을 강제하고 있지 않기 때문에 스카이라이프의 '시민 채널 위탁 사업자'라는 불안한 지위로 개국함으로써 의무 전송 대상인 공공 채널로서의 법적 지위를 보장받고 있지 못하다. 이러한 위상의 불확실성은 재원의 불안정성으로 이어져 방송위원회의 방송 발전 기금, 스카이라이프의 의무 지원금, 일반 시민 및 단체의 기부금 외에는 별다른 재원이 없다는 점에서 시민 액세스 채널의 안정적 정착을 위한 재정 문제의 해결과 시민 사회의 적극적인 참여 및 제도적 지원을 통한 위상 정립이 필요하다고 하겠다.

✪ 정리하기

- 우리나라 통합 방송법은 지상파 공영 방송인 KBS에 대해 시청자가 제작한 시청자 참여 프로그램 즉 액세스 프로그램을 편성하도록 강제하는 시민 액세스 관련 조항을 두고 있다. 또 케이블 TV와 위성 방송에 대해서도 시청자가 요청할 경우 특별한 사유가 없는 한 지역 채널 또는 공공 채널을 통해 시청자가 자체 제작한 프로그램을 방송하도록 법적 조항을 두고 있다.
- 법적 의무가 없는 일부 지역 텔레비전 방송과 지역 라디오 방송에서도 방송사의 필요에 의해서 혹은 시민 단체의 요구에 의해서 자율적으로 시민이 제작한 액세스 프로그램을 편성하는 등 시민 단체의 협력 하에 자율적으로 시민의 참여가 이루어지고 있다.
- 2001년 9월 스카이라이프(SkyLife)의 시민 채널 위탁 사업자로 선정된 재단법인 시민 방송이 2002년 9월 RTV라는 이름으로 정식 개국하면서 우리나라도 일반 시민들이 독립 채널을 통해 자신들이 제작한 프로그램을 방송할 수 있는 채널 액세스가 이루어지게 됐다.

2. 한국 시민 미디어의 과제와 전망

1) 한국 시민 미디어의 과제

전술한 것처럼 통합 방송법은 공영 방송사인 KBS에 대해서는 시청자 참여 프로그램이라는 이름으로 시민이 직접 제작한 프로그램을 편성하는 것을 법에 명시해 강제하고 있다(69조 6항). 그러나 케이블 방송과 위성 방송에 대해서는 시청자가 자체 제작한 방송 프로그램의 방송을 요청하는 경우 특별한 사유가 없는 한 이를 지역 채널 또는 공공 채널을 통하여 방송하여야 한다(69조 7항)고 규정함으로써 시민 액세스를 강제하지 못하는 한계를 갖고 있다. 즉 시청자가 요구하는 경우에만 시청자 제작 프로그램을 방송한다고 규정하고 있어 방송 사업자에게 액세스 프로그램을 강제할 수 없다. 또 시청자의 요구가 있더라도 시청자 제작 프로그램과 관련해 방송 사업자의 '특별한 사유'에 대한 자의적 해석과 취사선택에 따른 문제가 발생할 소지를 남겨둠으로써 방송 사업자의 상황에 따라 시민 액세스 프로그램을 방송하지 않더라도 법적으로 크게 문제될 것이 없다. 아울러 액세스 프로그램과 관련한 방송법의 규정은 텔레비전에만 한정돼 있어 라디오 방송을 간과하고 있다. 텔레비전의 경우에도 KBS와 케이블 방송, 위성 방송에 대해서만 이를 강제 또는 의무화하고 있어 지역 방송은 시민 액세스를 실현할 수 있는 근거가 없다. 따라서 시민 미디어의 운영의 범위와 제도화 측면에서 볼 때 시민 액세스의 취지를 적극 반영해 케이블 방송과 위성 방송, 지역 텔레비전 방송, 라디오 방송에 대해서도 매체 특성에 따라 액세스 채널의 운용을 법적으로 강제하거나 시청자 혹은 청취자가 원할 경우 편성이 가능하도록 의무화하는 등 시민 미디어의 활성화를 위한 법적 혹은 제도적 차원의 개선의 여지가 있다고 하겠다.

다른 한편으로 시민 미디어의 운영을 위해서는 제작 비용과 송출 비용 등 상당한 재정적 뒷받침이 필요하다. 미국이나 독일의 경우처럼 방송 사업자가 송출 비용을 부담하고 또 제작 비용의 경우에도 방송 사업자가 시설이나 장비를 무상으로 제공한다 하더라도 최소 분량의 액세스 프로그램의 제작을 위해서는 기본적인 인력과 더불어 녹화 및 편집을 위한 비용이 필요하다. 특히 직접 액세스 채널을 운영할 경우에는 기존의 방송사에 버금가는 시설과 인력, 자금이 필요하다. 그러나 일반적인 상업 방송과는 달리 대부분의 시민 미디어는 영리를 추구하지 않기 때문에 안정적인 재정 확보가 어렵다. 가령 비영리법인인 시민 방송의 RTV의 경우 공익 방송으로서 상업적 광고를 하지 않기 때문에 수익 구조가 불확실하다. 이처럼 한국 시민 미디어의 재정적 상황은 매우 열악하다고 할 수 있는데 이러한 불안정한 재정은 제작 환경에 영향을 미쳐 시민 미디어의 생존 자체를 위협할 수 있다. 따라서 시민 미디어가 우리 사회에 제대로 자리매김하기 위해서는 시민 미디어의 안정적 운영을 위한 제도적인 재정적 지원 및 육성책이 필요하다. 재정적 안정성은 시민 미디어로서의 방송의 독립성을 확보하기 위한 기본적인 전제 조건이라고 할 수 있기 때문이다. 형식적으로만 액세스 프로그램을 내보내고 있는 케이블 TV 지역 채널이나 사업자의 지원과 방송 발전 기금에 목을 매야 하는 시민 방송 RTV, 그리고 지역 방송사의 정서나 시혜에 기대를 해야 하는 지역 텔레비전이나 라디오 액세스 프로그램의 경우 그 미래가 불투명할 수밖에 없다(최영묵(2005), p.177-178).

다른 한편으로 시민 미디어의 정착을 위해서는 시민이 직접 제작하고 표현함으로써 시민 사회의 이슈를 공론화할 수 있는 자율적인 수단과 독립 공간을 확보하는 것도 중요하지만 확보된 시민 참여 공간을 충분히 활용할 수 있는 사회적 기반을 확충하는 것이 필요하다. 시민 액세스의 영역을 확대하기 위해서는 다매체 다채널 구조의 미디어 환경을 보다 적극적으로 활용할 수 있도록 방송법의 모호한 조항에 대한 보완과 개선도 필요하지만 그에 걸맞는 시민 사회의 역량 강화를 통해 실질적인 시민 참여가 이루어질 수 있도록 일반인들의 사회적 참여 환경을 확대하는 것이 보다 중요하기 때문이다. 이를 위해서는 시민들의 미디어 액세스권 실현을 위한 제작 및 교육 시설 등 인프라 구축을 통해 시민들의 관심과 참여를 확산시켜 나감으로써 시민 운동가나 시민 단체뿐만 아니라 일반 시민들이 방송의 주인이자 제작 주체로 참여할 수 있도록 시민 제작자를 양성하는 일이 필요하다고 하겠다. 특히 제작 시설 지원 및 미디어 교육의 기능을 담당하는 미디어 센터 등 지역 사회에 기반을 둔 공공 시설의 구축을 통해 궁극적으로 시민들 스스로가 주권의식을 갖고 미디어를 통해 자신들의 삶의 얘기를 적극 표현하는 자발적 참여가 생활화될 수 있도록 사회적 역량을 강화하는 일이 필요하다.

2) 국내 미디어 센터의 역할과 현황

우리나라 시민 미디어의 현실을 고려할 때 시민 미디어의 정착과 시민 참여의 활성화를 위해서는 선진국의 경우처럼 일반 시민들이 손쉽게 접근할 수 있도록 지역 주민을 대상으로 하는 지역 미디어 센터를 설립해 시민 사회의 역량을 강화하는 것이 매우 중요하다고 하겠다. 시민 액세스의 중요한 전제 조건 가운데 하나는 일반 시민들이 미디어에 자유롭게 접근할 수 있을 뿐만 아니라 이를 적극적으로 활용해서 미디어의 현실 재구성에 적극 개입할 수 있는 미디어 활용 능력(media literacy)이라고 할 수 있다. 시민 사회의 역량이 충분할 만큼 형성돼 있지 못하다면 시민 참여 공간이 법적으로 제도화돼있다 하더라도 무용지물이 될 수밖에 없기 때문이다.

현실적으로 방송 전문가가 아닌 일반 시민이 촬영이나 편집 장비를 능숙하게 활용해 수준 있는 영상물을 제작한다는 것은 쉽지 않다. 따라서 시민의 참여를 가로막고 있는 이러한 기술적 장벽을 없애고 시민 미디어에 대한 참여를 보장하기 위해서는 미디어 교육을 통해 시청자의 실질적인 참여의 폭을 넓혀 시민 액세스의 저변을 확대할 수 있는 방안이 필요하다. 이를 위해서는 선진국의 경우처럼 미디어 센터의 활용을 통해 일반 시민의 미디어 활용 능력을 배양하는 것이 필요하다. 실례로 케이블 TV의 액세스 채널이 광범위하게 확산돼 있는 미국의 경우 각 지역의 케이블 TV 액세스 채널은 그 산하에 또는 협력 관계를 통해 액세스 센터 즉 미디어 센터를 운영하고 있다. 이 센터는 시민들을 위해 정기적인 영상물 제작 교육과 함께 방송 기자재를 대여해주고 필요할 경우 전문적인 도움도 주고 있다(김은규(2003), p.309).

미디어 센터를 통한 교육과 시설 지원은 방송 제작 기술과 경험의 축적을 통해 시민적 가치를 토대로 현실을 영상화하는 능력을 배양함으로써 시민들의 영상물 제작에 대한 욕구와 권리를 충족시켜줌과 동시에 시민 미디어의 안정적인 프로그램 수급과 제작 역량의 향상에 기여할 수 있다. 아울러 영상물에 대한 비판적인 수용을 통해 미디어가 만들어낸 현실을 올바로 이해하고 여론의 다양성 보장을 통해 우리 사회에 올바른 여론이 형성될 수 있도록 하는 미디어 교육의 장으로서의 역할을 수행할 수 있다. 즉 일반 시민들로 하여금 자신을 둘러싸고 있는 미디어 환경을 제대로 인식하고 보다 창조적이고 능동적으로 미디어를 활용하도록 함으로써 스스로 미디어를 통해 정보를 생산하는 미디어 활용 능력을 제고할 수 있다.

국내의 대표적인 미디어 센터로는 2002년 5월에 개관한 서울 광화문의 영상미디어센터(MediACT)와 2005년 11월에 개관한 부산 시청자 미디어 센터 등을 들 수 있다. 미디액트는 영화진흥위원회가 설립하고 한국독립영화협회가 위탁 운영하는 국내 최초의 비영리 공공 미디어 센터로 시청자 참여 프로그램과 독립 영화 제작 활성화를 위한 지원 기관으로서의 역할을 하고 있다. 미디액트는 소외 계층이나 사회적 약자에 대한 영상 제작 교육 및 장비 제공을 통해 시민의 액세스권 보장을 위한 미디어 센터로서의 역할을 수행하고 있으며 다른 지역의 미디어 센터 건설을 지원하는 활동도 하고 있다.

방송위원회가 100억 원대의 방송 발전 기금을 투입해 건립한 부산 시청자 미디어 센터는 디지털 카메라 교육실, 비선형 종합 편집실 등 일반 시청자 및 장애인을 위한 미디어 교육 시설과 스튜디오, DVD 제작실, 녹음실 등 방송 프로그램 제작 지원을 위한 제작 시설을 갖춘 대규모의 독립 미디어 센터다. 부산 시청자 미디어 센터는 시청자의 방송 접근권을 실현하기 위해 방송 기술을 잘 모르고 장비 조작에도 익숙하지 않은 일반 시민 특히 시각 장애인과 청각 장애인 등 소외 계층이 방송의 주체로서 적극 참여할 수 있도록 방송 프로그램 제작 지원, 자막 방송 제작 지원, 미디어 교육, 시청자 단체 지원 활동 등을 하고 있다.

〈광화문 영상미디어센터(MediACT)〉

출처: www.mediact.org/web

〈부산 시청자 미디어 센터〉

출처: http://www.comc.or.kr/share/main.asp

✪ 정리하기

- 우리나라의 경우 시민 미디어의 활성화를 위해 케이블 방송과 위성 방송, 지역 텔레비전 방송, 라디오 방송에 대해서도 매체 특성에 따라 액세스 채널의 운용을 법적으로 강제하거나 시청자 혹은 청취자가 원할 경우 편성이 가능하도록 의무화하는 등 법적 혹은 제도적으로 개선의 여지가 있다.
- 진정한 의미에서 시민 미디어의 활성화를 위해서는 시민 참여 공간을 확보하는 것도 중요하지만 시민들 스스로가 주권 의식을 갖고 미디어를 통해 자신들의 얘기를 적극 표현하는 자발적 참여가 생활화될 수 있도록 사회적 역량을 강화하는 것이 중요하다.
- 미디어 센터를 통한 교육과 시설 지원은 방송 제작 기술과 경험의 축적을 통해 시민들의 영상물 제작에 대한 욕구와 권리를 충족시켜줌과 동시에 시민 미디어의 안정적인 프로그램 수급과 제작 역량 향상에 기여할 수 있다. 또 미디어가 만들어낸 현실을 올바로 이해하고 여론의 다양성 보장을 통해 우리 사회에 올바른 여론이 형성될 수 있도록 하는 미디어 교육의 장으로서의 역할을 수행할 수 있다.

제13장 온라인 시민 미디어

1. 왜 온라인 시민 미디어인가?

1) 온라인 시민 미디어의 의미

한국의 시민 미디어는 일부 이론가나 영상 운동 단체를 중심으로 액세스 방송의 필요성을 널리 알리고 이론화한 결과로 시민 액세스 영역이 제도화된 경향이 있기 때문에 아직은 시민 사회 내에 확실히 뿌리를 내렸다고 보기 어려운 측면이 있다(최영묵(2005), p.178). 따라서 진정한 의미에서의 시민 미디어의 정착을 위해서는 미디어 운동가나 시민 단체뿐만 아니라 일반 시민들의 자발적인 미디어 참여가 일상화될 수 있도록 자생적 기반을 형성하는 것이 중요하다고 할 수 있다. 또 아날로그 시대의 기존 시민 미디어 모델에서 한 걸음 더 나아가 인터넷을 비롯한 각종 디지털 미디어의 기술 발전에 따른 새로운 미디어 환경 변화에 적극 대응할 필요가 있다. 즉 시민 미디어의 발전을 위해서는 권력과 자본에 종속될 가능성이 높은 기존 매스 미디어를 대상으로 프로그램 액세스나 채널 액세스와 같은 방식을 통해 적극적인 시민 참여의 통로를 모색함과 동시에 최근 급속히 부상하고 있는 디지털 미디어 혹은 온라인 미디어를 통해 자율적인 새로운 시민 참여 공간을 창출함으로써 시민의 참여 방식을 다양화할 필요가 있다. 이러한 측면에서 볼 때 제9장에서 얘기한 인터넷 신문이나 인터넷 방송뿐만 아니라 퍼블릭 액세스의 기본 취지가 작동하는 시민 미디어의 새로운 영역 확장으로서 블로그(blog)와 같은 개인형 미디어의 역할과 기능을 주목할 필요가 있다. 블로그 혹은 온라인 비디오 블로그(vlog)와 같은 개인형 미디어의 경우 자신이 직접 제작한 텍스트나 오디오, 비디오 등을 통해 뉴스는 물론 논평과 분석 기사를 쏟아내면서 일반 시민들의 표현의 자유가 담보되는 일상적인 시민 참여 공간으로서 기존의 신문 혹은 방송 등 매스 미디어를 위협하는 새로운 판도 변화를 가져오고 있다. 일부 수준급 블로그의 경우 접속 횟수에 있어 주류 미디어의 웹 사이트를 능가할 정도로 압도적인 신뢰와 영향력을 과시하면서 뉴스의 게이트 키퍼(gate-keeper)로서 기존 언론이 누려왔던 헤게모니를 위협하는 존재로 부상하고 있다. 지금까지 독자 혹은 시청자의 위치에 머물렀던 일반 시민들이 이제는 기존 매스 미디어의 개입이나 지원과 상관없이 블로그와 같은 개인형 미디어를 통해 아무런 제한 없이 직접 자신의 목소리로 뉴스와 정보를 전달하는 뉴스 생산의 주체로 변모하고 있는 것이다.

한 예로 뉴욕 맨해튼의 비좁은 아파트에서 소수의 아마추어들이 꾸려가는 온라인 비디오 블로그(vlog)의 하나로 로켓붐(Rocketboom)이라는 것이 있는데 로켓붐은 중요 기사의 경우 하루 30만회 이상의 접속 횟수를 기록할 만큼 기존 TV 뉴스를 위협하는 폭발적인 인기를 끌면서 방송 환경을 변화시켜 나가고 있다. 로켓붐과 같은 이러한 브이로그(vlog)는 뉴스가 기자 혹은 PD와 같은 전문가들만의 전유물이 아니라 일반 시민의 소유라는 것을 보여주는 하나의 좋은 예라고 할 수 있다.

블로그는 이처럼 기존 매스 미디어로부터 소외돼온 일반 시민들로 하여금 기사 작성과 취재, 배포 등을 통해 자신만의 미디어를 가질 수 있는 참여의 기회를 제공하고 있을 뿐만 아니라 나아가 일부 블로그의 경우 기존 매스 미디어의 저널리즘 활동을 감시하고 검증하는 주류 언론의 감시견 역할까지 하고 있다. 따라서 전통적인 의미의 매스 미디어라는 기존의 틀 내에서 논의되던 시민 미디어와는 또 다른 차원에서 21세기 온라인 미디어 혹은 유비쿼터스 미디어 시대의 새로운 환경에 부응하는 시민 미디어의 영역 확장을 위해 블로그나 IPTV와 같은 개인형 온라인 미디어에 대한 보다 적극적인 접근과 대응이 필요하다고 하겠다.

〈로켓붐(Rocketboom)〉 초기 화면

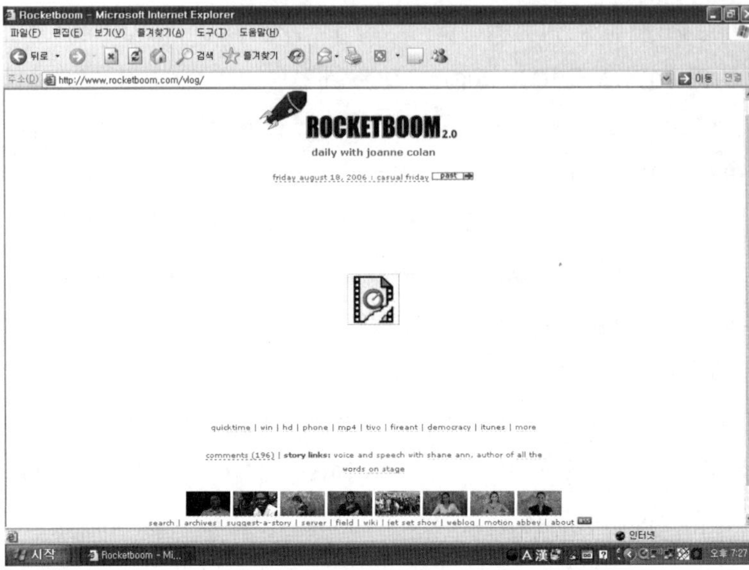

출처: http://www.rocketboom.com/vlog

2) 블로그란 무엇인가?

(1) 블로그의 개념

블로그(blog)는 인터넷 월드와이드웹을 의미하는 웹(web)과 항해 일지를 뜻하는 로그(log)가 합쳐져 만들어진 웹 항해 기록이라는 뜻의 신조어인 웹로그(weblog)의 약자로 웹로그가 점차 대중화되면서 블로그라고 줄여 부르게 됐다. 블로그를 통해 자신의 생각이나 느낌을 전달하는 사람 즉 블로그 사용자를 블로거(blogger)라고 부르고 이러한 블로거들이 자신의 블로그에 접속해서 글을 쓰는 행위를 블로깅(blogging)이라고 부른다.

블로그의 전형적인 초기 형태는 인터넷을 항해하다가 발견한 흥미로운 링크에 짧은 코멘트를 덧붙이는 것이었는데 지금은 그 내용이나 성격이 무척 다양해졌다. 현재 블로그는 웹을 통해 자신의 일상사에서부터 특정 주제에 대한 견해나 주장 혹은 전문적인 정보에 이르기까지 자유롭게 서로 의견을 교환하고 공유하는 새로운 커뮤니케이션 공간으로 자리매김하고 있다. 블로그는 또 블로그의 주인인 블로거가 발행인이자 편집국장이고 기자이기도한 1인 미디어의 성격도 갖고 있다. 블로그는 이처럼 웹 게시판과 개인 홈페이지 혹은 커뮤니티나 미디어의 기능이 혼재돼 있고 따라서 블로그에 대한 정의나 개념도 매우 다양하다. 가령 블러드(Rebecca Blood)는 '블로그는 커피숍에서 나누는 대화를 화자의 참조문과 함께 텍스트상으로 옮겨온 것이다'라고 정의하고 있다(Blood(2002); 정명진 역(2003), p.12). 윌리엄즈(Evan Williams)는 블로그를 '일기처럼 정기적으로 업데이트되는 짧은 글로 이루어진 웹 페이지'라고 정의하고 있고 와이너(Dave Winer)는 '한 개인의 편집되지 않은 목소리'라고 정의하고 있다(김중태(2004), p.50 재인용). 블로그는 이처럼 주기적으로 갱신되는 짧은 글들로 이루어진 웹 페이지 또는 웹 저널 혹은 1인 미디어 등 다양한 표현으로 정의되고 있다. 그러나 이러한 표현은 블로그가 갖고 있는 몇 가지 중요한 특징을 반영하고 있기는 하지만 블로그가 갖고 있는 모든 특징을 다 담아내고 있지는 못하다는 점에서 블로그를 명확하게 설명하고 있는 표현은 아니라고 할 수 있다. 즉 블로그는 매우 다양한 모습을 갖고 있는데다 블로그 자체가 계속 변화 발전하고 있기 때문에 블로그에 대한 개념 정의 역시 상당히 유동적일 수 있다. 블로그는 원래 웹에서 출발했으나 지금은 웹 이외에 특정 이동 통신사의 자체 서비스를 통해서도 접할 수 있고 또 컴퓨터뿐만 아니라 휴대 전화나 PDA 등을 통해서도 블로그에 접속할 수 있다. 또 한 개인이 아니라 여러 사람이 블로그 사이트를 운영하면서 글도 번갈아 가면서 올리는 그룹 블로그 혹은 팀 블로그를 비롯해 블로그의 유형이나 기능도 계속 확장 발전되고 있다. 따라서 블로그에 대한 개념 정의는 포괄적인 의미에서 용어 자체에 담겨있는 원래의 말뜻 그대로 웹 일지 또는 이를 위한 도구라는 보다 넓은 의미의 정의가 보다 적합할 수 있다. 요컨대 블로그는 커뮤니케이션 주체가 집단 또는 조직이라기보다는 주로 개인이며 웹을 통해 일지 형태로 자신의 기록을 남긴 것 혹은 이를 위한 도구라고 정의할 수 있겠다.

(2) 블로그의 특징

블로그 사용법에는 두 가지가 있는데 첫 번째는 블로그 전문 사이트에 가입해 블로그 계정을 받아 사용하는 방법이다. 초기에는 블로그 전문 사이트에서만 블로그 계정을 제공했지만 지금은 네이버, 야후, 한미르 등의 포털 사이트에서도 블로그 계정을 제공하고 있어 회원 가입 후 신청만 하면 곧바로 몇 분 만에 손쉽게 블로그를 사용할 수 있다. 그러나 사용법이 간단하고 편리하긴 하지만 해당 사이트에서 제공하는 기능 외에는 사용할 수 없다는 단점이 있다. 두 번째 방법은 직접 자신의 홈페이지에 블로그 프로그램을 설치해 사용하는 것인데 설치형 블로그 혹은 독립 블로그로 불리는 이 방식은 설치나 운영이 까다롭기는 하지만 원하는 형태로 블로그를 운영할 수 있다는 장점이 있다(김중태(2004), p.38). 이러한 블로그의 경우 사이트마다 조금씩 그 특성이 다를 수 있지만 일반적으로 블로그는 형식적인 측면에서 다음과 같은 몇 가지 특징을 갖고 있다.

① 엔트리(entry)의 역시간순 배열

블로그는 엔트리(entry) 혹은 포스트(post)라고 부르는 블로거가 작성한 글들이 날짜와 시간에 따라 역시간 순서로 배열된다. 즉 블로그는 새로 올린 최근의 글 혹은 최신의 자료가 항상 웹 페이지 화면의 맨 위에 위치하게 된다. 또 각각의 엔트리마다 게시된 시점의 시간이 기록되고 공개되기 때문에 이를 통해 게시물이 최신의 것인지를 알 수 있다.

② 링크(link)와 고유링크(permalink)

블로그는 일반 커뮤니티에서는 볼 수 없는 링크(link) 방식을 통해 블로거들끼리 그물망처럼 하나의 거대한 네트워크를 형성하고 있다. 블로그가 개인 홈페이지나 기존의 게시판과 다른 점은 블로거들이 다른 블로그 사이트와 링크돼 수평적 관계로 이루어진 개인을 중심으로 매우 광범위한 온라인 커뮤니티를 만든다는 것이다. 블로그는 또 고유링크(permalink)라는 게 있어서 블로거가 자신이 대응코자 하는 엔트리에 쉽게 링크할 수 있는데 고유링크란 블로그에 올려진 엔트리 즉 게시물이 개별적인 파일로 저장되고 고유한 주소를 갖게 되는 기능을 말한다. 블로그는 HTML 문서 형태로 글이 저장되기 때문에 블로그에 올려진 엔트리는 각각 하나의 독립적인 HTML 문서로 저장이 되고 저마다 고유한 주소를 갖게 된다. 기존 게시판의 경우에는 게시물이 중간에 삭제되면 게시물 번호가 바뀌게 되지만 블로그의 엔트리는 변하지 않는 자신의 고유 주소를 계속 갖게 되며 따라서 엔트리에 대한 정확한 확인이 가능해 블로거는 자신이 관심을 갖고 있는 특정 게시물에 쉽게 링크할 수 있다.

③ 트랙백(trackback)

블로그에는 트랙백(trackback) 기능이라는 것이 있는데 트랙백이란 쉽게 말해 원격 코멘트 기능을 말한다. 이는 다른 블로거의 글을 읽고 댓글이나 덧글을 쓸 때 해당 사이트에 직접 쓰는 것이 아니라 내 사이트에서 글을 쓰더라도 다른 블로거의 고유 트랙백 주소를 통해 해당 사이트로 글이 전송되는 기능을 말한다. 즉 A 사이트의 블로거가 '블로거도 기자다'라는 제목의 글을 올렸을 경우 B 사이트의 블로거가 이 글을 보고 트랙백 기능을 통해 자신의 블로그 즉 B 사이트에 코멘트를 달더라도 A 사이트에 동시에 글이 올라가게 된다. 이러한 트랙백 기능은 각각의 글이 개별적으로 분리되지 않고 서로 연결될 수 있도록 해준다. 즉 트랙백은 블로그의 글과 글을 연결시키는 기능으로 블로거들 간에 보다 효율적으로 네트워킹을 할 수 있도록 해준다.

(3) 블로그의 기능

블로그는 개인이 갖고 있는 일상적인 생각이나 의견의 표현 등 개인적인 성향을 갖고 있는 신변잡기 수준의 글들이 많지만 블로거들이 자신의 블로그에 접속해서 글을 쓰는 블로깅 행위는 대체적으로 다음과 같은 몇 가지 중요한 기능을 갖고 있다.

① 자기 표현

블로그는 마치 일기장을 다른 사람들에게 보여주듯이 특정한 주제나 형식에 얽매이지 않고 자신의 주변 얘기나 신변잡기와 같은 소박한 일상을 칼럼이나 일기 등의 형태로 자유롭게 표현하는 자기표현을 위한 기능을 한다.

② 커뮤니게이션

블로그는 가족이나 친구 혹은 생각이나 취향이 같은 네티즌들끼리 서로 메시지를 주고받는 커뮤니케이션 기능을 한다.

③ 자료 관리 및 기록

블로그는 자신이 보고 들은 것을 웹에 기록하거나 웹을 탐색하다가 필요로 하는 자료가 발견되면 즉시 자신의 블로그로 끌어들여 관련 자료를 추가하는 등 자신이 관심을 갖고 있는 자료를 기록하고 관리하기 위한 목적으로 활용되기도 한다.

④ 정보 공유

블로그는 영화나 음악, 사진 등 자신의 취미 혹은 관심 분야나 정치, 경제, 사회 등 각 분야의 정보를 공유하기 위한 목적으로 이용되기도 한다.

⑤ 1인 미디어

살람 팍스(Salam Pax)라는 필명의 블로거가 자신의 블로그에 이라크전의 실상을 생생하게 기록한 사진과 글을 올리면서 국제적인 관심을 끌었듯이 블로그는 뉴스나 논평을 공유하기 위한 1인 미디어의 성격을 갖고 있기도 하다.

⑥ PR 및 마게팅 도구

기업의 경우 종종 신제품 출시에 블로그를 이용하는 등 블로그가 새로운 상품이나 기술, 서비스를 알리기 위한 PR 혹은 마케팅 도구로 활용되기도 한다.

✪ 정리하기

- 시민 미디어의 발전을 위해서는 기존의 매스 미디어를 대상으로 프로그램 액세스나 채널 액세스와 같은 방식을 통해 시민 참여의 통로를 모색함과

동시에 최근 급속히 부상하고 있는 블로그와 같은 온라인 미디어를 통해 자율적인 시민 참여 공간을 창출함으로써 시민의 미디어 참여 방식을 다양화할 필요가 있다.

- 블로그는 커뮤니케이션 주체가 집단 또는 조직이라기보다는 주로 개인이며 웹을 통해 일지 형태로 자신의 기록을 남긴 것 혹은 이를 위한 도구라고 할 수 있다.
- 블로그는 형식적인 측면에서 ① 엔트리(entry)의 역시간순 배열, ② 링크(link)와 고유링크(permalink), ③ 트랙백(trackback) 등과 같은 몇 가지 특징을 갖고 있다.

2. 시민 미디어로서의 블로그

1) 블로그와 저널리즘

〈피시볼 DC 블로그〉

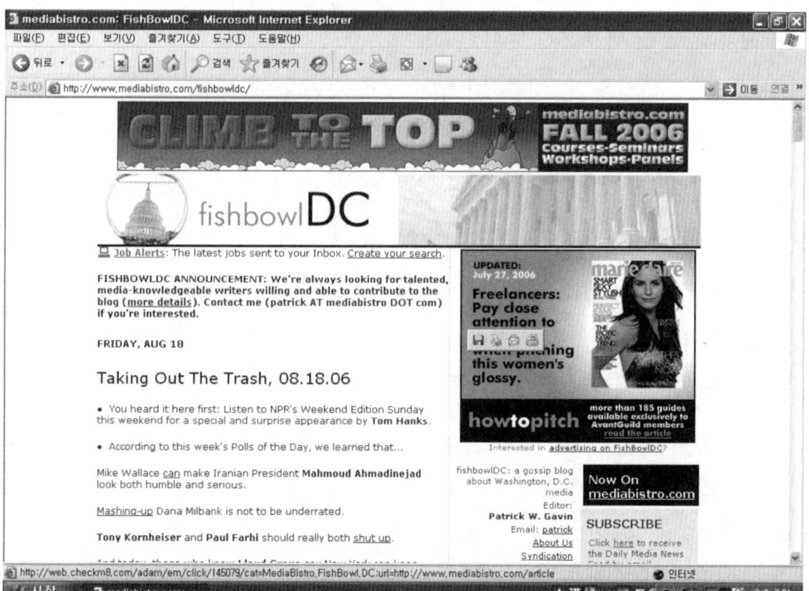

출처: http://www.mediabistro.com/fishbowldc

미 백악관은 2005년 3월 언론인들을 위한 웹사이트인 미디어비스트로닷

컴에서 운영하는 블로그인 피시볼DC(www.mediabistro.com/fishbowlDC)의 블로거 그라프(Garrett M. Graff)에게 처음으로 백악관 출입 기자증을 발급해 줌으로써 언론계의 관심을 끌었다. 이는 블로그의 위상이 그만큼 높아졌다는 것을 보여주는 것인 동시에 기존의 언론 혹은 저널리즘의 개념을 보다 확장시켰다는 점에서 상당히 의미 있는 일로 받아들여졌다.

(1) 블로그에 대한 논쟁

블로그의 위상이 높아지기는 했지만 블로그가 과연 언론이냐 하는 문제는 상당한 논쟁의 대상이 돼왔다. 가령 블러드(Rebecca Blood)는 '블로그와 저널리즘은 아주 다르다. 블로그가 하는 일을 전통적인 저널리즘이 해내기란 불가능하며 저널리즘이 하는 일을 블로그가 한다는 것도 비현실적이다. 블로거는 사실 확인 절차를 거치지 않으며 자신 이외의 누구에게도 응답하지 않는다. 블로거들이 커뮤니티에 일반적으로 남겨 놓는 기사는 적어도 신문이나 잡지에 실리는 기사와는 다른 것이다'라고 강변한다(Blood(2002); 정명진 역(2003), p.38). 따라서 '블로그를 저널리즘으로 정의하거나 저널리즘의 정의를 확장시켜 이 새로운 형태를 거기에 포함시키는 일이 없어야 두 가지 모두 발전할 것이며 블로거들과 저널리스트들이 상대의 강점을 인식하고 자신이 속한 분야의 특성을 더욱 완전하게 만들기 위해 전진해야 한다'는 것이 그녀의 주장이다(Blood(2002); 정명진 역(2003), p.43). 그러나 다른 한편으로 블로그는 2001년 9월의 9.11 테러 사건이나 이라크 전쟁에서 보여줬듯이 많은 이용자들로부터 각광을 받고 있고 일부 블로그의 경우 이른바 1인 미디어로서 일정 부분 저널리즘 기능도 하고 있다는 점에서 또 다른 의미의 미디어로서의 가능성에 대해 주목할 필요가 있다. 온라인 저널리즘 리뷰(Online Journalism Review)의 편집인인 래시카(J. D. Lasica)는 '블로그는 새로운 형태의 저널리즘과 공공 담론, 상호작용성, 온라인 커뮤니티의 씨앗을 뿌리고 있는 풀뿌리 현상'이라고 강조한다(Lasica(2002); Stovall(2004), p. 30 재인용). 스토벌(J. G. Stovall) 역시 '블로그가 뉴스 웹 사이트를 대체하지는 않더라도 웹 이용자들이 이용할 수 있는 정보와 뉴스의 중요한 한 부분이 될 수 있으며 따라서 많은 사람들이 새로운 형태의 저널리즘으로 간주하고 있다'(Stovall(2004), p. 89)고 설명한다.

(2) 블로그와 게이트 키핑

블로그는 게이트 키핑(gate-keeping)으로 불리는 데스크의 편집 과정을 거치지 않는다는 점에서 기존의 뉴스 보도 방식과는 분명히 다르다. 특히 블로그는 한 개인이 취재권과 편집권을 모두 갖고 있는 1인 미디어이기 때문에 블로그에 올려진 내용이 주관적일 수 있고 정보에 대한 사실 여부 판단이 어렵다는 약점이 있다. 그런데 가령 인터넷상의 다양한 블로그를 모아놓고 운영하는 블로그 코리아(http://blogkorea.org)와 같은 메타 블로그의 경우처럼 나름대로 신뢰성을 갖고 있는 각 개인들의 블로그를 대상으로 일종의 게이트 키핑 과정을 거쳐 선별적으로 정보를 제공하는 경우 취재권과 편집권이 이원화된 또 다른 형태의 특화된 미디어로 자리매김할 수 있다.

취재와 편집이 이원화돼 있지 않다 하더라도 블로거들끼리 링크와 코멘트를 통해 자체적으로 블로그에 올려진 정보에 대해 자율적으로 게이트 키핑 과정을 통해 자정 능력을 토대로 신뢰도를 제고할 수도 있다. 즉 블로거 커뮤니티 자체가 일종의 편집인으로 활동하면서 일종의 게이트 키핑 기능을 할 수도 있으며 특히 블로거 중에는 특정 분야에 대해 전문적인 지식을 갖고 있는 블로거들도 있기 때문에 특정 주제의 정보나 이슈에 대해 기존 매스미디어를 능가하는 전문적인 뉴스 판단 기능을 할 수도 있다. 가령 리틀 그린 풋볼(littlegreenfootball.com)이라는 정치 블로그를 운영하는 미국의 찰스 존슨이라는 블로거는 2006년 8월 이스라엘과 헤즈볼라 간 전쟁의 참상을 담은 로이터 통신의 사진이 조작됐다는 것을 밝혀내 로이터 통신으로 하여금 전 세계 계약사에 공식 사과문을 발송하도록 만들기도 했다. 컴퓨터 프로그래머 겸 웹 디자이너로도 활동했던 존슨은 자신의 블로그에 로이터 통신의 사진이 조작됐다는 주장의 글을 올렸는데 이 사진은 확인 결과 이스라엘의 공습 직후 베이루트 외곽 지역 상공에 퍼진 검은 연기를 포토샵을 이용해 실제보다 더 많고 진하게 보이도록 그려 넣은 것으로 판명됐다. 이처럼 일부 블로거들 가운데는 기존 언론의 오보나 조작을 파헤쳐냄으로써 주류 언론에 대한 감시견 역할까지 하는 전문적인 뉴스 판단 기능을 갖고 있기도 하기 때문에 블로거들 간의 자체적인 논평과 사실 확인 절차를 거쳐 확인되지 않은 불확실한 정보나 왜곡된 정보를 배포하는 블로거나 블로그 사이트는 생존하기 힘든 자정 환경을 만들어갈 수도 있다.

〈블로그 코리아〉 초기 화면

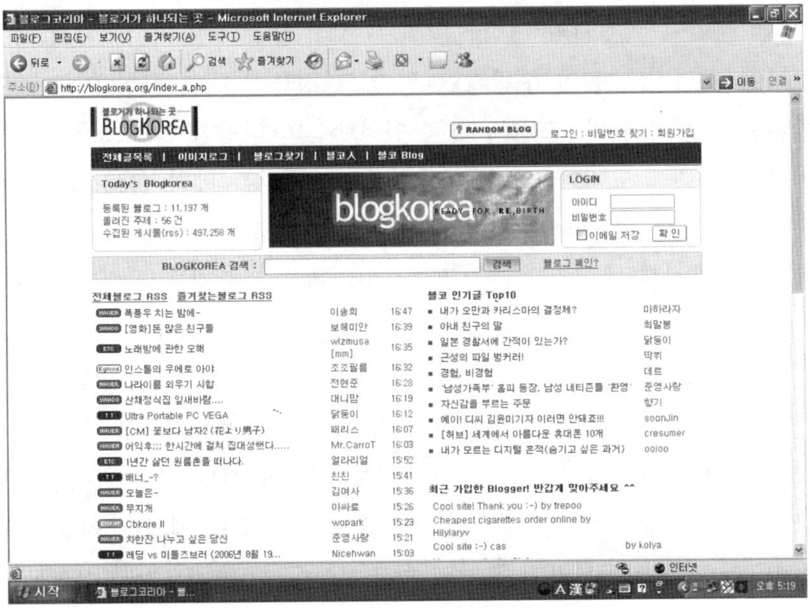

출처: http://blogkorea.org/index_a.php

다른 한편으로 블로그는 이와는 다른 모습으로 기존 매스 미디어 혹은 온라인 미디어와 연계한 상호 결합을 통한 게이트 키핑을 통해 또 다른 형태의 저널리즘으로서의 기능을 수행할 수도 있다. 가령 2005년 11월부터 제공되기 시작한 <미디어 다음>의 '블로거가 만든 뉴스(http://feafure.media.daum.net)'는 블로그의 역할과 관련해 상당한 관심을 끌고 있다. <미디어 다음>의 '블로거가 만든 뉴스'는 블로거 기자단에 가입한 블로거들이 자신의 블로그에 작성한 글들을 기존 언론사의 기사와 동등하게 <미디어 다음>을 통해 독자들에게 뉴스로 제공하는 서비스로 대형 포털 사이트와 블로그가 결합한 형태라고 할 수 있다. '블로거가 만든 뉴스'는 누구든지 블로그를 개설한 뒤 블로거 기자단에 가입하면 자유롭게 자신의 글을 등록할 수 있으며 이 가운데 블로거 뉴스 편집진이 내부 검토를 거쳐 선정한 글이 <미디어 다음>이나 <다음> 초기 화면에 서비스된다. '블로거가 만든 뉴스'는 모든 기사의 조회 수, 추천 수가 실시간으로 공개돼 해당 글에 대한 독자들의 평가를 알아볼 수 있는 하나의 지표가 되기도 한다. <미디어 다음>에서 블로거 기자단으로 활동하고 있는 블로거들은 일반 개인 외에도 시민 단체, 정부 기관, 출판사 등의 단체들이 참여하고 있으며 정치, 경제, 사회, 문화, 생활 등 다양한 주제의 글이 올라오고 있다. <미디어 다음>의 이러한 시도는 첫째, 블로그의 특징인 링크와 트랙백 등 네트워크 기능을 뉴스에 도입했고, 둘째, 동영상 및 음성 등 다양한 멀티미디어 기능을 활용할 수 있고, 셋째, 기존 언론사의 정형화된 뉴스 틀을 파괴하는 새로운 뉴스 형식을 만들어가고 있다는 점에서 관심을 끌고 있다.

〈미디어 다음〉의 '블로거가 만든 뉴스'

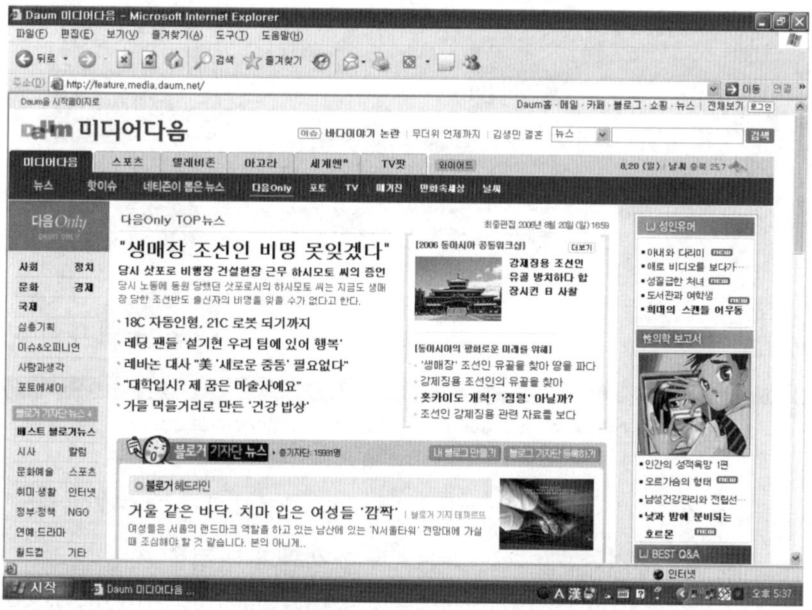

출처: http://feature.media.daum.net/

또 다른 예로 2003년 5월에 출범한 <미디어 몹>의 경우를 들 수 있는데 <미디어 몹>은 취재뿐만 아니라 편집권까지 네티즌 즉 일반 시민에게 이양

함으로써 블로그 이용자들이 게이트 키퍼 역할을 하는 새로운 미디어 모델을 만들어 가고 있다. <미디어 몹>은 블로거들이 올린 글들에 대해 조회 수, 추천 수, 스크랩 수 등 독자들의 반응을 지표화한 편집 시스템을 통해 이를 자동적으로 선별해 뉴스를 만들고 있다. <미디어 몹>은 이처럼 기존 언론과 유사한 편집권을 행사하는 조직을 갖고 있는 <미디어 다음>의 '블로거가 만든 뉴스'의 경우와는 달리 블로거들이 올린 글에 대한 네티즌들의 평가를 토대로 기사를 선별해서 배치하는 네티즌 중심의 독특한 편집 구조를 갖고 있다.

〈미디어 몹〉 초기 화면

출처: http://www.mediamob.co.kr/MediaMob/index.aspx

블로그는 기존 저널리즘의 관점에서 볼 때 편집국이나 보도국과 같은 뉴스 생산 조직의 엄격한 게이트 키핑을 통한 객관화 과정을 거친다고 보기는 어렵다. 그러나 <미디어 다음>의 '블로거가 만든 뉴스'나 <미디어 몹>의 경우처럼 블로그가 앞으로 어떠한 방식으로 활용되고 이를 수용자들이 어떻게 받아들이느냐에 따라 기존의 저널리즘 영역을 확장 발전시킨 새로운 형태의 저널리즘 모델을 창출할 수도 있다는 점에서 블로그는 온라인 저널리즘의 또 다른 모습으로써 매우 흥미로운 영역이라고 할 수 있다.

2) 시민 미디어로서의 블로그의 가능성

앞서 얘기한 것처럼 우리나라의 기존 시민 미디어는 일반 시민이 중심에 선 자생적인 영역 확장이었다기보다는 시민 사회 단체나 미디어 운동가들이 서구의 시민 미디어 개념을 도입해 계도적 입장에서 추진해온 위로부터의 언론 운동적 성격을 갖고 있다고 할 수 있다. 그러나 블로그는 네트워크에 연결된 모든 사람들에게 열려있는 개방된 공간에서 시민의 자발적 참여를 통해 수평적 구조의 자유로운 의사소통이 이루어지고 있다는 점에서 진정한 의미에서 시민에 의한 시민을 위한 시민의 미디어로 자리매김할 수 있는 잠재력을 갖고 있다. 즉 블로그는 기존의 미디어 운동가 중심의 시민 미디어 모델에서 탈피해 이용자들의 자생적 필요에 의해 아래로부터 자율적으로 시민 사회 내에 뿌리를 내림으로써 일반 시민들의 표현의 자유가 극대화될 수 있는 새로운 풀뿌리 시민 미디어 모델로 자리매김할 수 있는 가능성을 갖고 있다. 특히 블로그는 일방적이고 수직적인 커뮤니케이션 구조를 갖고 있는 기존의 매스 미디어와는 달리 상호작용적이고 수평적인 커뮤니케이션 구조를 통해 모든 개인이 네트워크 상에서 하나의 점(node)으로 연결된 평등한 주체로서 누구든지 자유롭게 정보를 생산하고 유통하는 시민의 공간으로 기능할 수 있다. 이처럼 블로그는 기존의 매스 미디어로부터 소외돼온 일반 시민들도 아무런 제약 없이 자유롭게 자신의 의견을 표현할 수 있는 새로운 시민 참여 미디어로서 관심을 끌고 있다.

(1) 블로그의 장점

블로그는 세계 어디서나 누구라도 자유롭게 접속해 참여할 수 있는 개방성과 상호작용성, 그리고 이를 바탕으로 한 의견 다양성 등을 토대로 민주적 전자 공간으로 기능함으로써 민주주의 발전에 기여할 수 있을 것이라는 기대감을 갖게 하고 있는데 이는 일차적으로 블로그가 사용하기 쉽고 편리할 뿐만 아니라 정보의 표현이나 확산이 자유롭고 빠르다는 장점을 갖고 있기 때문이다.

① 자유롭다

블로그는 기존의 신문이나 방송과는 달리 최소한의 장비만 구비돼있으면 적은 비용과 기술로도 누구든지 자유롭게 참여할 수 있기 때문에 개인도 얼마든지 자신의 미디어를 가질 수 있다. 블로그는 기존의 매스 미디어와는 달리 시장 진입 장벽이 없고 권력이나 자본에 의한 통제가 없는데다 시공간의 제약도 없기 때문에 시민 누구나 참여해 자유롭게 자신의 의견을 표현할 수 있다. 블로그는 특히 기존의 온라인 게시판과는 달리 지극히 개인적인 자기 표현이 가능한 나만의 공간이기도 하다. 블로그는 자신의 일상사 등 개개인의 취향에 따라 자유롭게 다양한 형식과 내용의 글을 올릴 수 있는 창의적인 자유가 보장되며 다른 사람들과의 정보 공유를 통해 다양한 콘텐츠를 배포하고 수집할 수 있다. 블로그의 경우 게이트 키핑 과정이 없다는 것이 약점이 될 수도 있지만 그렇기 때문에 오히려 외부의 규제나 간섭 없이 개인의 표현의 자유를 극대화할 수 있다는 점에서 소수 혹은 약자의 발언권이 강화되고 문화 혹은 장르가 다양화될 수 있다는 측면에서 오히려 장점이 될 수도 있다.

블로그는 또 링크 기능을 이용해 서로 관심 분야나 취향이 같은 블로거들끼리 자연발생적으로 개인 중심의 수평적 관계로 이루어진 온라인 커뮤니티를 형성하게 된다. 이러한 블로그 커뮤니티는 회원 가입이나 탈퇴에 관한 절차가 없으며 단지 링크 걸기를 통해 자유롭게 커뮤니티의 일원이 되기고 하고 빠져나오기도 한다. 기존의 온라인 커뮤니티가 한명의 웹 마스터와 여러 회원으로 이루어진 수직적인 구조의 커뮤니티였다면 블로그 커뮤니티는 각 개인이 모두 대등한 수평적 관계로 연결된 평등한 네트워크 구조를 갖게 되는 것이다.

② 빠르다

블로그는 이용자들 간의 개별적이면서도 강력한 상호 연결성에 의해 정보의 확산 속도가 기존의 홈페이지나 일반 커뮤니티 사이트에 비해 훨씬 빠르다. 블로그에 올려지는 정보들은 개인에 관한 것이든 사회적 이슈에 관한 것이든 컴퓨터 키보드를 두드리는 순간 곧바로 공개되는 신속성을 특징으로 하고 있다. 또 기존의 게시판 형태의 글은 제목을 클릭해야만 본문의 내용을 확인할 수 있지만 블로그는 첫 화면만 접속해도 즉시 제목과 본문 전체를 볼 수 있고 업데이트도 보다 빠르게 할 수 있다. 특히 최근에는 모바일과 연계된 모블로그 등의 등장으로 굳이 컴퓨터를 통하지 않더라도 블로그 관리가 가능해져 신속성이 더욱 강화되고 있다.

③ 사용하기 쉽다

기존의 매스 미디어 특히 텔레비전의 경우에는 영상물 제작 경험이 없는 일반 시민들이 말하고 싶은 내용이 있다 하더라도 카메라나 편집기와 같은 방송 기자재를 다루는 것이 쉽지 않아 제대로 자신의 견해나 의사를 표현해 이를 이슈화 하는 것이 쉽지 않다. 사실 방송 전문가가 아닌 일반 시민들의 경우 제작 역량 부족으로 프로그램의 내용이나 작품의 기술적 완성도 면에서 질적 수준이 문제가 되고 있을 뿐만 아니라 방송사에서 정한 영상, 음향, 조명 등 까다로운 기준에 맞춰 제작해야 하기 때문에 대부분 이를 적극적으로 활용하지 못하고 있는 실정이다. 그러나 블로그의 경우 이러한 기술적 장벽이 거의 없기 때문에 일반 시민도 쉽게 접근해 텍스트뿐만 아니라 오디오, 비디오 등 멀티미디어 기반의 메시지 창출이 가능하다는 장점을 갖고 있다. 특히 기존의 개인 홈페이지는 복잡한 HTML 언어나 나모웹에디터 혹은 드림위버와 같은 웹 저작 도구의 사용법을 알아야만 만들 수 있었지만 블로그는 HTML과 같은 프로그래밍 언어를 모르는 초보자라 하더라도 블로그 서비스를 제공하는 사이트에 접속해 회원으로 가입한 뒤 몇 가지 선택 사항만 기입하면 단 몇 분 만에 자신만의 사이트가 생겨 텍스트뿐만 아니라 그림, 사진, 음악 등 다양한 정보를 아주 손쉽게 올릴 수 있다.

(2) 블로그의 역기능

블로그는 그러나 이러한 기술적 가능성이 곧바로 현실 세계에서 그대로 실현되는 것은 아니라는 점에서 블로그에 대한 지나친 낙관은 경계할 필요가 있다. 블로그가 갖고 있는 기술적 가능성이 곧바로 유토피아적인 시민 미디어의 구현이나 커뮤니케이션의 민주화로 이어지는 것은 아니라는 점에서 블로그가 갖고 있는 시민 미디어로서의 가능성을 구체화하기 위해서는 블로그가 갖고 있는 역기능을 최소화하고 순기능은 극대화하기 위한 노력이 필요하다는 것을 인식할 필요가 있다. 즉 블로그는 저작권이나 프라이버시 침해, 명예 훼손 등 인터넷 공간에서 노출되고 있는 역기능이 그대로 재연될 수 있다는 점에서 이를 극복하기 위한 다각적인 노력이 필요하다.

① 정보의 신뢰성 문제

블로그는 평범한 일반 시민을 뉴스 생산의 주체로 변모시킴으로써 기존 언론이 접근하기 어려운 주제나 내용을 자유롭게 다루고 있을 뿐만 아니라 우리가 통상적으로 생각해왔던 뉴스의 개념이나 성격을 붕괴시키고 있고 기존 저널리즘의 의미와 경계도 새롭게 바꾸어가고 있다. 그러나 블로그는 기존의 미디어와 같은 게이트 키핑 과정이 없는 1인 미디어라는 점에서 정보의 신뢰성과 함께 미디어로서의 역할 자체에 대해 많은 논란을 불러일으킬 수 있다. 블로그는 정보 생산 과정에서 자율적인 자기 통제 과정을 거친다고는 하지만 기존의 매스 미디어처럼 편집국 혹은 보도국 조직에 의한 정보의 사실 확인 과정이나 외부 전문가에 의한 객관화 과정이 없기 때문에 개인의 개별적 판단에 따른 주관적 견해나 의견이 난무할 수 있다. 이처럼 제대로 사실 확인 과정을 거치지 않은 불완전한 정보나 왜곡된 정보 혹은 허위 정보가 남발될 경우 블로그라는 공간 자체의 신뢰성에 대해 심각한 의문을 갖게 할 수 있다. 따라서 블로그가 기존의 매스 미디어 틀 내에서 추구해왔던 시민 미디어와는 또 다른 의미의 시민 미디어로서 새로운 여론 형성의 중심축으로 부상하기 위해서는 정보의 신뢰성을 담보하기위한 다각적인 노력을 통해 우리 사회가 필요로 하는 시민 미디어로서의 위상 정립이 필요하다고 하겠다.

② 저작권 침해

모든 디지털 미디어가 그렇듯이 블로그를 통해 유통되는 정보는 0과 1이라는 비트의 조합으로만 표현되기 때문에 각종 정보의 조작과 표절, 복제, 배포가 매우 손쉽게 이루어질 수 있다. 특히 우리나라의 경우 세계 최고 수준의 초고속 통신망 보급률과 디지털 기술의 발달로 일반인들이 인터넷 혹은 디지털 미디어에 정통한 반면 대한민국 사진대전의 수상 작품이 디지털

합성 사진으로 밝혀져 시상이 취소될 정도로 저작권 침해 문제도 상당히 심각한 수준이어서 블로그를 비롯한 온라인상에서의 저작권 침해 문제가 갈등 요인이 될 수 있다.

기존의 아날로그 상태의 사진은 조작이 매우 어렵고 또 조작을 하더라도 조작한 흔적을 찾아내기가 쉬었다. 그러나 디지털 상태의 사진이나 동영상의 경우에는 얼마든지 변조가 가능할 뿐만 아니라 조작한 흔적을 찾아내기도 쉽지 않다. 따라서 블로그를 비롯한 디지털 미디어의 경우 원래의 사진 혹은 동영상을 변형하거나 삭제, 첨가하는 등의 조작의 유혹을 받기 쉽다. 블로그의 경우 사진이나 동영상 중심의 이용자 제작 콘텐츠(user created contents · UCC)가 인기를 끌면서 블로그 서비스를 제공하는 포털마다 블로그 이용자들이 모아놓은 동영상 등 각종 UCC 검색 기능을 강화하고 있는데 이러한 UCC의 경우 저작권 침해 가능성이 매우 높은데다 침해 유형도 다양화되고 있어 분쟁의 소지가 높다. 블로그에 떠도는 UCC의 경우 일반 시민들이 휴대전화나 디지털 카메라 등을 이용해 직접 제작하고 편집한 콘텐츠도 많지만 기존 영화의 특정 장면이나 CF 혹은 방송 프로그램의 저작물을 편집해서 올려놓는 일도 많기 때문에 어디까지를 저작물로 인정해야 하고 누구를 저작권자로 봐야 할 것인지 그리고 저작권이 침해됐을 때 누구에게 어디까지 책임을 물을 것인지가 논란이 될 수 있다. 또 UCC 뿐만 아니라 신문 혹은 잡지의 기사나 사진도 출처가 사라진 채 블로거들에 의해 스크랩돼서 유통되는 경우도 많기 때문에 저작권 침해 문제가 심각한 갈등 요인이 될 수 있다. 블로그의 경우 퍼온 글 혹은 다른 블로거의 글이나 사진을 자신의 블로그에 가져와 저장하는 스크랩이 일상화돼 있기 때문에 저작권 침해 소지가 높은데다 저작권 침해 문제가 발생했을 때 직접적인 저작권 침해자뿐만 아니라 블로그 서비스 사업자나 운영자, 시스템 관리자등에 대한 책임 문제가 논란이 될 수 있다.

③ 명예 훼손

우리나라는 1990년대 중반 이후 인터넷 이용자가 급속히 늘어나면서 블로그와 같은 온라인 미디어를 비롯해 가상공간에서 벌어지는 명예 훼손이 많은 논란을 빚으면서 사회적 파장을 불러일으키고 있다. 특히 블로그는 기존의 전통적인 미디어에서 이루어져왔던 게이트 키핑 과정이 없는데다 정보가 순식간에 확산되기 때문에 명예 훼손 피해자를 양산하고 이것이 소송으로 연결될 위험이 상존하고 있다. 또 블로그는 상호작용적 특성으로 인해 명예 훼손에 의한 법적인 문제가 발생했을 때 책임 소재 논란이 벌어질 가능성이 높다. 블로그와 같은 온라인 미디어의 경우 정보의 생산자와 소비자의 구분이 모호해 특정인의 명예를 훼손할 수 있는 메시지가 블로그를 통해 확산됐을 때 최초의 정보 게재자와 2차적 게재자, 블로그를 제공한 미디어 사이트 운용자 등의 명예 훼손에 대한 법적 책임의 소재와 크기를 놓고 갈등을 빚을 수 있다.

④ 프라이버시 침해

잘 알다시피 전통적 의미의 프라이버시는 국가 권력으로부터의 개인 사생활 보호가 주된 개념이었다. 그러나 정보화 사회로 진입하면서 프라이버시권의 개념은 사생활의 비밀이나 물리적으로 혼자만의 공간을 유지하는 차원을 넘어 개인이 자신에 관한 정보를 관리, 통제할 수 있는 권리까지를 포함하는 개념으로 확대 발전해왔다. 즉 정보화 사회에서 프라이버시는 혼자 있고자 하는 소극적 의미의 권리뿐만 아니라 개인적 정보의 유포에 대한 통제로서의 프라이버시 즉 정보 프라이버시(information privacy)까지 포괄하는 적극적이고 능동적인 의미로 그 개념이 확대되고 있다. 그런데 블로그는 기존 매스 미디어와는 달리 블로거들 간에 활발한 상호작용 커뮤니케이션이 이루어지는 상호작용성 및 네트워크성이라는 특성으로 인해 개인의 프라이버시가 침해될 우려가 상존하고 있다. 블로그와 같은 온라인 미디어는 여러 가지 편리함에도 불구하고 프라이버시를 침해할 수 있는 사적 정보의 수집과 가공, 유통이 매우 쉽게 이루어질 수 있다는 점에서 개인의 사적인 정보가 타인에 의해 무분별하게 유출돼 사회적 파장을 불러일으키는 등 심각한 부작용을 초래할 수 있다. 따라서 블로그 이용자들은 자신의 의지와 무관하게 개인 정보나 사적 행위가 타인에 의해 쉽게 유출되고 또 온라인 상에서 아주 빠르고 광범위하게 확산될 수 있다는 점에 대해 각별한 주의를 기울여야 한다.

⑤ 디지털 격차

디지털 미디어와 관련해 제기되고 있는 주요 쟁점 가운데 하나인 디지털 격차(digital divide) 혹은 정보 격차(information divide)의 문제는 블로그에서도 그대로 재연될 수 있다. 블로그와 같은 온라인 미디어의 경우 경제적으로나 시간적으로 여유가 있는 계층과 그렇지 못한 계층 간에 미디어를 이용할 수 있는 기회의 차이로 인해 디지털 격차가 발생하게 되고 정보를 가진 자와 못 가진 자 사이에 정보 격차가 심화될 수 있다. 즉 블로그와 같은 온라인 미디어에 대한 접근과 이용에 있어서 지식 수준이나 경제적 수준이 높은 계층과 그렇지 못한 계층간에 일어나는 디지털 격차가 정보 격차를 심화시키는 사회적 편재 현상을 유발할 수 있다. 이러한 디지털 격차 혹은 정보 격차의 발생 요인으로는 첫째 사회 경제적 차이 즉 개인별 교육 수준과 경제력의 차이에 따른 정보 이용 동기 및 사용 능력의 차이, 둘째 첨단 정보 기술을 사용하는데 필요한 커뮤니케이션 능력(communication competence) 및 컴퓨터 활용 능력(computer literacy)의 차이, 셋째 정보 상품의 집중화로 인한 도시와 지방간 지역 차이 등을 들 수 있다(전석호 2002).

(3) 블로그의 위상 정립을 위한 노력

컴퓨터와 인터넷의 등장으로 상호작용성과 네트워크성을 기반으로 하는 블로그와 같은 새로운 온라인 미디어가 속출하면서 기존의 일 대 다로 표현되던 중앙 집권적인 커뮤니케이션 양식이 다 대 다의 탈중심적 커뮤니케이션으로 바뀜으로써 기존의 커뮤니케이션 질서가 재편되고 있다. 정보 통신 기술의 발전과 각종 새로운 디지털 미디어의 보급, 그리고 이러한 디지털 미디어간의 광범위한 네트워크 형성은 지금까지 기존 매스 미디어로부터 소외돼온 수용자들로 하여금 직접 자신의 목소리를 전할 수 있는 새로운 미디어 환경을 조성함으로써 시간과 공간의 제약을 넘어 다양한 목소리를 확산시키는 계기를 마련해주고 있다. 이러한 미디어 기술의 발전은 미디어에 대한 기술적, 경제적 장벽을 낮춤으로써 엘리트 중심의 기존 매스 미디어 권력의 재편을 통한 매체의 민주화 가능성을 높여주고 있다. 그리고 이러한 모든 변화는 궁극적으로 미디어에 대한 일반 시민의 참여를 확대시키고 정책 결정 과정에 시민이 참여할 수 있도록 함으로써 시민 권력의 강화를 통해 참여 민주주의 혹은 직접 민주주의의 확대를 가져올 것이라는 기대감을 낳게 하고 있다. 그러나 전술한 것처럼 블로그는 인간의 커뮤니케이션 환경을 급변시키면서 새로운 시민 미디어로서의 가능성을 보여주고 있지만 역으로 기존 미디어가 갖고 있지 못한 블로그의 탁월한 장점과 잠재력이 오히려 약점으로 작용할 수도 있는 양면성을 갖고 있다. 따라서 블로그가 갖고 있는 순기능은 최대화하고 역기능을 최소화할 수 있는 사회적 역량의 강화가 뒷받침되지 못한다면 시민 미디어로서의 블로그의 의미는 퇴색될 수밖에 없다.

시민 미디어로서의 블로그의 가능성에 대한 논의는 일차적으로 블로그가 갖고 있는 기술적 가능성에서부터 출발하고 있다. 그러나 본질적으로 기술 그 자체는 새로운 기술이 갖고 있는 잠재력을 완전히 실현할 수 없다는 점에서 기술의 혁신도 중요하지만 이를 실현하기 위한 인간의 노력과 의지가 무엇보다 중요하다는 것을 인식할 필요가 있다. 즉 블로그의 기술적 가능성이 곧바로 우리 사회가 필요로 하는 시민 미디어의 구현으로 이어지는 것은 아니라는 점에서 블로그의 가능성을 바르게 구현하기위한 부단한 노력이 필요한데 이는 결국 블로그를 이용하는 주체 즉 사람의 문제라고 할 수 있다. 블로그가 갖고 있는 민주적 시민 미디어로서의 가능성을 실현하기 위해서는 무엇보다도 그러한 가능성을 구체화하기 위한 분명한 목적과 의지를 갖고 이를 활용할 줄 아는 사회적 역량의 창출이 필요하다.

블로그는 매우 다양한 성격을 갖고 있기 때문에 개인적 취향이나 관심사를 바탕으로 동호회 성격의 커뮤니티로 사용되기도 하고 PR이나 마케팅의 도구로 사용되기도 하는 등 극도로 세분화되는 양상을 보일 수 있다. 따라서 블로그가 우리 사회가 필요로 하는 시민 미디어로 자리매김하는데 있어 무엇보다 중요한 것은 블로그가 누구에 의해 어떻게 사용되는가 하는 것이라고 할 수 있다. 이와 관련해 라인골드(Rheingold)와 같은 학자는 거대 자본이나 거대 권력에 의해 새로운 커뮤니케이션 영역이 장악되는 것을 경계할 필요가 있음을 강조하고 있다. 그는 가상 공동체를 가능케 해주는 새로운 커뮤니케이션 기술은 일반 시민들에게 상대적으로 낮은 비용으로 지적, 사회적, 상업적, 정치적 수단을 제공해 줄 수 있는 잠재력을 갖고 있지만 기술은 본질적으로 이러한 잠재력을 완전하게 실현할 수 없으며 거대 자본이나 거대 권력이 새로운 커뮤니케이션 기술을 장악하기에 앞서 많은 사람들이 이를 이용하는 방법을 배워야 하며 식견을 가진 사람들에 의해 현명하고 사려 깊게 사용돼야한다고 강조한다. 블로그와 같은 온라인 공간은 개인이나 소규모 집단도 얼마든지 자유롭게 자신의 얘기를 표현할 수 있는 민주적 공간이기도 하지만 기존의 사회적 권력 관계와 이해관계에 의해 움직이는 권력과 자본의 공간이 될 수도 있다. 아울러 블로그와 같은 뉴미디어는 주로 젊은층을 중심으로 커뮤니케이션이 이루어지는 불평등한 공간이 될 수도 있다는 점에서 디지털에 익숙지 않은 노년층 등 무관심층을 끌어들이기 위한 노력이 필요하다.

요컨대 블로그와 같은 뉴미디어를 우리 사회가 필요로 하는 진정한 의미의 시민 미디어로 발전시켜나가기 위해서는 내용과 형식 모든 측면에서 블로그의 가능성 및 한계에 대해 고민하면서 그에 대한 해법을 찾아 나가기 위한 사회적 노력과 이를 위한 성찰적 시민의 창출이 매우 중요하다고 할 수 있다. 이를 위해서는 법적, 제도적 장치의 마련도 중요하지만 블로그 이용자인 블로거들의 자질을 높이고 저작권이나 프라이버시 침해, 명예 훼손 등의 소지를 사전에 줄일 수 있도록 사회적 차원의 교육 및 윤리 의식 제고가 필요하다고 하겠다. 아울러 블로그 이용자 각자가 책임 있는 행동을 통해 스스로 윤리적 행위의 주체가 되고자 하는 자율적인 노력이 매우 중요하다고 할 수 있다. 원론적인 얘기가 되겠지만 블로그와 같은 새로운 미디어가 시민 미디어로 기능하기 위해서는 개인의 권리와 의무가 균형을 이루는 자율이 매우 중요하다. 인간은 결코 혼자서는 살아갈 수 없으며 사회를 이루며 사회 속에서 더불어 살아가야 하는 사회적 존재다. 사회가 올바르게 작동하지 못할 때 그 사회 속에서 살아가는 개인은 불행해질 수밖에 없으며 블로그와 같은 온라인 미디어 역시 예외일 수 없다. 블로그 공간에서의 나의 자유가 타인의 자유를 침해하거나 타인의 존엄성을 훼손해서는 곤란하다. 인간이 인간답게 살기 위한 건강한 사회의 건설을 위해서는 블로그와 같은 온라인 공간에서도 시민들 스스로가 그 책임과 의무를 다하는 성숙된 시민 의식이 필요하다. 아무리 미디어 기술이 발전하고 미디어 제도가 개선된다 하더라도 이를 뒷받침할 수 있는 성숙한 시민 의식 혹은 시민 문화가 없다면 사회의 발전은 있을 수 없다.

✪ 정리하기

- 블로그는 기존 저널리즘의 관점에서 볼 때 편집국이나 보도국과 같은 뉴스 생산 조직의 엄격한 게이트 키핑(gate-keeping)을 통한 객관화 과정을 거친다고 보기는 어렵지만 블로그가 앞으로 어떠한 방식으로 활용되고 이를 수용자들이 어떻게 받아들이느냐에 따라 기존의 저널리즘 영역을 확장 발전시킨 새로운 형태의 저널리즘 모델을 창출할 수도 있다.
- 블로그는 네트워크에 의해 연결된 개방된 공간에서 시민의 자발적 참여를 바탕으로 수평적 구조의 자유로운 의사소통이 이루어지고 있다는 점에서 시민 사회 내에 자율적으로 뿌리를 내림으로써 일반 시민들의 표현의 자유를 극대화할 수 있는 새로운 시민 미디어로서 자리매김할 수 있는 가능성을 갖고 있다.
- 블로그가 갖고 있는 기술적 가능성이 곧바로 민주적 시민 미디어의 구현으로 이어지는 것은 아니라는 점에서 블로그와 같은 뉴미디어를 우리 사회가 필요로 하는 진정한 의미의 시민 미디어로 발전시켜나가기 위해서는 그러한 가능성을 실현하기 위한 분명한 목적과 의지를 갖고 이를 활용할 줄 아는 사회적 역량의 창출과 더불어 블로그 이용자 스스로의 자율적인 노력이 매우 중요하다고 할 수 있다.

참고문헌

강상현(2002). "전자민주주의에 관한 이론적 논의의 지형", 《한국언론학보》 제46-3호.

강준만(2001). 《대중 매체 이론과 사상》, 개마고원.

김민남(1998). 《공공저널리즘과 한국 언론》, 커뮤니케이션북스.

김민남(2003). 《지역공동체와 공공저널리즘》, 커뮤니케이션북스.

김은규(2003). 《미디어와 시민참여》, 커뮤니케이션북스.

김중태(2004). 《나는 블로그가 좋다》, 이비컴.

김택환·이종수(1996). 《선거와 시민 저널리즘》, 한국언론연구원.

박선희(2001). "인터넷 신문의 뉴스 특성과 대안언론의 가능성: 오마이뉴스 기사 분석", 《한국언론학보》 제45-2호.

서정우·한태열·차배근·정진석(2001). 《신문학 이론》, 박영사.

서정우 편저(2002). 《현대 신문학》, 나남.

안병길(2003). 《시민속의 언론 공공저널리즘》, 커뮤니케이션북스.

원우현(1994). "언론법규", 《언론학 원론》, 범우사.

윤영철(1998). "대안적 매체로서의 PC 통신: 한총련에 관한 토론실 분석을 중심으로", 《한국언론학보》, 제43-1호.

윤영철(2000). "새로운 매체기술과 시민사회: 사회운동과 온라인 여론", 《뉴미디어와 시민사회》, 언론개혁시민연대.

윤태진·강내원(2001). "온라인신문에 나타난 공공저널리즘적 특성에 관한 연구: '조인스닷컴', '인터넷한겨레', '오마이뉴스'의 기획기사 분석을 중심으로", 《한국언론학보》 제46-1호.

이재경(1998). 《기사작성의 기초》, 나무와 숲.

이정춘(2003). 《미디어와 사회》, 세계사.

이종성(2004). 《Click! 정보사회》, 한국외국어대학교 출판부.

이종수(1997). 《선거 TV 토론과 시민저널리즘》, 한국언론연구원.

이종수(2002). "선거 이슈와 이슈 보도: 시민 저널리즘과 관련하여", 《관훈저널》 통권 제84호, 관훈클럽.

이효성(1996). "공공저널리즘의 이론과 실제", 《한국언론의 좌표》, 커뮤니케이션북스

조용철 · 김진홍 · 송정민(2000). 《취재와 기사작성》, 양지.

정명진(2003). 《블로그(blog) 1인 미디어 시대》, 전자신문사.

전석호(2002). 《정보사회론》, 나남.

최영(2002). "온라인신문에서의 시민저널리즘 가능성 연구: 일상적 실천을 중심으로," 《한국언론학보》 제46-6호.

최영묵 · 김동규(2000). "시민 사회와 시민 미디어", 《현대사회와 매스커뮤니케이션》, 한울.

최영묵(2005). 《시민미디어론》, 아르케.

팽원순(1984). 《매스커뮤니케이션 법제이론》, 법문사.

Aday, H.(1999). "Public Journalism and the power of the press: exploring the frame setting effects of the news", Doctoral dissertation. University of Pennsylvania.

Alexander, A.(1996). "Hope that Sustainable Change is Possible", Civic Catalyst News-letter. http://www.pewcenter.org/doingcj/civiccat/displayCivcat. php ?id=121

Bare, J.(1998). "A New Strategy", in *Assessing Public Journalism*, Eds. Edmund B Lambeth, Philip E Meyer and Esther Thorson, University of Missouri Press, Columbia and London.

Benesch, S.(1998). "The Rise of Solutions Journalism", in *Columbia Journalism Review*, March/April.

Blazier, T. & Lemert, J.(2000). "Public journalism and changes in content of the Seattle Times", *Newspaper Research Journal.* 21(3), 69-80.

Blendon, R. J. et al (1998). "Did the Media Leave the Voters Uninformed in the 1996 Election?", in *Harvard International Journal of Press/Politics,* Spring 1998, Vol 3, Issue 2.

Blood, R.(2002). *The Weblog Handbook: Practical advice on creation and maintaining your blog;* 정명진 역(2003), <블로그(Blog) 1인 미디어 시대>, 전자신문사.

Carey, J. W.(1993). "The Mass Media and Democracy: Between the Modern and the Postmodern", in *Journal of International Affairs*, Vol 47, No 1.

Chaffee, S. & M. McDevitt(1999). "On evaluating public journalism" in Glasser, T.(ed.) *The Idea of Public Journalism*, pp. 96-175. New Yokr: The Guilford Press.

Charity, A.(1995). *Doing Public Journalism,* New York: The Guilford Press.

Charity, A.(1996). "Public Journalism for People", in *National Civic Review,* Vol 85, No 1.

Christians, C. G.(1999). "The common good as first principle". In T.L. Glasser (Ed.), *The Idea of Public Journalism.* New York: The Guilford Press.

Dahlgren, P.(1995). *Television and the Public Sphere*, Sage Publication.

Danet, B.(1998). "Text as Mask: Gender, Play and Performance on the Internet," in Jones, S. (Cybersociety 2.0, NMC).

Deneen, S.(1991). Doing the Boca, in *Columbia Journalism Review*, May/June.

Dennis, E.(1995). Raising Questions about Civic or Public Journalism, in *Editor & Publisher,* Vol 128, Issue 30.

Denton, F. & Thorson, E.(1998). Effects of a Multimedia Public Journalism Project on Political Knowledge and Attitudes, in *Assessing Public Journalism*, Eds. Edmund B Lambeth, Philip E Meyer and Esther Thorson, University of Missouri Press, Columbia and London.

Diamond, E.(1997). Civic Journalism: An Experiment that Didn't Work, in *Columbia Journalism Review*, July/August.

Eksterowicz, A. J., Roberts, R. & Clark, A.(1998). Public Journalism and Public Knowledge, in *Harvard International Journal of Press/Politics*, Vol 3, Issue 2, pp 74-95.

Erickson, T.(1997). Social Interaction on the Net: Virtual Community as Participatory Genre. http://www.pliant.org/persoanl/Tom_Erickson/VC-as-genre.html

Fee, F.(1999). "Measuring Disconnect: A Case Study of Readers and Journalists". Doctoral dissertation. University of North Carolina at Chapel Hill.

Fishkin, J.(1997) *The Voice of the People*. New Haven, Conn.: Yale University Press.

Fouhy, E. M.(1994). "Is Civic Journalism the Answer", Communicator.

Friedland, L.(2001) "Public Journalism and the New Information Commons" 한국언론재단 초청 강연

Friedland, L., Sotirovic, M. & Daily, K.(1998). Public Journalism and Social Capital: The Case of Madison, Wisconsin, in *Assessing Public Journalism*, Eds. Edmund B Lambeth, Philip E Meyer and Esther Thorson, eds. Columbia, MO: University of Missouri Press.

Fuller, J.(1996). *News values: ideas for an information age*, Chicago: The University of Chicago Press.

Gade, P. et al(1998). "Journalists Attitudes Toward Civic Journalism Media Roles", in *Newspaper Research Journal*, Vol 19, Issue 4.

Gans, H. J.(1998). "What Can Journalists Actually Do for American Democracy?", in *Harvard International Journal of Press/Politics*, Vol 3, Issue 4.

Grimes, C.(1997). Whither the Civic Journalism Bandwagon?, in *Harvard International Journal of Press/Politics*, Vol 2, Issue 3.

Hohenberg, J.(1983). *The Professional Journalist*, CBS CollegePublishing.

Hoyt, M(1992). "The Wichita Experiment", *Columbia Journalism Review*, July/August.

Jackson, W. E.(1997). Save Democracy from Civic Journalism, in *Harvard International Journal of Press/Politics*, Vol 2, Issue 3.

Katz, J(1997). Media rants. San Francisco: Hardwired.

Kawamoto, K.(2003). "Digital Journalism: Emerging Media and the Changing Horizons of Journalism", in *Digital Journalism: Emerging Media and the Changing Horizons of Journalism* ed. KevinKawamoto, MD: Rowman & Littlefield Publishers, Inc.

Kohut, A.(2000). Food for Public Distrust, in *Columbia Journalism Review*, March/April 2000, Vol 38, Issue 6.

Kurpius, D.(2000). "Public Journalism and Commercial Local Television News: In Search of a Model", *Journalism and Mass Communication Quarterly* 77, no.2.

Kurtz, H.(1994). When the Press Outclasses the Public, in *Columbia Journalism Review*, May/June 1994, Vol 33, No 1.

Lambeth, E. & Craig D.(1995). "Civic Journalism as Research", *Newspaer Research Journal* 16 No.2.

Lambeth, E. B.(1998). Public Journalism as a Democratic Practice, in *Assessing*

Public Journalism, Eds. Edmund B Lambeth, Philip E Meyer and Esther Thorson, University of Missouri Press, Columbia and London.

Massey, B.(1998). Civic Journalism and Nonelite Sourcing: Making Routine Newswork of Community Connectedness, *Journalism & Mass Communication Quarterly.* 75(2): 394-407.

McChesney, R.W.(1999). The US Left and Media Politics, in *Monthly Review*, February 1999, Vol 50, Issue 9.

MacDougall, C. D.(1968). *Interpretive Reporting*, MacMillan Company, N.Y.

McGregor, J., Comrie, M. and Campbell, J.(1998). Public Journalism and Proportional Representation: The New Zealand Experiment, in *Australian Journalism Review*, 20-1.

McMillan, S. J. et al(1998). Public Journalism, in *Assessing Public Journalism*, Eds. Edmund B Lambeth, Philip E Meyer and Esther Thorson, University of Missouri Press, Columbia and London.

McQuail, D.(2000). *Mass Communication Theory*; 양승찬 외 공역(2002). <매스커뮤니케이션 이론>, 나남.

Merritt, D.(1995), *Public Journalism and Public Life*, in National Civic Review, Vol 84, Issue 3.

Merritt, D.(1996), Missing the Point, in *American Journalism Review*, Vol 18, No 6.

Merritt, D.(1997). "Public Journalism, Independence and Civic Capital, Three Ideas in Complete Harmony." in *Mixed News: The Public/Civic/Communitarian Journalism Debate*, Jay Black, ed. Mahwah NJ: Lawrence Erlbaum Associates, Inc.

Merritt, D. & Rosen, J.(1998). Imagining Public Journalism: An Editor and Scholar Reflect on the Birth of an Idea, in *Assessing Public Journalism,* Eds. Edmund B Lambeth, Philip E Meyer and Esther Thorson, University of Missouri Press, Columbia and London.

Merritt, D.(1998). *Public Journalism and Public Life: Why Telling the News is Not Enough*, Hillsdale, New Jersey: Erlbaum.

Meyer, P.(1998). If It Works, How Will We Know?, in *Assessing Public Journalism,* Eds. Edmund B Lambeth, Philip E Meyer and Esther Thorson, University of Missouri Press, Columbia and London.

Negt O. & Kluge A.(1993). *Public Sphere and Experience: Toward an Analysis of the*

Bourgeois and Proletarian Public Sphere, trans. Peter Labanyi et al, Minneapolis: University of Minnesota Press.

Parisi, P.(1998). "Toward a Philosophy of Framing: News Narratives for Public Journalism", *Journalism and Mass Communication Quarterly* 74, no.4.

Parry, K. (2004). "Public Journalism: Lessons from Japan", http://pjnet.org/weblogs/pjnettoday/archives/000052.html

Patterson, T. E.(1980). *The Mass Media Election: How Americans Choose Their President*, New York: Praeger Publishers.

Patterson, T. E.(1993). *Out of Order,* New York: Vintage Books.

Poster, M.(1997). "Cyberdemocracy : Internet and Public Sphere," in David Porter(ed.), *Internet Culture,* London: Routledge.

Rafaeli, S., & F. Sudweeks(1997). "Networked interactivity", *Journal of Computer Mediated Communication.*

Richards, I.(2000). Public Journalism and Ethics, in *Media International Australia Incorporating Culture and Policy*, No 95.

Robertson, L.(2000). Whither Journalism Reform?, in *American Journalism Review*, March 2000, Vol 22, Issue 2.

Rosen, J.(1993a). Beyond Objectivity, in *Nieman Reports*, Winter 1993, Vol 47, No.4.

Rosen, J.(1993b). *Community Connectedness: Passwords for Public Journalism.* St. Petersberg, FL: The Poynter Institute for Media Studies.

Rosen, J.(1994). "Making Things More Public: On the Political Responsibility of the Media Intellectual", *Critical Studies in Mass Communication.*

Rosen, J.(1996a). Take Back the Campaign, in *Nation*, Feb 19, 1996, Vol 262, Issue 7.

Rosen, J.(1996b). The Media is the Mess, in *Nation*, Feb 5, 1996, Vol 262, Issue 5.

Rosen, J.(1996c). The Propaganda of the Present: Reflections on Civic Identity in the Media Age, in Tikkun, January-February 1996, Vol 11, No 1.

Rosen, J.(1996d). *Getting the Connections Right: Public Journalism and the Troubles in the Press*, New York: Twentieth Century Fund Press.

Rosen, J. (1999a). *What Are Journalists For?* New Haven, CT: Yale University Press.

Rosen, J.(1999b). "The Action of the Idea: Public Journalism In Bulit From", Glasser, T. L. ed., *The Idea of Public Journalism*, New York: Guilford Press.

Rosen, J.(2000). Foreward in *Public Journalism and Political Knowledge*. Anthony J. Eksterowicz and Robert N. Roberts, eds. Lanham, MD: Rowman &

Littlefield Publishers, Inc.

Schaffer, J. & Miller, E.(1995). Civic Journalism: Six Case Studies, The Pew Center for Civic Journalism & The Poynter Institue for Media Studies. http://www.pewcenter.org/doingcj/pubs/cases/index.shtml

Selber(2001). "Cycles of Change: Locating and Evaluating the Latest Journalism Reform Movement", Doctoral dissertation, University of Texas at Austin.

Shepard, A. C.(1996). The Pros and Cons of Civic Journalism, in *World and I,* January 1996, Vol 11, Issue 1.

Simon, J.(1996). Media Use and Voter Turnout in a Presidential Election, in *Newspaper Research Journal*, Winter/Spring 1996, Vol 17, Issue 1/2.

Sirianni, C., & Friedland, L.(2001). *Civic Innovation in America.* Berkely, CA: University of California Press.

Stovall, J. G.(2004). *Web Journalism: Practice and Promise of a New Medium,* MA: Allyn and Bacon.

Stempel, G. H. III and Hargrove, Thomas(1996). Mass Media Audiences in a Changing Media Environment, in *Journalism and Mass Communication Quarterly*, Autumn 1996, Vol 73, Issue 3.

Thames, R.(1998). Public Journalism and the 1992 Elections, in *Assessing Public Journalism*, Eds. Edmund B Lambeth, Philip E Meyer and Esther Thorson, University of Missouri Press, Columbia and London, 1998, pp 111-122.

Thompsen, P.(1997). "What's Fueling the Flames in Cyberspace?: A Social Influence Model," in Strate, L. et al, *Communication and Cyberspace Cresskill,* NJ, Hampton Press.

Turkle, S.(1995). *Life on the Screen: Identity in the Age of the Internet* New York, Simon & Schuster.

Voakes, P. S.(1999). Civic Duties: Newspaper Journalists Views on Public Journalism, in *Journalism and Mass Communication Quarterly*, Winter 1999, Vol 76, Issue 4.

Wiggins, J.(1964). *Freedom or Secrecy*, New York: Oxford Univ. Press.

Yankelovich, D.(1994). A Conversation about our Public Priorities, in *National Civic Review*, Fall-Winter 1994, Vol 83, No 4.

Zhao, X. and Bleske, G. L(1998). Horse-Race Polls and Audience Issue Learning, in *Harvard International Journal of Press/Politics*, Fall 1998, Vol.3, Issue 4.

찾아보기

시민사회와 시민저널리즘

초판 인쇄 2006년 9월 20일
초판 발행 2006년 9월 30일

지 은 이 ▪ 김 병 철
펴 낸 이 ▪ 박 철
펴 낸 곳 ▪ 한국외국어대학교 출판부
130-791 서울특별시 동대문구 이문동 270
전화: 02)2173-2494, 2495
FAX: 02)962-7122
홈페이지: http://press.hufs.ac.kr
전자우편: press@hufs.ac.kr
출판등록 ▪ 제6-6호(1969. 4. 30)
편집 · 디자인 ▪ (주)이환D&B 02)2254-4301
인쇄 · 제본 ▪ 동화인쇄(주) 02)719-7181

ISBN 89-7464-418-5 93070 정가 12,000원

* 잘못된 책은 교환하여 드립니다.

불법복사는 지적재산을 훔치는 범죄행위입니다.
저작권법 제97조의 5(권리의 침해죄)에 따라 위반자는 5년 이하의 징역 또는 5천만원 이하의 벌금에 처하거나 이를 병과할 수 있습니다.